海外駐在弁護士が解説する

中国・タイ・ベトナム 労働法の実務

共著・弁護士

五十嵐 充／杉田 昌平
田畑 智砂／藤井 嘉子

労働調査会

はしがき

　日系企業の海外進出は年々増加傾向にある。外務省の調査報告（海外在留邦人数調査統計・平成30年要約版）によれば、平成29年10月1日現在で、中国に約32,300社、タイに約3,900社、ベトナムに約1,800社の日系企業が進出している。特にベトナムはここ数年、東南アジアの進出先として日系企業数の伸びが大きい。

　日系企業の海外進出に伴い、日系企業が海外の法制度と関わる機会も増えている。海外に進出している又は進出しようとしている日系企業にとって、現地の労働法制を十分に理解することは、言語の問題もあり困難を伴うことが多い。特にアジア諸国では法整備が発展途上であることが多く、各国の労働法に関する日本語の情報は少ない。実際、クライアントからの相談を受けていて、現地労働法の基本的な内容についてさえ理解不足と感じることも珍しくない。他方、進出後しっかりとノウハウを蓄積できている企業からの相談は、単なる法令の説明に終始するような解説書では対応できなくなってきている。

　本書は、中国・タイ・ベトナムという3カ国の労働法について、Q&A方式で実務的な論点を取りまとめたものである。各国の執筆担当者は、いずれも当該国に駐在経験を有する弁護士であり、日系企業の労務案件に関してリーガルサービスを提供してきた。アジア諸国の労働法について網羅的にまとめた書籍は複数出版されているが、取り扱う地域が広範にわたるため、1カ国に割く記述はどうしても基本的な事項に限定されてしまう。そこで本書では、アジアの中でも日系企業の関心が高い3カ国（中国・タイ・ベトナム）に地域を限定する一方で、類書に比べて踏み込んだ内容にまで言及することを意識した。現時点での最新の情報・ノウハウを提供するとともに、類書にない実務的な内容にまで言及していると自負している。これまでの類書では対応できなかった疑問点にもいくらか手が届いているのではないかと思う。

　本書は、これら3カ国に進出している又は進出しようとしている日系企業の担当者が、現地で実際に起きている又は起きうる労務トラブルへの対応方法について、

主として辞書的に参照していただくことを念頭に構成している。しかし、中国・タイ・ベトナムを中心にアジア諸国の発展は目覚ましく、日本と比較して法改正のスピードが非常に速い。そのため、本書も出版と同時にその内容が風化し始めることは認めざるを得ない。そこで、本書の活用方法としては、まず本書の気になる箇所を読み、要点を掴んでから、最新動向について自らリサーチすることを推奨する。そのほか例えば、現地の法律事務所へ相談する際に、本書の該当ページを見ながらやりとりすることもよろしいかと思う。相談する側が何の情報も持たなければ、弁護士と問題解決に向けた建設的な議論をすることは難しい。必要な情報にたどり着くまでに何度もやりとりを繰り返し、時間を浪費することにもなりかねない。

　中国・タイ・ベトナムの労働法という異世界にやみくもに足を踏み入れるのではなく、本書を羅針盤として活用し、最短距離で労務トラブルの予防又は解決に向かってほしい。

　本書が中国・タイ・ベトナムで活躍する日系企業の抱える労務課題に常に寄り添う一冊となることを切に願う。

　最後に、本書の刊行に際して、原稿の整理・校正、法令・裁判例の調査等については、高井・岡芹法律事務所法律顧問の包香玉氏、沈佳歓氏、段霊娜氏及び同事務所秘書の矢部加緒里氏並びに名古屋大学大学院法学研究科修士課程のNhiep Thi Lan氏には多大な助力をいただいた。ここに改めて謝意を述べたい。そして、なかなか筆が進まない執筆者ら（田畑智砂弁護士、藤井嘉子弁護士を除く。彼女らの名誉のため付言する）を適度に鼓舞し、本書の完成にご尽力いただいた株式会社労働調査会の森敦史氏に心より御礼申し上げる。

2018年7月

執筆者を代表して
髙井・岡芹法律事務所
弁護士　五十嵐　充

中国・タイ・ベトナム労働法の実務
Q&A CONTENTS

第1章　中国の労働法 …………………………………………… 19

第1節　労働法制の紹介 ………………………………………… 20
Q1　中国での人事労務関連の基本的な法律について教えてください。　20
　Column 1　中国における人件費の上昇 ……………………………… 25
　Column 2　中国現地法人の労務管理体制について ………………… 26
Q2　中国での労働紛争解決手段について教えてください。 ………… 28
　Column 3　中国におけるCSRの実践 ………………………………… 31

第2節　社員の採用 ……………………………………………… 33
第1項　労働契約書の作成 …………………………………………… 33
Q3　中国に駐在員事務所を置くことになりました。現地で中国籍労働者を自由に採用することはできますか？　中国への進出形態による違いはありますか？ ……………………………………………………… 33
　Column 4　中国子会社の現地化に伴う課題 ………………………… 36
Q4　現地法人の総経理として日本本社から日本人を出向させることになりました。注意点を教えてください。 ……………………………… 38
　Column 5　日本人の中国における就労手続き ……………………… 42
　Column 6　新しい外国人就業許可制度 ……………………………… 43
Q5　中国で労働者を採用するにあたって、労働契約書の作成は必要なのでしょうか？　日本との違いを教えてください。 …………………… 47
　失敗事例1　労働契約書未作成の失敗事例 …………………………… 50
Q6　中国で労働契約書を作成する場合、記載しなければならない事項はありますか？ ……………………………………………………………… 51
　Column 7　就業規則と集団契約 ………………………………………… 55
　Column 8　就業規則の変更手続き ……………………………………… 56

第2項　試用期間 ……………………………………………………… 57
Q7　中国で労働者を採用する場合、試用期間を自由に定めることはできますか？ ……………………………………………………………… 57
Q8　採用予定者から試用期間中の賃金について質問がありました。中国では試用期間中の賃金についてどのような規定がありますか？ …… 59
Q9　試用期間中の労働者を解雇することはできますか？　試用期間中の解雇について、日本と異なる注意点があれば教えてください。 …… 60
Column 9　本採用拒否の条件となる「採用条件」をどのように定めるべきか ……………………………………………………………………… 63
Q10　試用期間中の労働者から退職届が提出されました。会社はお金をかけて教育訓練を施してきたのですが、どうしたらよいでしょうか。… 64

第3節　賃金・社会保険・職務調整 ………………………………… 67
第1項　賃金制度・社会保険制度 …………………………………… 67
Q11　賃金支払いの注意点について教えてください。 ……………… 67
Q12　残業代の支払いはどのように計算すればよいでしょうか？ ……… 71
Q13　労働者から5年前の賃金未払いを指摘されました。どうしたらよいでしょうか？ ………………………………………………………… 73
Q14　労働者から病気休暇の申請がありました。使用者は病気休暇中も賃金を支払い続けるのですか？ ………………………………………… 75
Q15　中国では社会保険制度はどうなっていますか？ ……………… 78
Column 10　日中社会保障協定の動向について ……………………… 80
Q16　労働者から個人負担分の社会保険料を支払いたくないと言われました。労働者との間で社会保険料に加入しないことを合意することはできますか？ ……………………………………………………………… 80

第2項　職務調整 ……………………………………………………… 82
Q17　中国で労働者を配置転換することはできますか？ …………… 82
Q18　能力不足労働者の職務を調整したいと考えています。注意点はありますか？ ……………………………………………………………… 85

失敗事例2　工会幹部の配転 ………………………………………… 87
Q19　生育休暇で休んでいた女性労働者が職場復帰することになりました。復帰後の職場はどうしたらよいでしょうか？ …………… 87
Q20　医療期間中の労働者から職場復帰の申し出がありました。復帰後の職場はどうしたらよいでしょうか。 ……………………………… 89
Q21　職務調整に伴って労働者の賃金を減少することはできますか？ … 91
　　Column 11　労働コンプライアンス違反 ……………………………… 93

第4節　労働時間・休日・休暇 ……………………………………………… 95
第1項　労働時間 ……………………………………………………………… 95
Q22　中国では労働者の労働時間についてどのように定められていますか？ …………………………………………………………………… 95
Q23　営業職の労働時間管理の注意点はありますか？ ………………… 98
Q24　管理職の労働時間管理の注意点はありますか？ ………………… 100
　　Column 12　労働時間総合計算労働制について ……………………… 102
Q25　労働者に残業を命じることはできますか？ ……………………… 103
Q26　無断で残業して残業代を請求してくる労働者がいます。どうしたらよいでしょうか？ ……………………………………………… 104

第2項　休日 …………………………………………………………………… 107
Q27　休日労働に対して労働者が代休を請求してきました。どのように対応したらよいですか？ ……………………………………… 107
　　Column 13　中国の法定休暇日 ………………………………………… 110

第3項　休暇 …………………………………………………………………… 111
Q28　中途採用した労働者が入社後すぐに有給休暇の取得を申請してきました。中国では有給休暇の取得要件についてどのように定められていますか？ ………………………………………………… 111
　　失敗事例3　日本の就業規則を中文訳することの問題点 …………… 114
Q29　労働者から突然に「明日、有給休暇を取得したい」と言われました。

拒否することはできないのでしょうか？　中国では、有給休暇の取得について、どのように定められていますか？ ……………… 116
Q30　労働者から未消化の有給休暇を買い取るように要求されました。中国では、有給休暇の買取について、どのように定められていますか？
　　　……………………………………………………………………………… 117
Q31　未消化有給休暇を繰り越すことはできますか？ ……………… 121
Q32　労働者から、体調不良を理由に休暇の申請がありました。どのように対応したらよいですか？ ……………………………………… 122
Q33　労働者から産休の申請がありました。中国では、産休・育休についてどのように定められているのでしょうか？ ……………… 127
　Column 14　休暇日数と休日・法定休暇日 ……………………… 130
　Column 15　中国一人っ子政策の終了 ……………………………… 131

第5節　職場規律・懲戒 ………………………………………………… 132
Q34　懲戒処分として罰金制度を設けることはできますか？ ………… 132
Q35　勤務中に使用者のパソコンで株取引をしている労働者がいます。どのように対応したらよいでしょうか。 ……………………… 134
Q36　不正行為が疑われる労働者の調査にあたり、使用者貸与のパソコンを調査することはできますか？ ………………………………… 135
　Column 16　中国子会社の現地化とは …………………………… 137
　失敗事例4　社内調査で労働者の持ち物チェックができなかった事例 … 138

第6節　解雇・退職 ……………………………………………………… 139
Q37　労働者から、「明日退職する」と言われました。来週この労働者が担当してきた大きな商談があります。どうしたらよいでしょうか？
　　　……………………………………………………………………………… 139
Q38　労働者から、「来月で退職する」と言われました。幹部候補として日本で技術研修を受けさせ、帰国した矢先のことです。どうしたらよいでしょうか？ ……………………………………………… 142

Column 17　案件を通じて感じた中国人労働者との信頼関係を築くための
　　　　　　　工夫 ··· 144
Q39　労働者を解雇する予定です。本日付で本人をいきなり解雇すること
　　　はできますか？　解雇の注意点を教えてください。 ·············· 145
　　Column 18　1カ月の解雇予告期間中に労働者が病気休暇を取得した事例 148
　　Column 19　中国の工会と労働組合 ·· 149
Q40　使用者のお金を横領していた労働者を解雇することはできます
　　　か？ ·· 150
Q41　能力不足の労働者を解雇することはできますか？　注意点につい
　　　て教えてください。 ··· 152
Q42　使用者の取引先から不正にリベートをもらっていた労働者を解雇
　　　することはできます？ ··· 154
Q43　労働者が音信不通となりました。解雇することはできますか？ ··· 157
Q44　中国現地法人の業績が悪化し、整理解雇を検討しています。中国で
　　　は整理解雇についてどのように考えられていますか？ ············ 160
Q45　妊娠中の女性労働者との労働契約を終了させることはできますか。
　　　注意点について教えてください。 ·· 162
Q46　病気にり患または負傷した労働者を解雇することはできますか？
　　　注意点について教えてください。 ·· 164
Q47　来年、定年退職となる労働者を解雇することはできますか？　注意
　　　点について教えてください。 ·· 166
Q48　中国では、労働者が退職する場合に経済補償金の支払いが必要と聞
　　　きました。経済補償金とはどのような制度なのでしょうか？ ······ 168
Q49　中国で労働者が退職した場合の手続きについて教えてください。
　　　 ··· 178
　　Column 20　個人所得税の計算方法について ································ 182

第7節　固定期間労働契約社員 ·· 184
Q50　固定期間労働契約を締結する場合、契約期間に関して注意すべきこ

とはありますか？ …………………………………………………… 184
Q51　固定期間労働契約を締結する場合、契約更新に関して注意すべきこ
　　　とはありますか？ ……………………………………………… 185
　Column 21　契約更新時に労働者から提出してもらう書面の注意点 …… 190
Q52　妊娠期間中の女性労働者や医療期間中の労働者との労働契約を期
　　　間満了で終了させることはできますか？ ………………………… 191
　Column 22　内部告発対応について ………………………………… 194

第8節　派遣労働社員 …………………………………………………… 195
Q53　派遣労働者を受け入れるにあたって注意点はありますか？ …… 195
Q54　労働者派遣事業者と労働者派遣契約を締結する場合の注意点はあ
　　　りますか？ ……………………………………………………… 198

　●章末資料　中国の労働関係法令（一部抜粋） ……………………… 200

第2章　タイの労働法 …………………………………………… 213

第1節　労働法制の紹介 ………………………………………………… 214
Q1　タイの人事労務関連の基本的な法律について教えてください。　214
　Column 1　タイにおける人件費の上昇と雇用情勢 ………………… 215
　Column 2　タイの労働者 …………………………………………… 216
Q2　タイの労働紛争解決手段について教えてください。 ……………… 218

第2節　社員の採用 ……………………………………………………… 221
第1項　就業規則及び労働契約書の作成 ………………………………… 221
Q3　タイに現地法人を設立しました。現地で日本人を含む外国人を自由
　　に採用することはできますか？　タイへの進出形態による違いはあ
　　りますか？ ………………………………………………………… 221

Q4 就業規則、労働契約書、労働条件協約の作成は必要でしょうか？
 224
　Column 3　就業規則の作成にあたって気を付けること 226
Q5 年少労働者を雇用する際に気を付けるべきことについて教えてください。 227
Q6 日本人がタイで働く際に必要な手続を教えてください。 229
Q7 タイで働く日本人には、日本の労働法とタイの労働法のいずれが適用されますか？ 231

第2項　試用期間 233
Q8 タイで労働者を雇用する場合、試用期間を自由に定めることはできますか？ 233
Q9 採用予定者から試用期間中の給与について質問がありました。タイでは試用期間中の給与について何か規定はありますか？ 234
Q10 試用期間中の労働者を解雇することはできますか？　試用期間中の解雇について注意点を教えてください。 235

第3節　賃金・社会保険・職場調整 237
第1項　賃金制度・社会保険制度 237
Q11 タイの最低賃金について教えてください。 237
Q12 タイの給与支払いに関する諸原則について、注意すべき点を教えてください。 238
Q13 残業代は、どのように計算すればよいのですか？ 241
Q14 従業員から5年前の給料未払いを指摘されました。タイでは、賃金支払いに『時効』はないのでしょうか？ 244
Q15 従業員から病気休暇の申請がありました。休暇中も給与を支払わないといけないのでしょうか？ 245
Q16 タイの社会保険制度はどうなっているのですか？ 245
Q17 タイの労災補償制度について教えてください。 246

第2項　職場調整 ……………………………………………… 248
Q18　労働者を配置転換することはできますか？　配置転換の際の注意点を教えてください。 ……………………………………………… 248
Q19　機械の導入により、労働者数を削減する必要が生じました。どのような手続が必要ですか？ ……………………………………………… 248
Q20　業績の悪化により一時休業を検討しています。どのような手続きが必要ですか？ ……………………………………………… 249

第4節　労働時間・休日・休暇 ……………………………………………… 251
第1項　労働時間 ……………………………………………… 251
Q21　労働時間、休憩に関する原則を教えてください。 ……………… 251
Q22　従業員に残業を命じることはできますか？ ……………………… 252
Q23　マネージャー以上については、一律残業代を支払わないと定めることはできますか？ ……………………………………………… 253
Q24　固定残業代を定めることはできますか？ ……………………… 254
Q25　残業時間の限度について規定はありますか？ ………………… 255

第2項　休日 ……………………………………………… 256
Q26　タイでは、どのような休日が定められていますか？ ………… 256
　Column 4　タイの休日（その1） ……………………………… 258
　Column 5　タイの休日（その2） ……………………………… 259

第3項　休暇 ……………………………………………… 261
Q27　タイでは、どのような休暇が定められていますか？ ………… 261
Q28　中途採用したタイ人が入社すぐに年次有給休暇の取得を申請してきました。タイでは、年次有給休暇の日数について、どのように定められていますか？ ……………………………………………… 265
Q29　従業員から突然に「明日年次有給休暇を取得したい」と言われました。拒否することはできないのでしょうか？　タイでは、年次有給

　　　　休暇の取得についてどのように定められていますか？ ………… 266
　Q30　従業員から、未消化の年次有給休暇を買い取るように要求されました。タイでは、年次有給休暇の買取りについて、どのように定められていますか？ …………………………………………………… 267
　Q31　タイでは、未消化の年次有給休暇を繰り越すことはできますか？
　　　　……………………………………………………………………… 268
　Q32　従業員から産休の申請がありました。タイでは、産休・育休はどのように定められているのでしょうか？ ……………………… 269

第5節　職場規律・懲戒 ………………………………………………… 270
　Q33　タイではどのような懲戒処分がありますか？ ………………… 270
　Q34　タイでは、どのような場合に従業員を懲戒解雇することができますか？ ……………………………………………………………… 271
　Q35　勤務中に会社のパソコンで株の取引をしている従業員がいます。懲戒することはできますか？ …………………………………… 274
　Q36　不正行為が疑われる従業員の調査期間中、当該従業員に停職を命ずることはできますか？ ……………………………………………… 277
　Q37　運転手が会社の車を休日に私用で乗り回していたことがわかりました。懲戒することはできますか？ ………………………… 277
　Q38　不正行為を防止するために、何かとっておくべき手段はありますか？ ……………………………………………………………… 279

第6節　解雇・退職 ……………………………………………………… 280
　Q39　タイでは、解雇補償金を支払えば理由なく労働者を解雇することができるのでしょうか？　解雇補償金とはどのような制度でしょうか？ ………………………………………………………………… 280
　　失敗事例1　日本の就業規則をタイ語訳することの問題点 ………… 282
　Q40　従業員を解雇する予定です。本日付で本人をいきなり解雇することはできますか？　タイで労働者を解雇する場合の手続きについて教

Q41　能力不足の従業員を解雇することはできますか？　注意点について教えてください。 ……………………………………… 285

Q42　会社の取引先から不正にリベートをもらっていた従業員を解雇することはできますか？ …………………………………… 287

Q43　会社のお金を横領していた従業員を解雇することはできますか？ ……………………………………………………………… 288

Q44　従業員が音信不通となりました。解雇することはできますか？ … 290

Q45　タイ現地法人の業績が悪化し、整理解雇を検討しています。注意点について教えてください。 ………………………………… 291

Q46　事業の合理化のため、人員を削減することになりました。事業の合理化による従業員の解雇について教えてください。 ……… 292

Q47　事務所を移転することになったのですが、これを不服として辞めたいと言っている従業員がいます。どうすればよいですか？ ……… 293

Q48　妊娠期間中の女性従業員を解雇することはできますか？　注意点を教えてください。 ……………………………………………… 294

Q49　業務上災害疾病にり患した従業員を解雇することはできますか？注意点を教えてください。 ……………………………………… 295

Q50　来年定年退職となる従業員から定年退職以降も働きたいと言われました。労働契約を延長することはできますか？ ……………… 296

Q51　従業員が自ら辞職する場合にも解雇補償金の支払いが必要ですか？ ……………………………………………………………… 298

Q52　不正行為を行った社員を解雇しました。この場合にも解雇補償金の支払いが必要ですか？ ………………………………………… 299

Q53　当社では退職金の支払い制度を定めています。退職金を支払った場合にも解雇補償金を支払う必要があるのでしょうか？ ……… 300

Q54　タイでは、社員が辞職する場合、年次有給休暇の未消化分を買い取らないといけないのでしょうか？ ………………………… 302

Q55　病気休暇中の従業員を解雇することは可能ですか？ …………… 303

第7節　有期契約社員 …… 304
Q56　有期契約社員を雇用する場合、契約期間に関して注意するべきことはありますか？ …… 304
Q57　有期契約社員を雇用する場合、契約更新にあたって注意することはありますか？ …… 305
Q58　妊娠期間中の女性従業員との雇用契約を期間満了で契約終了することは可能ですか？ …… 306

第8節　派遣社員 …… 307
Q59　タイで派遣労働者を受け入れるにあたって注意する点はありますか？ …… 307
　Column 5　労働者保護法改正について …… 308

　●章末資料　タイの労働関係法令（一部抜粋） …… 310

第3章　ベトナムの労働法 …… 333

第1節　労働法制の紹介 …… 334
Q1　ベトナムの労働環境について教えてください。 …… 334
Q2　ベトナムの法体系について教えてください。 …… 336
Q3　ベトナムでの人事労務関連の基本的な法律について教えてください。 …… 339
　Column 1　ベトナムの学生の初任給 …… 341
Q4　ベトナムでの労働紛争解決手段について教えてください。 …… 342

第2節　社員の採用 …… 344
第1項　労働契約書の作成 …… 344
Q5　ベトナムに駐在員事務所を置くことになりました。現地でベトナム人を自由に採用することはできますか。ベトナムへの進出形態による

違いはありますか。 ……………………………………………… 344
　Q6　日本人がベトナムで働く際に必要な手続きを教えてください。 … 346
　Q7　ベトナムで労働者を採用するにあたって、労働契約書の作成は必要
　　　なのでしょうか？　日本との違いを教えてください。 ……………… 348
　Q8　ベトナムで労働契約書を作成する場合、記載しなければいけない事
　　　項はありますか？ ………………………………………………………… 348
　　Column 2　就業規則の変更手続きと不利益変更 ……………………… 349

第2項　試用期間 ……………………………………………………………… 351
　Q9　ベトナムで労働者を採用する場合、試用期間を自由に定めることは
　　　できますか？ ……………………………………………………………… 351
　Q10　採用予定者から試用期間中の給与について質問がありました。ベト
　　　ナムでは試用期間中の給与についてどのような規定がありますか？ 352
　Q11　試用期間中の労働者を解雇することはできますか？　試用期間中の
　　　解雇について、日本と異なる注意点があれば教えてください。 …… 352
　Q12　試用期間中の労働者から退職届が出されました。会社としてはお金
　　　をかけて教育訓練をしてきたのですが、どうしたらよいでしょうか？
　　　……………………………………………………………………………… 353

第3節　賃金・社会保険・職場調整 ………………………………………… 354
第1項　賃金制度・社会保険制度 …………………………………………… 354
　Q13　給与支払いの原則について、特に日本と異なる注意点について教え
　　　てください。 ……………………………………………………………… 354
　Q14　残業代の支払いについて、どのように計算すればばよいのですか？
　　　……………………………………………………………………………… 355
　Q15　労働者から5年前の給料未払いを指摘されました。ベトナムでは、賃
　　　金支払いに「時効」はないのでしょうか？ …………………………… 356
　Q16　労働者から病気休暇の申請がありました。休暇中も給与を支払わな
　　　いといけないのでしょうか？ …………………………………………… 356
　Q17　ベトナムでは、社会保険制度はどうなっているのですか？ ……… 357

Q18 労働者から社会保険料を支払いたくないと言われました。労働者との間で社会保険料を支払わないことを合意することはできますか？ 359

第2項　職場調整 360
Q19 ベトナムで労働者を配置転換することはできますか。配置転換の際の注意点を教えてください。 360
Q20 能力不足の社員の職場を調整したいと考えています。どのような点に注意をすればよいでしょうか？ 361
Q21 産休中の女性労働者から職場復帰を求められました。復帰後の職場はどうしたらよいでしょうか？ 362
Q22 私傷病休暇中の労働者から職場復帰を求められました。復帰後の職場はどうしたらよいでしょうか？ 363
Q23 職場調整に伴って賃金額を減少させることはできますか？ 363

第4節　労働時間・休日・休暇 364
第1項　労働時間 364
Q24 ベトナムでは、労働者の労働時間管理についてどのように定められているのですか？ 364
Q25 労働時間管理の注意点はありますか？　日本との違いはありますか？ 365
Q26 運転手の労働時間管理の注意点はありますか？　日本との違いはありますか？ 365
Q27 労働者に残業を命じることはできますか？ 366
Q28 残業時間の限度について規定はありますか？ 367
Q29 会社に無断で残業して残業代を請求してくる労働者がいます。どうしたらよいでしょうか？ 367

第2項　休日 368
Q30 休日労働に対して労働者が代休を請求してきました。ベトナムでは、休日振替や代休の制度を採用することはできますか？ 368

Column 3　ベトナムの法定休日 ………………………………………… 369

第3項　休暇 ……………………………………………………………… 370
Q31　中途採用したベトナム人が入社すぐに有給休暇の取得を申請してきました。ベトナムでは、有給休暇の日数について、どうのように定められていますか？ ………………………………………………………… 370
Column 4　日本の就業規則を越文訳することの問題点 ……… 371
Q32　労働者から突然に「明日有給休暇を取得したい」と言われました。拒否することはできないのでしょうか？　ベトナムでは、有給休暇の取得・消化について、どのように定められていますか？ ……………… 372
Q33　労働者から未消化の有給休暇を買い取るように要求されました。ベトナムでは、有給休暇の買い取りについて、どのように定められていますか？ …………………………………………………………………… 372
Q34　ベトナムでは未消化の有給休暇を繰り越すことはできますか？ … 373
Q35　従業員から、体調不良を理由に休暇の申請がありました。どのように対応したらよいですか？ ………………………………………… 374
Q36　従業員から産休の申請がありました。ベトナムでは、産休・育休はどのように定められているのでしょうか？ ……………………… 375

第5節　職場規律・懲戒 ……………………………………………… 377
Q37　ベトナムで懲戒制度を設置することはできますか？ ………… 377
Q38　勤務中に会社のパソコンで株の取引をしている労働者がいます。懲戒することはできますか？ …………………………………………… 378
Q39　不正行為が疑われる労働者の調査にあたり、会社貸与のパソコンを調査することはできますか？ ………………………………………… 379
Q40　不正行為が疑われる従業員の調査にあたり、従業員の持ち物検査をすることは可能ですか？ ……………………………………………… 379
Column 5　不正調査の現場でみる光景 ……………………… 380

第6節　解雇・退職　……………………………………………… 381

- Q41　労働者から、明日退職すると言われました。来週この労働者が担当してきた大きな商談があります。どうしたらよいでしょうか？ …… 381
- Q42　労働者から、「来月で退職する」と言われました。幹部候補として日本で技術研修を受けさせ、帰国した矢先のことです。どうしたらよいでしょうか？ ……………………………………………………… 382
  - Column 6　ベトナム人労働者との信頼関係を築くための工夫 ………… 384
- Q43　労働者を解雇する予定です。本日付で本人をいきなり解雇することはできますか？　ベトナムで労働者を解雇する場合の手続きについて教えてください。 ………………………………………………… 384
- Q44　能力不足の労働者を解雇することはできますか？　注意点について教えてください。 ……………………………………………… 386
- Q45　会社の取引先から不正にリベートをもらっていた労働者を解雇することはできますか？ ……………………………………………… 386
- Q46　会社のお金を横領していた労働者を解雇することはできますか？　387
- Q47　労働者が音信不通となりました。解雇することはできますか？ … 388
- Q48　ベトナム現地法人の業績が悪化し、整理解雇を検討しています。注意点について教えてください。 …………………………………… 388
- Q49　妊娠期間中の女性労働者を解雇することはできますか？　注意点について教えてください。 ……………………………………… 389
- Q50　業務上災害疾病にり患した労働者を解雇することはできますか？　注意点について教えてください。 ……………………………… 390
- Q51　来年定年退職となる労働者を解雇することはできますか？　注意点について教えてください。 ……………………………………… 391
- Q52　来月定年退職となる労働者から「定年退職以降も働きたい」と言われました。労働契約を延長することはできますか？ …………… 391
- Q53　ベトナムの退職金制度について教えてください。 ………………… 392
- Q54　ベトナムでは、労働者が退職する場合、有給休暇の未消化分を買い取らないといけないのでしょうか？ ……………………………… 393

第7節　有期労働契約社員 ･･ 395
Q55　有期労働契約社員を雇用する場合、契約期間に関して注意すべきことはありますか？　また契約更新に関して注意すべきことはありますか？ ･･ 395

Q56　妊娠期間中の女性労働者との雇用契約を期間満了で契約終了することは可能ですか？ ･･ 396

Q57　病気休暇中の労働者との雇用契約を期間満了で契約終了することは可能ですか？ ･･･ 396

第8節　派遣労働者員 ･･ 398
Q58　ベトナムでは、派遣労働者を受け入れるにあたって注意する点はありますか？ ･･･ 398

Q59　派遣会社と派遣契約を締結する場合の注意点について教えてください。 ･･･ 399

●章末資料　ベトナムの労働関係法令（一部抜粋）････････････････ 401

●日本・中国・タイ・ベトナム労働法の比較表 ････････････････････ 444

第1章

中国の労働法
（中華人民共和国／中华人民共和国）

第1章 中国の労働法

第1節 労働法制の紹介

Q1 中国での人事労務関連の基本的な法律について教えてください。

1 中国の全体的な法体系はどうなっていますか？

> **Point**
> ・中国では、中国の特色ある社会主義を前提とした法体系が形成されている。
> ・中国の特色ある社会主義体系は、憲法によって統率され、法律を主幹とし、行政法規や地方性法規を構成部分として形成されている。

　中国にも憲法はあります。そして、当然ながら憲法を頂点とした法体系が形成されています（立法法87条）。もっとも、中国の特徴として、法体系が憲法を中心とした傘型の体系だけではなく、最高人民法院（日本でいう最高裁判所）や最高人民検察院（日本でいう最高検察庁）による司法解釈にも規範性が認められていること、これら法規範の上位に共産党の党規則が事実上存在していること（明文化されているわけではありません）が挙げられます。
　このような日本とは異なる法体系であること、さらに文言上は明らかにされていない事実上の法体系と呼べるものが存在することが、中国の法体系を分かりにくくしている理由であるといえます。

図表 1 - 1　中国の法体系

	法令	制定機関
中央法令	憲法	全国人民代表大会（最高権力機関）
	法律	基本的な法律 →全国人民代表大会 それ以外の法律 →全国人民代表大会常務委員会
	行政法規	国務院（最高行政機関）
	部門規章	国務院の各部、委員会等
地方法令	地方性法規	省級人民代表大会・常務委員会
	地方行政規章	省級人民政府

（三角形の頂点に「党規則」、右側に「司法解釈」）

法律：法律は、最高権力機関である全国人民代表大会が制定する「基本的な法律」と、全国人民代表大会常務委員会が制定する「それ以外の法律」に分類されます。「基本的な法律」とは、例えば、刑事、民事等に関わる刑法・刑事訴訟法、民法通則・契約法・民事訴訟法、行政訴訟法等を指すと考えられています（立法法 7 条）。なお、法律の中に「試行」や「暫定」といった表現が用いられることもありますが、効力の点では通常の法律と変わりません。法律は、行政法規、地方性法規及び規章に優先します（立法法88条 1 項）。

行政法規：行政機関である国務院が憲法や法律に基づいて制定するものです（立法法65条）。法律の内容を補足する場合等、必要な範囲で具体的な規定を定めます。行政法規は「条例」、「規定」、「弁法」といった名称で規定されることがあります。行政法規は、地方性法規や規章に優先します（同法88条 2 項）。

部門規章：国務院の各部、委員会等が法律や行政法規等に基づいて当該部門の権限の範囲内で制定するものです（立法法80条）。なお、部門規章間及び部門規章と地方行政規章の間は同等の効力を有しています（立法法91条）。

地方性法規：省、自治区、直轄市等の人民代表大会及びその常務委員会が、地方の実情に基づいて制定するものです（立法法72条～75条）。もちろん、憲法、法律、行政法規に抵触することは許されません。地方性法規と部門規章の内容に不一致な点がある場合、全国人民代表大会常務委員会により裁定が行われます（立法法95条2号）。

地方行政規章：省級の人民政府（行政機関）は地方の行政規章を制定することができます（立法法82条）。

司法解釈：最高人民法院や最高人民検察院が、具体的な法律適用の問題について解釈を出すことができます（司法解釈作業に関する規定2条）。そして、この司法解釈が立法の一部であると評価できる点が中国の特徴です（同規定5条）。

2　中国の人事労務関連の法律にはどのようなものがありますか？

> **Point**
> ・人事労務の基本的な法律としては、労働法と労働契約法がある。労働紛争に関しては、労働紛争調停仲裁法がある。
> ・中国では、個別論点ごとに多数の法律・行政法規等が存在する点に特徴がある。

中国における人事労務関連の基本的な法律には**「労働法」**（中国名称「中華

人民共和国労働法」。1995年施行、2009年改正）と**「労働契約法」**（中国名称「中華人民共和国労動合同法」。2008年施行、2013年改正）があります。

そして、「労働法」の内容を補足するために「労働法の若干条文に関する説明」（中国名称「关于《劳动法》若干条文的说明」。1995年施行）及び「労働法の徹底的執行にかかる若干問題に関する意見」（中国名称「关于贯彻执行《中华人民共和国劳动法》若干问题的意见」。1995年施行）が制定されています。

また、「労働契約法」の内容を補足するために「労働契約法実施条例」（中国名称「中华人民共和国劳动合同法实施条例」。2008年施行）が制定されています。

その他にも、中国では分野ごとに個別の法律・行政法規等が多数存在する点に注意が必要です。

例えば労働時間に関しては、「労働法」や「労働契約法」の他に「従業員の労働時間に関する規定」（中国名称「关于职工工作时间的规定」。1995年施行）、「『従業員の労働時間に関する規定』を徹底するにあたっての実施弁法」（中国名称「贯彻《国务院关于职工工作时间的规定》实施办法」。1995年施行）等が制定されています。

労働紛争処理に関しては「労働紛争調停仲裁法」（中国名称「中华人民共和国劳动争议调解仲裁法」。2008年施行）があります。中国では、労働関連紛争に関して訴訟を提起する前に、原則として労働仲裁を申し立てる必要があるため（労働仲裁前置主義）、同法ではその手続きについて定めています。

なお、同法の内容を補足するため、「労働争議案件の審理における法律適用の若干問題に関する解釈(1)～(4)」（中国名称「关于审理劳动争议案件适用法律若干问题的解释」。最高人民法院）、「企業の労働争議における協議調停規定」（中国名称「企业劳动争议协商调解规定」。人力資源・社会保障部2012年施行）及び「労働人事争議の仲裁処理規則」（中国名称「劳动人事争议仲裁办案规则」。人力資源・社会保障部2009年施行）等が制定されています。

第1章　中国の労働法

3　中国労働法の特徴と法令調査の注意点はありますか？

> **Point**
> ・中国では、同一事項に関して複数の法律・行政法規等が制定され、規定間の整合性がない場合もある。
> ・法令調査にあたっては、地方性法規や司法解釈も調査する必要がある。

　中国では、同一事項について異なる法規で重畳的に規定されているケースが散見されます。それも、場合によっては法規ごとに規制内容が異なっています。したがって、ある論点について根拠法令を調べる場合、1つの法規を見つけただけでは不十分な場合がある点に注意が必要です。

　例えば、試用期間に関して、労働法21条では「試用期間は、最長でも6カ月を超えてはならない」とありますが、労働契約法19条では「労働契約期間が3カ月以上1年未満の場合、試用期間は1カ月を超えてはならない。(以下略)」と規定され、さらに「労働契約制度の実施における若干の問題に関する通知」(中国名称「关于实行劳动合同制度若干问题的通知」。労働部1996年施行)3条では「労働契約期間が6カ月以下の場合、試用期間は15日を超えてはならない」と規定されています。

　さらに、地域によって追加規定が設けられている場合もあります。例えば、北京市には労働法・労働契約法で定められている事項に関して「北京市労働契約規定」が定められています。

　なお、前述の試用期間に関して、北京市労働契約規定では「労働契約期間が6カ月以内の場合、試用期間は15日を超えてはならない」と規定しています(同規定16条)。

　人事労務に関する根拠法令を調査する場合、法律、行政法規、部門規章及び地方性法規等を詳細に調査する必要があります。また、必要によって裁判所等の司法解釈についても調査する必要があります。

　以上のように、中国で根拠法令・関連法令を調査するには、手間と時間が

かかることが多いといえます。

Column

中国における人件費の上昇

　中国現地採用の労働者の賃金が日本本社採用の労働者よりも高くなってしまった。
　このような現象は、中国に現地法人をもつ日系企業において決して珍しいものではなくなってきています。
　中国ではこれまで毎年10％近く、賃金が上昇してきました。
　また、人件費には単に賃金の問題だけでなく、賃金上昇に伴う社会保険料の負担も含まれます。具体的な社会保険料の負担率は地方によっても異なりますが、北京市や上海市では賃金額の40％以上の社会保険料を賃金とは別途企業が負担しなければなりません。
　図表1－2は上海市の平均賃金上昇に関する資料です。社会保険料等を含めた会社負担人件費で考えると、単純計算すれば、従業員が100人いる会社では、2017年時点で2012年当時に比べて人件費負担が年間約300万人民元増えたことになります。
　2017年になり、さすがに地域によっては賃金上昇率が鈍化しました。日系企業にとってこれ以上の賃金上昇は会社経営の大きな負担となってくることは間違いありません。
　他方、「頑張っている社員にはしっかりとした評価をしたい」という気持ちは、どの企業にも共通のものといえます。労働者の働きぶりをしっかりと評価できる制度やそれに伴う賃金制度の見直し作業が、今後の日系企業にとって急務であるといえます。

図表1−2　上海市の賃金上昇率

	2012	2013	2014	2015	2016	2017	2017/2012
月額平均賃金	4,692	5,036	5,451	5,939	6,504	7.132	+2,440
月額平均賃金上昇率	8.3%	7.3%	8.2%	9.0%	9.5%	9.7%	52%

（金額は人民元）

Column 2　中国現地法人の労務管理体制について

　中国現地法人の労務管理体制については、合弁相手や現地スタッフに任せきりにしてしまい、日本人駐在員にとってブラックボックスとなっているケースが散見されます。

　しかし、これでは会社として労務管理体制が整備できているとは評価できません。実際に、合併会社内で労働紛争が起こり会社側が敗訴していたにもかかわらず、判決確定後しばらくするまで日本側はまったく事情を知らなかったというケースもあります。

　このような状況を防ぐためには、日本人駐在員が労務管理に積極的に関与することが重要といえます。しかし現実には、中国労働法制の複雑なルール等が影響し、外国人である日本人駐在員が積極的に関わるためのハードルは非常に高く、労働管理になかなか踏み込めないのが現状です。

　改善策としては、法律事務所等の外部専門家を効果的に活用することが重要といえます。特に、日本人駐在員が直接に外部専門家とコミュニケーションを取れる環境を整備する必要があります。これによって日本人駐在員が合理的な情報収集と調査に基づいた検討をできるようになり、会社として適切な労務管理体制を実現することが期待できます。

　また、多くの日系企業の日本人駐在員は、担当部門が多岐にわたり、労務管理に集中して時間を割くことができない状況にあります。外部専門家の効果的

な活用は、日本人駐在員の負担を軽減するとともに業務効率の改善にもつながり、日本本社にとっては日本人駐在員の適切な労務管理にも結び付くといえます。

もっとも、中国現地子会社は「コスト削減」の意識が強く、専門家への相談料を「コスト」と捉え、業務効率や適切な労務管理を犠牲にしてしまう傾向にあります。

そこで、外部専門家を活用した労務管理体制を整備するためには、日本本社からの働きかけが重要になります。日本本社には、現地子会社の専門家活用を積極的に後押しすることで、現地子会社の労務管理体制を整備する役割が求められているといえます。

さらに、事案に応じて日本本社の担当部署が検討に参加する際のルールを決めることで、日本本社として中国子会社の労務管理が適切に行われていることを確保する体制を整備することが望ましいといえます。

Q2 中国での労働紛争解決手段について教えてください。

1 中国での労働紛争解決機関にはどのようなものがありますか？

> **Point**
> ・労働紛争が起こった場合、原則としてまずは労働仲裁を申し立てる必要がある。

　中国の労働紛争解決機関には、調停組織、労働紛争仲裁委員会及び人民法院があります（労働紛争調停仲裁法5条）。そして、労働紛争（同法2条）が生じた場合、当事者は調停組織に対して調停の申立てまたは労働紛争仲裁委員会に対して労働仲裁を申し立てることができます（同法5条）。

　他方、人民法院に訴訟を提起することができるのは、原則として労働仲裁の判断に不服がある場合に限られています（同条）。

　調停とは、同法10条に定められた調停組織が、労働紛争に関して、当事者の意見を十分に聴取し、当事者の合意を支援する手続きです（同法13条）。調停組織の1つには、企業労働紛争調停委員会という組織があり、これは労働者代表と使用者代表によって構成されます。そして、労働者代表は工会（工会の詳細はコラム19参照）の組合員等が担当し、使用者代表は使用者の責任者が指名した者が担当します（同法10条）。裁判とは異なり、あくまでも当事者間の話し合いにより労働紛争の解決を目指す手続きです。

　労働仲裁とは、労働紛争仲裁委員会が、労働紛争に関して、当事者の主張を検討した上で、判断を下す手続きをいいます（同法45条）。労働仲裁は、当事者間の労働紛争を第三者が判断する点で裁判に類似した制度といえます。

　訴訟とは、人民法院が、労働紛争に関して通常の裁判手続きに沿って判決を下す手続きをいいます。

2 労働仲裁の判断に不服がある場合、常に人民法院に上訴することはできますか？

Point

・使用者は、労働紛争の内容によっては労働仲裁が終局的な判断となり、原則として人民法院に上訴できない場合がある。

　仲裁判断は労働紛争の内容によって終局的な判断と非終局的な判断に類別されます（労働紛争調停仲裁法47条、50条）。終局的な仲裁判断とは、労働報酬や経済補償金等を請求する紛争で、現地の月額最低賃金の12カ月分相当の金額を超えない金額を請求する労働紛争等に対する仲裁判断をいいます（同法47条）。

　そして、仲裁判断に不服がある場合、労働者と使用者で不服申立ての条件や手続きが異なります。

　労働者の場合、いずれの仲裁判断に対しても、その判断内容に不服があるときは、仲裁判断書を受領した日から15日以内に人民法院に訴訟を提起することができます（同法48条、50条）。この場合、訴訟提起の理由に制限はありません。労働者は自由に不服申立ての手段として訴訟を提起することができます。

　使用者の場合、非終局的な判断に対しては、労働者の場合と同様に、その判断内容に不服があるときは、仲裁判断書を受領した日から15日以内に人民法院に訴訟を提起することができます（同法50条）。この場合の訴訟提起の理由に制限がない点も労働者と同じです。

　しかし、終局的な判断に対しては、仲裁判断に法定の取消事由が認められる場合に限って訴訟提起することができます（同法49条、47条）。この場合、仲裁判断書を受領した日から30日以内に、中級人民法院に訴訟を提起する必要があります（同法49条）。

3 労働仲裁の申立てに時効はありますか？

> **Point**
> ・労働紛争の仲裁申立ての時効は原則として1年間である。なお、労働報酬に関する紛争は、労使間の労働関係が終了した日から1年以内に申立てをすれば足りる。

　労働紛争の仲裁申立ての時効期間は1年と定められています（労働紛争調停仲裁法27条）。時効期間は、当事者がその権利を侵害されていることを知りまたは知り得べき日から起算されます（同条）。もっとも、労使間で賃金を巡る紛争が生じた場合、労働者の仲裁申立ては労働契約存続中、時効の制限を受けません。この場合の時効期間は、労働契約関係の終了日から1年です（詳細はQ13参照）。

　以上の時効期間に対して、次の場合には時効の中断を認めています。すなわち、①当事者の一方が相手方当事者に対して権利を主張した場合、②当事者の一方が関連部門に権利の救済を請求した場合、③相手方当事者が義務の履行を承認した場合です（同条）。

　また、不可抗力等によって権利行使ができなかった場合には、時効の停止を認めています（同条）。

Column 3

中国におけるCSRの実践

■「守り」の労働CSRと「攻め」の労働CSR

CSRとは「企業の社会的責任」(Corporate Social Responsibility)のことを指します。近年では企業を取り巻く様々なステークホルダーからの指摘が厳しくなってきており、企業として積極的に社会的責任を果たす行動が求められています。CSRの範囲は広く、企業は様々な方面で社会的な責任・役割を負うべきであると期待されるようになり、汚職防止や労働環境整備(以下、労働分野に関するCSRを「労働CSR」という)もその1つに位置付けられています。

もっとも、現時点における労働CSRは、長時間労働の防止等ブラック企業と呼ばれないための「守り」の取組みが多数を占めている状況です。

例えば、真面目に頑張った社員が正当に評価される制度を整備し、働き甲斐のある職場環境を作ることで社員のモラルを向上させ、やる気を引き出し、企業価値の向上につなげていく等といった取組みをCSRの観点から捉える、いわば「攻め」の労働CSRという発想はまだまだ浸透していないように思います。

■中国子会社における労務管理の現状とリスク

日系企業の特徴として、極端に労働紛争を避ける傾向にあります。労働紛争を避けようとするがあまり問題社員や不正を行った社員に対しても解雇せず合意退職として済ませようとし、場合によっては経済補償金等の追い銭まで支払って辞めてもらうケースが散見されます。たしかに、問題社員を解雇して訴訟となり、万が一でも敗訴した場合、中国では賠償として2倍の経済補償金相当額を支払わなければなりません。また裁判自体に手間と時間がかかります。これらのリスクを考えれば企業として労働紛争を避けることを非難することはできません。むしろ、労使間の話し合いで問題が解決することは望ましいようにも見えます。

しかし、日系企業のこのような態度は、問題社員との労働紛争を回避できる代償として大きなものを失う可能性があります。

上記のような会社対応の顛末を知った他の社員は何を思うでしょうか?会社に失望し、勤労意欲を失ってしまうかもしれません。また、不正行為をし

ても会社から解雇されずお金までもらえるという認識が蔓延してしまい、残された他の社員にも不正行為を行う動機や正当性の根拠を与えることになりかねません。これは、企業の労務管理において深刻な問題といえます。

中国では、問題社員対応についてどれだけ箝口令を引いても多くの社員は顛末を知っています。簡単に情報が拡散するのです。したがって、問題社員対応は、目の前の問題社員と会社との1対1の問題と捉えるだけでは足りず、他の社員に対しても筋の通ったものでなければなりません。特に不正を行った社員に対しては毅然とした態度が望まれます。

そして、このような労務対応の在り方はCSRという観点からも説明することができます。

■中国現地法人におけるCSRの実践

前述のとおり、日本本社にとって中国子会社における不正事案は頭の痛い問題です。中国において企業側の人事労務を専門的に扱う当事務所では、不正事案に絡む労務対応の相談が後を絶ちません。海外子会社の不祥事がきっかけとなり、親会社の経営に深刻な影響を与える事例は決して珍しくなく、海外子会社管理のあり方は決して無視できない課題です。

この点について、汚職防止のための取組みは、正に重要なCSR活動といえます。したがって、中国子会社に対するガバナンス体制として汚職防止の仕組みを作ること、社員教育を行うこと等は典型的なCSR活動といえます。

また、中国現地法人における労務管理に関しても、問題社員に対して毅然とした態度を取ることが、残された社員の職場環境に影響するという点を意識しなければなりません。不正を許さない企業の態度、筋の通った一貫性のある労務対応は、不正を許さない企業体質の醸成、働き甲斐のある職場環境作りや社員教育等の一環として、労働CSRに位置付けることができるのです。

筆者は、日系企業が上記のようなCSRを念頭に置いた労務管理を意識し、中国国内のみならず国際社会において不正を許さない社会を作る活動の先頭を走ってもらいたいと願っています。また、このような日系企業の活動を全力で支援していきたいと考えています。

第2節 社員の採用

第1項 労働契約書の作成

Q3 中国に駐在員事務所を置くことになりました。現地で中国籍労働者を自由に採用することはできますか？ 中国への進出形態による違いはありますか？

1 駐在員事務所と労働者の雇用について教えてください。

Point

・駐在員事務所は、中国籍労働者を直接雇用することはできない。

　外国企業常駐代表機構（いわゆる「駐在員事務所」）が中国籍労働者を直接雇用することは許されていません。駐在員事務所が中国において労働者を雇用するためには、人材派遣会社を介する必要があります（外国企業常駐代表機構の管理に関する暫定規定11条）。

　この点については、日本本社採用の中国籍労働者を駐在員事務所の首席代表または一般代表として任命する場合も、原則として人材紹介会社を通じた労働者派遣の形式をとらなければなりません（外国企業の在中国常駐代表機構の審査認可及び管理に関する実施細則29条4号）。

　このように、日本本社採用の中国籍労働者を駐在員事務所に赴任させる場合には注意が必要です。

第1章　中国の労働法

2　現地法人と労働者の雇用について教えてください。

> **Point**
> ・現地法人の場合、労働者の雇用に特別の制限は受けない。

1　現地法人の雇用形態について

　外商投資企業（いわゆる「現地法人」）が労働者を雇用する場合、原則として外商投資企業であることを理由に特別な制限を受けることはありません。

2　正規雇用

　労働契約には、①固定期間労働契約（労働契約法13条）、②無固定期間労働契約（同法14条）、及び③一定の業務完成を期限とする労働契約（同法15条）があります（同法12条）。なお、固定期間労働契約は、労働契約書が未作成である場合や契約の更新回数に応じて、無固定期間労働契約となる場面があり注意が必要です（同法14条）。

3　非全日制雇用

　非全日制雇用とは、時間給を主として、通常、1日あたりの労働時間が4時間を超えず、1週間の累計労働時間が24時間を超えない雇用形式を指します（労働契約法68条）。非全日制雇用の場合、契約当事者はいつでも雇用の終了を通知することができ、また契約終了時に経済補償金の支払いが不要である（同法71条）ことから、労働契約の無固定期間化等を懸念する企業は、積極的な活用を検討するべきであるといえます。

　もっとも、非全日制雇用に対しては、試用期間を設けてはならず（同法70条）、賃金の支払い周期は最大で15日を超えてはならない（同法72条2項）点に注意が必要です。

4　派遣雇用

　現地法人でも、労働者派遣会社を通じて、労働者を間接雇用することが可能です（労働契約法59条）。もっとも、派遣労働者の雇用はあくまでも例外的な雇用であると考えられており、派遣労働者の従事する業務は臨時的、補助的または代替的なものに限定されています（同法66条1項）。また、派遣労働者の受入れについて、受入れ数の制限もある点に注意しなければなりません（同条3項）。

5　労務契約

　現地法人は、労務提供者との間で労務契約を締結することも認められています。これは日本でいう業務委託契約に類似するものです。この場合、両者の間に労働法は適用されず、労務提供者は労働者として保護されません。

　もっとも、労務契約を締結した労務提供者が、その業務に従事する中で第三者に損害を与えた場合、使用者として責任を負う可能性があります（人身損害賠償事件の審理における法律適用の若干問題に関する解釈9条）。

　また、形式上は労務契約であっても実質的には労働関係と判断される（いわゆる偽装請負の問題）可能性もあります。この場合には労働契約書未作成の罰則等を受けることになります。

　なお、労働関係にあるか否かを判断する基準は次のように定められています（労働関係の確立に関する事項についての通知1条）。

①使用者・個人が法律・法規に定められた主体資格を有すること
②使用者が法により定めた内部規則が適用されていること
③労働管理を受けていること
④使用者の手配した報酬がある労働に従事していること
⑤提供する労働が使用者の業務を構成すること

Column 4

中国子会社の現地化に伴う課題

　中国子会社の現地化は喫緊の課題であると最近よく耳にします。しかし実際には人件費削減の観点から日本人駐在員を減らしただけ、というケースが多いように思われます。

　現地化が比較的順調に進んでいる企業の話を聞くと、信頼できる社員に対して時間をかけて日系企業の考え方を理解させ、段階を経て、ついには責任者を任せるというプロセスをしっかりと経ているように感じます。

　ただし、中国子会社の現地化に必要なことは、現地責任者の育成だけではありません。日系企業が現地化を進める際、日本人駐在員の帰任後も日本本社による中国子会社に対する管理手法はほとんど変わっていないケースが多く、この点がさらなる課題といえます。

　以下、中国子会社の現地化における主たるポイントである「現地責任者の育成」と「日本本社による管理手法を変更する必要性」について説明します。

■現地責任者の見極め

　日本人駐在員が不在となった場合の現地責任者を誰にするか、この問題が現地化を進めるにあたって一番の課題となります。この点については、時間をかけて日系企業の考え方を理解できる社員を育てていく外に方法はありません。日系企業（自社）のスタンスを理解しながらも現地の事情に合わせて対応できる人材は簡単には見つかりません。現地責任者が十分に育っていないのに「現地化」という名目で人件費を削減するだけでは、真の意味での「現地化」とはいえません。このような突貫工事的な現地化では後に大きなトラブルを引き起こすリスクが高いといえます。

　もっとも、日本本社も日本流を貫き通すのではなく、現地の事情を理解する努力をして、それに合わせる柔軟な姿勢が期待されます。

■日本本社による中国子会社の管理手法

　日本本社から派遣した日本人駐在員が中国子会社に在籍しなくなれば、日本本社の目が行き届かなくなることは明らかです。現地化を進めることは、中国

子会社の経営を放任することではありません。そこで、中国子会社の経営トップが日本本社の社員でない場合に、日本本社の意向を中国子会社に十分反映させながら、中国子会社の経営トップを適切にコントロールする仕組みの検討が不可欠になってきます。

　日本人駐在員がいる場合、多くは日本本社採用で中国に派遣されてきたケースです。この場合、日本本社に対する忠誠心も高く、タイムリーに日本本社とコミュニケーションを取ることが期待できます。また、日本本社にとって都合の良くない情報もそれなりに入ってくるといえます。このような日本人駐在員への信頼を基礎に、日本本社の姿勢はどちらかといえば受身的といえ、何かあれば現地から相談する、という管理手法を採用していることが多いのではないでしょうか。他方、営業等に関しては日本本社から積極的に指示を出す傾向があるように思います。このように、現在の日系企業の子会社管理は、日本本社からの指示を中国子会社が適切に処理することに重きを置く「内部統制型」の子会社管理手法が多いといえます。現地責任者に広い権限を与えた上でその権限をどのように抑制し管理していくのか、という「ガバナンス」の発想はほとんどないのが現状です。これは、現地責任者はあくまで日本本社の一社員であり、そもそも大きな権限自体がないケースもあるでしょうし、日本本社の社員であるという信頼から現地責任者をけん制する発想に乏しいことが理由と思われます。

　しかし、現地化を進め、日本人駐在員以外を現地責任者とする場合、現地責任者をけん制する管理手法を意識的に採用し、日本本社から積極的に子会社管理に関わっていく必要があるといえます。正に「ガバナンス」の発想が強く求められるのです。

　不正行為が最も多いといわれている経理部門の管理については、日本本社もそれなりに関心を持って対策を講じているかもしれません。しかし人事労務・総務部門の管理については、日本本社にとっては現地の事情、習慣や法制度等が分からないため中国子会社に一任してしまいがちです。特に中国の労働法制は地域によっても大きく運用が異なる等、非常に複雑で、日本本社にとっては正確な情報を収集するだけでも困難な場合があります。

　このような状況を改善するためには、現地に拠点を持つ法律事務所や会計事務所の活用が重要です。これら現地の専門家に中国子会社を監督する役割の一部を担当させることで、中国子会社に対するけん制となることが期待できま

> す。自社で子会社管理のすべてをカバーするのではなく、現地に拠点を有する法律事務所や会計事務所を利用して外部から監査の目を入れることも有効であるといえます。なお、この点に関して本来は中立・公平であるべきはずの法律事務所や会計事務所に対して日本本社から現地を通じて説明を求めても納得できる回答が来ず、むしろ現地びいきの回答ではないかと疑われるようなケース（つまり、合弁相手の中国企業や中国人スタッフ、ときには取引先中国企業の味方ではないかと疑ってしまうようなもの）もあると聞きます。したがって、日本本社が中国子会社を担当している法律事務所や会計事務所といった外部専門家と直接にコミュニケーションを取れることは重要なポイントです。そこで、中国子会社を担当する法律事務所や会計事務所の選択は、日本本社主導で行われるべきです。

Q4 現地法人の総経理として日本本社から日本人を出向させることにしました。注意点を教えてください。

1 中国における有限公司（日本でいう株式会社）の組織はどのように規定されていますか？

Point

・中国では社内の意思決定機関と執行機関の担当者を分けて考えている。

1 法定代表人について

法定代表人は、董事長・執行董事または総経理が就任することになります（公司法13条）。公司法（日本でいう会社法）では、董事や総経理であっても当然に有限公司を代表するわけではありません。

したがって、対外的な代表権を誰が持つか、という点は有限公司が決めることになりますし、決めなければなりません。

もっとも、中外合弁企業の場合、董事長が法定代表人となります（中外合弁企業法実施条例34条）。

　なお、日本の株式会社の場合、原則として取締役は会社を代表すると定められています（《日本》会社法349条１項本文）。また、取締役が２名以上ある場合、各自、株式会社を代表します（同条２項）。ただし、代表取締役その他株式会社を代表する者を定めた場合、当該代表取締役が業務に関する一切の代表権限を有することになります（同条１項但書き、同条４項）。

　そして、日本の株式会社においては代表取締役を複数名設置することも可能ですが、中国では法定代表人は１名しか設置することができません。

２　株主会について

　有限公司の株主会は全株主によって構成される会社の権力機構です（公司法36条）。株主会は、法律で定められた事項について、決定及び承認等をする権限を有しています（同法37条）。なお、株主が１人法人のみである有限会社（以下「一人有限公司」という）の場合、株主会を設置せず、株主が単独で法定決議事項を決定することになります（同法61条）。

３　董事会・董事または執行董事について

　有限公司は、原則として董事会を設置しなければなりません。人数は３名以上13名以内とされています（公司法44条）。

　董事会は、有限公司の経営計画や投資案を決定する等、法律で定められた事項に関して、決定または立案権限を有しています（同法46条）。なお、董事会は有限公司定款に定められた権限も有します（同条11号）。

　もっとも、株主の人数が比較的少ない、または規模が比較的小さい有限公司は、董事会を設置せずに董事１名を執行董事として選任することも認められています（同法50条）。

４　総経理について

　有限公司は、総経理を置くことができます（公司法49条）。総経理の任命または解任は董事会が決定します（同法46条９号、49条柱書き）。

総経理は、董事会が決定した経営計画や投資案を実行する等、法律で定められた事項に関して、立案、決定及び実施権限を有しています（同法49条）。
　また、総経理は、董事会から与えられた権限（同条１項８号）及び有限公司定款に定められた権限も有します（同条２項）。
　なお、総経理は、董事会に出席しますが、議決権は有しません（同法49条３項）。
　この点について、中外合弁企業の場合、日常の経営管理を担当する者として総経理を設置しなければなりません（中外合弁企業法実施条例35条）。また、権限についても、董事会から与えられた権限の範囲内で、対外的に合弁企業を代表する権限を有しています（同条例36条）。

5　監事会について

　有限公司は、監事会を設置し、構成員となる監事は３名を下回ってはなりません（公司法51条）。株主の人数が比較的少ないまたは規模が比較的小さい有限公司は、監事会を設置せずに監事１名または２名を選任することも認められています（同法51条）。
　なお、董事及び高級管理職が監事を兼任することは許されていません（同法51条）。
　監事会または監事会を置かない監事には、有限公司の財務に関する検査権限等が認められています（同法53条）。

 日本人出向者が複数の現地法人の総経理を兼任することはできますか？

> **Point**
> ・外国人就労管理上、原則として外国人が総経理を兼任することは許されない。ただし、地域によって認められているところもある。

　総経理は、公司法等に基づいて有限公司の業務執行権限を有しています。一方で、総経理は一般的には労働者であると考えられています。したがって、

労働契約に基づいて契約内容を履行する義務を負います。

　そして、中外合弁企業の場合、総経理または副総経理はその他の経済組織の総経理、副総経理を兼任してはなりません（中外合弁企業法実施条例37条4項）。

　また、外国人が中国で就労する場合、就労ビザを所持して入国し、入国後に外国人就労証及び外国人居留証を取得しなければなりません（外国人在中国就業管理規定8条1項）。そして、就労証には使用者名が記載される（同規定24条1項）のですが、実務上は、異なる使用者が記載された複数の就労証が発行されることはなく、また1つの就労証に複数の使用者が記載されることもありません。したがって、外国人が複数の企業において総経理を兼任することは原則として許されないと考えられます。

　もっとも、地域によっては外国人の二重就労を認めている地域もあります。例えば上海市では、外国籍労働者が国外の投資者より派遣され、同一投資者によって設立された複数の企業において兼職する場合を認めています（外国人在中国就業管理規定の徹底的実施に関する若干意見20条）。

　また、地域によっては根拠規定はないものの運用として認めている場合もあります。

Column 5　日本人の中国における就労手続き

外国人が中国で就労するためには、原則として、就労ビザを所持して入国した上で「外国人就業証」及び外国人居留証を取得する必要があります（外国人在中国就労管理規定8条）。詳細は次のとおりです。

■受入れ先企業による外国人就業許可証等の取得

外国人が中国で就労するためには、まず中国における受入れ先現地法人が外国人就業許可証等を取得しなければなりません（同規定5条）。そして、この外国人就業許可証は、外国人が就労ビザを取得するための必要書類となります（同規定15条）。

■就労ビザの取得

次に、中国において就労を予定している日本人の就労ビザを取得しなければなりません。就労ビザの取得は原則として日本で行います（同規定15条）。なお、これまでは在日本中国大使館（総領事館）がビザ発給業務で行っていましたが、2016年より「中国ビザ申請センター」が新設されました。これに伴って、就労ビザの取得手続きは同センターにて行うことになりました。必要資料を提出すると、申請期間と交付日時を伝えられますので、その指示に従えば就労ビザを取得することができます。なお、申請手続き及び必要書類は変更される可能性もあります。事前に中国ビザ申請センター等に確認することをお勧めいたします。

■外国人就業証の取得

就労ビザを取得した後、今度は中国において外国人就業証を取得する必要があります。就労ビザを所持して入国した外国人は、入国後15日以内に外国人就業証の取得手続きを行わなければなりません（同規定16条）。就労ビザを取得しても中国国内で就労できるわけではありません。就労ビザは、外国人就業証を取得するための中国への入国・滞在を許可するものでしかありません。したがって、就労ビザ取得後に中国国内で就業証取得の手続きを行う必要があります。

なお、就労ビザは「申請から3カ月以内に中国に1回入国することを認める」趣旨で発行されるものです。したがって、就労ビザ取得後に中国に入国する場合、同ビザを利用して中国に入国したことになってしまいます。短期滞在であっても就労証を取得せずに中国から出国した場合、再度、就労ビザを取得しなおす必要があり、注意すべきです。

■ 居留証の取得

就業証の手続きを行った外国人は、入国後30日以内に公安機関にて居留証の手続きを行わなければなりません（同規定17条）。

Column 6

新しい外国人就業許可制度

中国では、2017年4月1日より、中国において就労しようとする外国人をAランク（ハイレベル人材）、Bランク（専門的人材）、Cランク（一般人材）に分類して管理する制度が本格的に実施されています（国家外国専家局文件　外専発〔2016〕151号）。もっとも、新制度の実務的な運用は、現時点では不明確な点が多く、具体的な運用動向については継続的に注視する必要があります。

■ 中国における就労外国人の分類基準

Aランクに分類される人材は、ハイレベル人材として、現在の中国または中国社会主義の発展に最も必要とされる人材が対象となります。後述するポイント制度で85点以上の人材も対象となります。

このランクに分類される人材に対する就労管理については、人数制限がなく、積極的誘致の対象となります。

このランクに分類される人材は、専門的人材として、原則として3要件（①18歳以上60歳以下であること、②学士以上の学歴を有していること、③2年以上の勤務経験を有すること）を満たす人材等が対象となります。また、後述

するポイント制度で60点以上の人材も対象となります。

Bランクに分類される人材の就労管理は、市場の需給に応じて行われることになります。

Cランクに分類される人材は、一般人材とされ、このランクに分類される場合、就業許可の人数制限が厳しく、割当制で管理されることになります。基本的には臨時的かつ非技術的な人材を対象としています。

具体的な分類基準とランクに応じた就労管理は以下のとおりです。

図表1-3　就労外国人の分類基準

	就労管理	分類基準
Aランク ハイレベル 人材	積極的に誘致して、人数制限しない。	1）中国人材誘致計画によって選出された人材 2）専門分野で国際級の業績を上げたと認められた人材 3）中国市場で必要とされる奨励類人材に該当すること 4）ベンチャー企業創始者 5）優秀青年人材 6）ポイント制に基づく85点以上の人材
Bランク 専門的人材	市場需要に応じて管理する。	1）学士以上の学位及び2年以上の業務経験を有する者が以下の条項に該当する場合 　①教育、研究、新聞、出版、文化、芸術、衛生、スポーツ等特別領域において研究、教育、管理等の業務の管理者または技術者 　②政府間交流協力条項に基づいて年齢を緩和された人材 　③国際機構の中国駐在代表機関が雇う人員、または海外専門家組織の中国駐在代表機関の代表 　④国際的な会社が派遣する中層以上の従業員、外国企業中国駐在代表機関の首席代表及び代表 　⑤各種企業、事業団体、社会組織等の雇用する外国籍管理者または技術者 2）国際的に通用する職業技能資格証書を所持する人材または需要が高く不足している技能人材 3）一定の条件を満たす外国語教員 4）平均収入が少なくとも地域における前年度の平均収入の4倍である外国籍人材 5）国家関連規定に符合する専門人材等 6）ポイント制に基づく60点以上の人材
Cランク 一般人材	国家規定に基づき人数を制限する。	1）現行の外国人在中国就業管理規定に符合する人材 2）臨時性、短期性（90日以下）の業務に従事する人材 3）割当管理制度を実施する人材（政府間協定に基づいて実習等を行う青年、規定条件に符合する外国留学生及び国外高等学校の外国籍卒業生、遠洋漁業等、特殊分野に従事する人材を含む）

第2節　社員の採用

■分類管理とポイント制の導入

　中国政府は、上記分類管理制度の導入に伴って、分類基準の1つとして中国国内で就労を予定する外国人を複数の項目ごとに評価してそれを点数化し、その合計点に応じて各ランクに分類するポイント制度を導入しました。主な項目としては、年収、学歴、業務経験年数、中国国内の就業地域、中国国内での年間就労日数、中国語力、年齢等です。その他に各地方政府の裁量点として10ポイントが割り当てられています。

　具体的なポイント基準は以下のとおりです（出所；国家外国専家局・人力資源社会保障部・外交部・公安部文件　外専発〔2017〕40号）。

図表1－4　分類管理とポイント基準

項目	基準	ポイント
中国国内の雇用者が支給する賃金額	45万人民元以上	20
	35万人民元以上45万人民元未満	17
	25万人民元以上35万人民元未満	14
	15万人民元以上25万人民元未満	11
	7万人民元以上15万人民元未満	8
	5万人民元以上7万人民元未満	5
	5万人民元未満	0
教育程度または国際職業資格証明	博士または博士相当	20
	修士または修士相当	15
	学士または学士相当	10
勤務年数	2年を超える場合、1年増えるたびに1ポイント追加する	最大で20
	2年	5
	2年未満	0
年間勤務期間	9カ月以上	15
	6カ月以上9カ月未満	10
	3カ月以上6カ月未満	5
	3カ月未満	0
中国語水準	中国国籍を有する外国人	5
	中国語を学習言語とする学士以上の学位	5
	中国語水準試験（HSK）5級以上	5

中国語水準	中国語水準試験（HSK）4級以上	4
	中国語水準試験（HSK）3級以上	3
	中国語水準試験（HSK）2級以上	2
	中国語水準試験（HSK）1級以上	1
勤務地域	西部地域	10
	東北部地域等旧工業地区	10
	国家級貧困地等の特別地域	10
年齢	18歳以上25歳以下	10
	26歳以上45歳以下	15
	46歳以上55歳以下	10
	56歳以上60歳以下	5
	60歳超	0
外国高水準大学卒業またはグローバル500企業における就業経験及びその他の条件	外国高水準大学卒業	5
	グローバル500企業における就業経験	5
	特許権等の知的財産権を所持	5
	すでに5年以上中国において就業している	5
地方による奨励ポイント	地方経済社会の発展に必要な特殊人材（省レベルの外国人就業管理部門が具体的な基準を制定）	0～10

■**外国籍新卒社員の中国における就業に関する特例措置**

　上記新制度に照らすと、外国籍の新卒社員については、年収、職務経験等の点で高ポイントを得ることが難しく、中国における就労が困難であると見込まれます。

　これに対して、中国政府は、外国籍新卒社員の中国における就業に関して特別の制度を設置しました（人力資源社会保障部外交部教育部による外国籍大学卒業生の中国における就業許可の関連事項についての通知　人社部発〔2017〕3号）。

　同制度によれば、中国国内大学において修士以上の学位を取得して卒業後1年以内の外国留学生及び外国有名大学において修士以上の学位を取得して卒業後1年以内の外国籍卒業生に対して、成績優秀（平均成績が80点以上かつ

在籍期間中に不良行為の記録がない）等の一定要件を具備する者に限り中国での就労が許可されることになります。

なお、本制度については、今後の運用動向に注視する必要があります。

Q5 中国で労働者を採用するにあたって、労働契約書の作成は必要なのでしょうか？ 日本との違いを教えてください。

1 労働契約書は作成しなければいけないのでしょうか？

> **Point**
> ・中国では労働契約を締結する場合、原則として雇用日から1カ月以内に労働契約書を作成しなければならない。

1 労働契約書の作成義務

中国で労働者（非全日制雇用を除く。以下同じ）を雇用する場合、一定の労働条件（業務内容、勤務地、労働報酬、職業の危険性及び労働者が把握することを希望するその他の状況等）について、事実どおりの説明をすることが義務付けられています（労働契約法8条）。そして、労働者を雇用する際に労働契約書の作成が法律上義務付けられています（同法10条1項、同17条）。

日本では、採用時に労働条件通知書をもって、労働者に対して労働条件を明示することを義務付けています（《日本》労働基準法15条1項、同施行規則5条3項）。しかし、労働契約書の作成に関しては、労働契約の内容をできる限り書面で確認すべきであるという努力義務は定められているものの、労働契約書作成までは義務付けられていません（《日本》労働契約法4条、6条、《日本》民法623条）。

労働契約書の作成を義務付けている点に中国労働法の大きな特徴があるといえます。

2　労働契約書未作成の場合のペナルティ

　労働関係が既に確立しているにもかかわらず、使用者が、雇用開始日から1カ月を超えて労働契約書を作成しない場合には、雇用開始日より満1カ月の翌日から労働契約書を作成するまでの間（最長で雇用開始日から1年）、労働者に対して毎月2倍の賃金を支払わなければなりません（労働契約法82条）。

　さらに、使用者が雇用開始日から1年以上にわたって労働契約書を作成しない場合、雇用開始日より満1年の日から、労使間で無固定期間労働契約を締結したものとみなされてしまいます（同法14条）。

　また、使用者が労働契約書を労働者に交付しない場合、損害賠償等の法的責任を負うことになります（同法81条）。

　なお、労働契約書未作成に関する問題は、入社時は労使間も良好であるため議論になることが少ないのですが、いざ労使間でトラブルが発生したときに、使用者が労働契約書を作成していなかった点を指摘され、労使紛争の交渉が労働者優位に進むケースが散見されます。

2　労働者が労働契約書の作成を拒否した場合はどうしたらよいですか？

> **Point**
> ・労働者が労働契約書の作成を拒否する場合、会社の側から労働関係を終了することができる。

　労働者の方が労働契約書の作成を拒否した場合、使用者は、速やかに書面により労働関係の終了を通知する必要があります（労働契約法実施条例5条）。

　使用者の労働関係終了通知が雇用開始日より1カ月を超えてしまった場合、たとえ労働者が労働契約書の作成を拒否していたとしても、労働関係終了にあたって使用者は経済補償金を支払わなければなりません（同条例6条）。

　労働者側が労働契約書作成を拒否しているにもかかわらず使用者が経済補

償金を支払わなければならない場面がありうるという点に注意してください。

3 労働契約更新時にも労働契約書を作成する必要はありますか？

> **Point**
> ・労働契約更新時も原則として労働契約書を作成しなければならない。

　固定期間労働契約において労働契約期間が満了した場合、労働契約は当然に終了します（労働契約法44条1号）。この労働契約を更新する場合、労使間には新たな労働契約が締結されたと考えることになります。したがって、同一内容で労働契約を締結する場合でも、労働契約法10条1項が適用され、労働契約書の作成義務が生じると考えられています。そして、使用者が労働契約書を作成しなかった場合は前述したペナルティを負うことになります（同法14条、82条）。この点について、北京市では更新日から労働契約書未作成のペナルティを負いますが、上海市では更新日から1カ月経過することでペナルティが発生します。

4 会社の合併・分割時にも労働契約書を作成する必要がありますか？

> **Point**
> ・会社の合併・分割時には労働契約書の作成は不要である。

　会社が合併・分割した場合、労働者と合併・分割前の会社との労働契約は引き続き有効であり、その内容は合併・分割後の会社にも承継されることになります（労働契約法34条）。会社の合併・分割においては使用者に変更はないものとして、労働契約書を改めて作成する義務はないと考えられています。

失敗事例1　労働契約書未作成の失敗事例

　以前、中国における組織再編に絡む人員整理のご相談をいただいたことがありました。企業の組織再編に伴う人員整理にあたっては、労働紛争のリスクを判断するために労務デューデリジェンス（以下「労務DD」という）を行うことがほとんどです。

　主に労働者の人数、賃金額や勤務年数から法定経済補償金を算定し、社会保険への加入の有無等を確認することになるのですが、忘れてはいけないのは労働契約書を適切に作成して労働者に交付しているか、という点です。

　中国では労働契約書の作成義務があり、適切に労働契約書が作成されていない場合、種々のペナルティが課せられます（詳細はQ5をご参照ください）。仮に労働契約書が作成されていなかった場合、人員整理の労働者説明の場で労働者から会社は違法な行為をしていると指摘され、経済補償金の増額支払い等を要求される可能性が非常に高いです。そして、労働契約書未作成の場合、状況によっては法律上も金銭的賠償を労働者に支払うことが求められますし、労働者との交渉でも劣勢に立たされることがあります。

　実際にご相談いただいたケースでも、当初は労働契約書未作成の問題に気付いておらず、我々から指摘して対策を検討することになりました。とはいえ、今さら労働契約書を作成するわけにもいきませんので、労働者に対して労働契約書未作成の問題を大々的に指摘される前に労働者から合意を取り付けようということになり、結局は法定経済補償金よりも相当に上乗せした金額を労働者に支払うことになりました。

　労働契約書の作成義務が、思わぬところで企業活動の足かせになる事例であったといえます。

Q6 中国で労働契約書を作成する場合、記載しなければならない事項はありますか？

1 労働契約書の法定記載事項について教えてください。

Point

・労働契約書の記載事項は法律で定められている。

労働契約書に記載しなければならない法定事由は**図表１－５**のとおりです（労働法19条、労働契約法17条）。

図表１－５　労働契約書の記載事項

労働法19条で定める記載事項	労働契約法17条で定める記載事項
①労働契約期間 ②業務内容に関する事項 ③労働保護・労働条件に関する事項 ④労働報酬に関する事項 ⑤労働規律に関する事項 ⑥労働契約終了の条件に関する事項 ⑦労働契約違反に対する責任に関する事項	①会社の名称・住所・法定代表人または主要責任者の氏名 ②労働者の氏名・住所・身分証明書番号 ③労働契約の期間に関する事項 ④業務内容・勤務場所に関する事項 ⑤労働時間・休息・休暇に関する事項 ⑥労働報酬に関する事項 ⑦社会保険に関する事項 ⑧労働保護・労働条件・職業危害の防護に関する事項 ⑨法律法規が規定するその他の事項

2 試用期間を約定することはできますか？

Point

・試用期間は労働契約期間に応じて法律で上限が定められている。また、一度約定した試用期間を延長することはできない。

中国において、試用期間の上限は**図表１－６**のように定められています(労働契約法19条１項、試用期間についてはＱ７参照)。

なお、一度約定した試用期間は労働者の同意がある場合でも延長できません（同条２項）。

図表１－６　試用期間に関する規定

労働契約期間	試用期間の上限
３カ月未満	試用期間設定不可
３カ月以上１年未満	１カ月以内
１年以上３年未満	２カ月以内
３年以上または無固定期間	６カ月以内

3　労働者との間で違約金を約定することはできますか？

> **Point**
> ・法律で定められた場合を除いて、労働者が支払う違約金を約定することは許されない。

１　労働者が支払う違約金を約定できる場合

中国では労使間で労働者の支払う違約金を約定できる場面は法律で定められています。具体的には、①労働者が服務期に違反した場合と、②競業避止義務条項に違反した場合に限られています（労働契約法22条、23条、25条）。

したがって、例えば労働者が秘密保持義務に違反した場合等に支払う違約金を約定することは許されません。

２　服務期違反の場合

労働者が労使間で合意した服務期に違反した場合に労働者の支払うべき違約金を約定することは許されています（労働契約法22条２項）。服務期とは、労働者が、労働契約法38条に定める場合を除いて労働契約を解除することの

できない期間をいいます（労働契約法実施条例26条）。どのような場合に服務期を約定することができるのかというと、使用者が労働者に対して特定の訓練費用を提供し特別な技術訓練を受けさせた場合です（労働契約法22条1項）。

ただし、服務期に違約した労働者に対して請求できる違約金額は、使用者が労働者に提供した訓練費用を超えてはいけません（同法22条2項）。そして、訓練費用には、直接の訓練費用、訓練期間の出張費用及び訓練を実施することにより生じたその他の費用が含まれます（労働契約法実施条例16条）。

なお、試用期間中の労働者が服務期の約定に違反して労働契約の解除を申し出た場合、使用者は訓練費用の支払いを求めることはできません（試用期間内の労働契約解除処理の根拠問題に関する回答3条）。したがって、試用期間中の労働者が服務期に違反して退職した場合、使用者は違約金を請求することができない点に注意が必要です。

3　競業避止義務違反の場合

労働者が競業避止義務に違反した場合に労働者が支払うべき違約金を約定することは許されています（労働契約法23条、25条）。

競業避止義務とは、使用者が労働者に対して、労働契約の解除または終了後一定期間内において退職前の使用者と同類製品を生産若しくは経営する若しくは同類業務を行う競合他社へ転職することまたは自ら退職前の使用者と同類製品若しくは同類業務を生産若しくは経営することを制限する旨の約定を指すと考えられています。

そして、競業避止義務を課すことのできる労働者は、高級管理職、高級技術者その他秘密保持義務を負う者に限定されています（労働契約法24条1項）。

また、競業を制限する範囲、地域及び期間は、労使間で約定する必要があります（同項）。もっとも、労働者が退職した後の競業避止義務は最大で2年を超えてはなりません（同条2項）。

そして、使用者が労働者に対して労働契約終了後の競業を一定期間制限する場合、その制限期間内においては毎月経済的補償を支払う必要がある点に注意をしなければなりません（同法23条）。

なお、労働契約終了後、この経済的補償が3カ月支払われていない場合（使用者側の原因による場合に限る）、労働者は競業避止条項を解除することができます（労働争議案件の審理における法律適用の若干問題に関する解釈〈4〉8条）。

　以上より、使用者としては、競業避止義務を本当に課す必要のある労働者であるのか否か、慎重に考慮して競業避止義務条項を検討する必要があるといえます。

4　秘密保持条項を定める場合の注意点について教えてください。

> **Point**
> ・実務上、入社時に秘密保持義務について合意することが望ましい。

　中国では、労働契約において営業秘密の保持に関する条項を約定することが認められています（労働法22条、労働法の若干条文に関する説明22条）。そして、この場合の営業秘密とは、①秘密情報であること（非公知性）、②権利者に経済的な利益をもたらすものであって、実用性を有し（有用性）、かつ③情報所有者が秘密保持措置を講じている技術情報及び営業情報（秘密管理性）をいうと考えられています（不正当競争防止法10条3項）。

　しかし、労働契約書に秘密保持条項を書き込めば十分というわけではありません。例えば「会社の秘密事項を他社に漏らしてはならない」といった程度の記載しかない場合、秘密保持義務の合意としては不十分であるとして、合意は無効であると判断される可能性があります。したがって、労使間で秘密保持義務を合意する場合、できる限り具体的に営業秘密の内容等について規定する必要があります。

　また、実務上、労働者の退職時に秘密保持義務の合意書に署名を求めても労働者から拒否されるケースが散見されます。そこで、労働者の入社時や昇進時等のタイミングで秘密保持誓約書を取り交わすことが望ましいといえます。

Column 7

就業規則と集団契約

　集団契約とは、労働報酬や労働時間等の労働条件について使用者と工会(工会がない場合は、上級工会の指導のもと労働者が推挙した代表者)との間で締結する契約をいいます(労働契約法51条2項)。集団契約が効力を生じるためには、締結した集団契約を労働行政部門に届け出て、内容の審査を受ける必要があります(同法54条1項)。

　このように成立した集団契約は、使用者及び全労働者に対して法的拘束力を持ちます(集団契約規定6条)。また、当該会社における労働条件の最低基準としての役割を有することになります(労働契約法55条)。

　したがって、使用者は、集団契約にて約定した労働条件よりも低い待遇を個別労働契約で定めることはできません。

　他方、就業規則は使用者が労働者との協議の上、作成するもので、契約ではありません(同法4条)。したがって、原則として労働者の同意は不要です。また、完成した就業規則を労働行政部門に提出する必要もありません。

　日系企業では、就業規則を作成している例は多いですが、集団契約を締結することは少ないように思います。しかし、就業規則の場合、労働者からその内容を知らなかった等と反論されることが散見されますが、集団契約を締結していれば全労働者に対して拘束力を持つことから、このような労働者の言い分に対抗することができます。そこで、例えば懲戒処分制度等について集団契約を締結することは検討に値すると思われます。

Column 8 　就業規則の変更手続き

　中国現地法人日本人駐在員の方から「就業規則を変更する場合、労働者から同意を得る必要があるのですよね？」と質問されることが多いです。おそらく労働者の労働条件は当該労働者の個別同意がなければ変更できないと考えているのだと思います。

　しかし、これは厳密にいえば間違いです。就業規則の変更に対して労働者から同意があれば望ましいといえますが、必須ではありません。

　労働者の切実な利益に直接関連する内部規定等を変更する場合、労働契約法4条によれば、使用者は労働者代表大会または全労働者との討論を経て、案や意見を提出し、工会または労働者代表と協議しなければならないと定められています。したがって、就業規則等の労働者の切実な利益に直接関連する内部規定等を変更する場合、労働契約法上は上記法定手続きを経ることで足り、労働者の同意は不要といえます。

　なお、就業規則の変更が有効であるためには、上記法定手続きを履行することの外に、就業規則の内容が合理的でなければならないと考えられています。

　他方、労働者との個別労働契約の内容を変更する場合は、原則として、当該労働者の個別同意が必要となります。

　以上より、労働者の労働条件等を変更する場合、それが労働契約書において個別に約定された事項であれば当該労働者の個別同意が必要であるのに対して、就業規則等で全労働者向けに定められている事項であれば労働者の個別同意は不要であり、法定の手続きと内容の合理性が求められるといえます。

第2項　試用期間

Q7 中国で労働者を採用する場合、試用期間を自由に定めることはできますか？

1 試用期間の長さに規定はありますか？

Point

・中国では試用期間の長さは法律で定められている。

中国労働法では、**図表1－7**のとおり、試用期間の長さが法律で制限されています（労働契約法19条）。

図表1－7　中国における試用期間

労働契約の期間	試用期間
3カ月未満	試用期間を設定できない。
3カ月以上1年未満	1カ月を超えてはならない。
1年以上3年未満	2カ月を超えてはならない。
3年以上	6カ月を超えてはならない。
期間の定めのない労働契約	6カ月を超えてはならない。
一定の業務の完了を期限とする労働契約	試用期間を設定できない。

図表1－7のとおり、固定期間労働契約の場合にも試用期間の長さが法定されており、労働契約期間の有無にかかわらず試用期間を設けることが一般的といえます。しかし、例えば労働契約期間を2年とする労働者との間で試用期間を3カ月とすることは許されません。

この点について、日本では試用期間の長さについて明文規定はありませんが、実務上は3カ月から6カ月程度の試用期間を定めることが多いです。

2 試用期間の延長はできますか？

> **Point**
> ・中国では試用期間を延長することは、労使間で合意があったとしても原則として許されない。

　同一使用者と同一労働者との間の試用期間に関する合意は、原則として一度しか許されていません（労働契約法19条2項）。したがって、試用期間の延長・更新は認められません。法定の試用期間を超えて試用期間を設定した場合、労働者に対して賠償金の支払いを命じられる可能性があります（同法83条）。

　では、労働者の同意がある場合はどうでしょうか。実際の裁判例（北京市第三中級人民法院（2014）三中民終字第11721号民事判決ほか）を紹介します。

　労働者から試用期間の延長を希望されて試用期間を延長した後に試用期間満了で労働契約を終了した場合の試用期間延長の効力が争われた事案に関して、人民法院は、試用期間延長合意を無効と判断し、この労働者はすでに試用期間を超えて就業しているため試用期間満了による労働契約終了は認められないと判断しました。

　上記裁判例から見れば、たとえ労使間で合意がある場合でも試用期間の延長は許されない可能性が高いといえます。

3 試用期間のみを定める労働契約はできますか？

> **Point**
> ・試用期間のみを定める場合でも、労働契約とみなされる。

中国では、固定期間労働契約を複数回更新した場合、無固定期間労働契約を締結する義務が明文で規定されています(労働契約法14条)。これを回避する方法として、試用期間のみを約定するケースがありました。

しかし、試用期間であっても労働契約であることに変わりはなく、この場合は試用期間を契約期間とする労働契約が締結されたとみなされます（労働契約法19条4項）。したがって、試用期間のみを約定する契約を締結した後で固定期間労働契約を締結する場合、労働契約の更新があったとみなされることになります。

Q8 採用予定者から試用期間中の賃金について質問がありました。中国では試用期間中の賃金についてどのような規定がありますか？

1 試用期間中の賃金額はどのように設定すればよいですか？

Point

・中国労働法では、原則として試用期間終了後の賃金の80％を限度として、試用期間中の賃金を定めることができる。なお、会社所在地の最低賃金を下回ることはできない。

中国では、試用期間中の賃金に関する明文規定があります。具体的には以下の2要件が規定されています（労働契約法20条、労働契約法実施条例15条）。
　①その使用者における同一職種の最低ランクの賃金の80％を下回らないこと、または試用期間終了後の賃金として労働契約に約定した賃金の80％を下回らないこと
　②会社所在地の最低賃金を下回らないこと
　したがって、上記①及び②の2つの条件の範囲で試用期間中の労働者の賃金を定めることができます。

仮に、上記要件に違反して試用期間中の賃金を約定した場合、使用者は未払い額のみならず賠償金（未払い額の50％以上100％以下の金額）の支払い義務を負います（労働契約法85条）。

2 試用期間中の賃金額と最低賃金はどのように考えればよいですか？

Point
- 最低賃金額とは、原則として、本人負担の社会保険料額を控除した手取り額を基準にすると考えられている（ただし、地域によって異なる）。

試用期間中の労働者に対する賃金であっても、会社所在地の最低賃金を下回ることは許されません（労働法48条2項）。この場合の最低賃金額とは、労働者の額面賃金を指すのでしょうか、それとも社会保険等の個人負担分を控除したいわゆる手取り額を指すのでしょうか。

この点について、北京市や上海市では、最低賃金額とは労働者の手取り額を基準とする旨が明確に規定されています（上海市最低賃金基準の調整に関する通知、北京市最低賃金基準の調整に関する通知）。

実務上も、手取り額を最低賃金基準とする運用が一般的といえ、注意が必要です（詳細はQ11 4 参照）。

Q9 試用期間中の労働者を解雇することはできますか？ 試用期間中の解雇について、日本と異なる注意点があれば教えてください。

1 試用期間中の解雇は可能ですか？

Point
- 試用期間中の解雇は認められているが、日本のように試用期間中の解雇が認められやすいということはない。

1　試用期間中の労働者の法定解雇事由

　試用期間中の労働者を解雇する場合、労働契約法39条または同法40条1号若しくは2号に該当する事由がある場合に限り認められています。この点では通常の労働者に比べて解雇が制限されているといえます。

労働契約法39条
　労働者が以下の事由のいずれか1つに該当する場合、使用者は労働契約を解除することができる。
　(1)　試用期間中に採用条件を満たしていないことが証明された場合
　(2)　使用者の規則制度に著しく違反した場合
　(3)　著しい職務怠慢、不正行為により使用者に重大な損害を与えた場合
　(4)　労働者が同時に他の使用者と労働関係を確立し、当該使用者の業務任務の完成に甚だしい影響を与えた場合または使用者が指摘しても是正を拒否した場合
　(5)　本法26条1項1号に定める事由により労働契約が無効となる場合
　(6)　法により刑事責任を追及された場合

労働契約法40条1号及び2号
　以下の事由のいずれか1つに該当する場合、使用者は、30日前までに書面により労働者本人に通知するか、または労働者に対し1カ月の賃金を別途支払った後、労働契約を解除することができる。
　(1)　労働者が病気または業務外の負傷により、医療期間満了後、元の業務に従事することができず、使用者が別途手配した他の業務にも従事できない場合
　(2)　労働者が業務に堪えることができず、研修または職務調整を経てもなお業務に堪えることができない場合

　他方、試用期間中の労働者のみに認められる解雇事由もあります。労働契約法39条1号において、「試用期間中に労働者が採用条件に適合しないことが証明された場合には解雇することができる」旨定められています（この点については後述します）。もっとも、中国では試用期間中だからといって通常の解雇に比べて広く解雇が認められるということはありません。

　これに対して日本では、本採用拒否に関して、通常の解雇より「広い範囲における解雇の事由が認められてしかるべき」であると考えられています（三

菱樹脂事件判決・最判昭和48・12・12民集27巻11号1536頁)。

　試用期間中の労働者の解雇については、日系企業が間違いやすい点であり注意が必要です。

2　試用期間中の解雇手続き

　労働契約法39条に基づいて試用期間中の労働者を解雇する場合、30日前の予告通知は不要です(労働契約法39条柱書き)。また、同条に基づく解雇にあたっては経済補償金を支払う必要もありません(同法46条)。

　他方、同法40条に基づいて試用期間中の労働者を解雇する場合、30日前の予告通知および経済補償金の支払いが必要です(同法40条柱書き、46条3号)。

　もっとも、試用期間中の労働者を解雇する場合、使用者は当該労働者に対して解雇理由を説明しなければなりません(同法21条)。また、中国では労働者を解雇する前に工会へ通知する必要があり、これについては試用期間中の解雇の場合でも求められます(同法43条)。

2　試用期間中に労働者を解雇する場合の注意点はありますか？

> **Point**
> ・採用時に「採用条件」を明確に合意することが重要である。

　中国でも試用期間中の労働者の解雇は認められていることはすでに説明したとおりですが、労働者が法定解雇事由に該当することの証明責任は使用者が負担します(労働契約法39条1号、労働争議案件の審理における法律適用に関する若干問題に関する解釈13条)。すなわち、使用者は、労働者が「採用条件に適合しない」ことを証明する必要があります。

　そこで、まず採用時に労働者と採用条件について明確に合意することが重要です。この際に、できる限り客観的かつ具体的な採用条件を列挙するべきです。あいまいな採用条件とした場合、労使間で「採用条件に適合しない」といえるか否かという評価の点でトラブルになりやすいといえます。

また、試用期間中の労働者の態度をしっかりと記録化することも重要です。仮に、労働者の非協調性等の客観的数値化が困難な事項については、具体的なエピソードを日時、場所、目撃者等を明確に記録に残しておく必要があります。

Column 9

本採用拒否の条件となる「採用条件」をどのように定めるべきか

中国では、試用期間中の労働者が「採用条件」を満たさない場合、使用者は当該労働者を解雇することが可能です（労働契約法39条1号）。しかし、この場合、使用者は、労働者が採用条件を満たさないことを証明しなければなりません。実務上、労働契約書や就業規則等に試用期間中の労働者の採用条件を明記することが多いといえます。では、採用条件をどのように記載することが望ましいのでしょうか。

裁判における証明責任を考えれば、使用者としては証明しやすい基準を設けることが望ましいといえます。

①欠勤や遅刻等の「日数」を具体的に明記すること

　能力評価等の判断は、主観による部分も大きく、証明することは容易ではありません。そこで、なるべく客観的な基準を設けることが望ましいといえます。具体的には、休暇、欠勤又は遅刻等の勤怠について、具体的な「日数」を基準とすることが考えられます。例えば、以下のような規定が考えられます。

- 試用期間中に1日の無断欠勤又は累計3日以上の欠勤
- 試用期間中に累計3回以上の遅刻又は早退
- 累計2日以上の病気休暇（何の根拠資料も提出しない場合に限る）
- 雇用日から1カ月以内に前職の離職証明（離職原因が明記されているもの）を提出しない場合

②営業成績等の「達成目標」を具体的に明記すること

営業職等の個人業績が数字で評価できる場合、試用期間中に達成すべき目標額を事前に明らかにし、それを採用条件とすることが望ましいといえます。

③労働者の「評価方法や合格基準」を具体的に明記すること
　労働者の能力評価を採用条件とする場合、それが労働者を解雇するための恣意的な評価ではないことを証明する必要があります。例えば、試用期間中の評価方法や合格基準について、評価項目を列挙することや合格点を明記することが望ましいといえます。そのほか試用期間満了前に筆記試験等を課すケースもあります。

Q10 試用期間中の労働者から退職届が提出されました。会社はお金をかけて教育訓練を施してきたのですが、どうしたらよいでしょうか。

1 試用期間中に労働者から労働契約を解除することはできますか？

Point

・試用期間中の労働者は、理由なく3日前に使用者に対して通知することで労働契約を解除することができる。

　労働者は、服務期（労働者による労働契約解除を制限する期間をいう。詳細はQ6③参照）を約定している場合を除いて、原則としていつでも理由なく労働契約を解除することができます（労働契約法37条）。もっとも、通常の場合は30日前までに、試用期間中は3日前までに使用者に書面で退職の意思を通知する必要があります（同条）。日数の制限だけでなく原則として書面形式であることも必要です。したがって、労働者から口頭で退職の意思表示があった場合、すぐに退職届を書面にて提出してもらう工夫が重要といえま

す。
　なお、労働者は、使用者が労働契約法38条に定める事由に該当する場合、ただちに労働契約を解除することができます。

> **労働契約法38条**
> 　使用者が以下の事由のいずれか１つに該当する場合、労働者は労働契約を解除することができる。
> 　(1)　労働契約の約定どおりに労働保護または労働条件を提供しない場合
> 　(2)　期限どおりに労働報酬を満額支給しない場合
> 　(3)　法に従って労働者のために社会保険料を納付しない場合
> 　(4)　使用者の規則制度が法律、法規の規定に違反し、労働者の権益を損害した場合
> 　(5)　本法26条１項に定める事由により、労働契約が無効となった場合
> 　(6)　法律、行政法規に規定する労働者が労働契約を解除することができるその他の場合
> 　使用者が暴力、威嚇または違法に人身の自由を制限する手段により労働者に労働を強制した場合、または使用者が規則に違反した指示若しくは危険な作業の強要により労働者の人身の安全が脅かされたとき、労働者は直ちに労働契約を解除することができ、使用者に事前に告知する必要はない。

2　試用期間中の労働者に対する訓練費用の返還請求はできますか？

Point
・試用期間中の労働者に対して施した訓練費用の返還請求はできない。

　使用者が労働者に対して専門的な技術訓練を施した場合、労使間で服務期を定めることができ、労働者が約定の服務期に違反して労働契約を解除したとき、違約金として使用者は当該労働者に対して施した技術訓練費用等を請求することができます（労働契約法22条）。
　しかし、試用期間中の労働者が労働契約を解除する場合、使用者はこの労働者に対して専門的技術訓練費用の支払いを求めることはできません（試用期間における労働契約解除の処理根拠の問題に関する回答３条）。

したがって、試用期間中の労働者に対して専門的な技術訓練を施すべきか否か、使用者として慎重に検討する必要があります。

第3節 賃金・社会保険・職務調整

第1項 賃金制度・社会保険制度

Q11 賃金支払い時の注意点について教えてください。

1 中国における賃金支払い原則について教えてください。

> **Point**
> ・中国でも日本と同様に賃金支払いの4原則（①通貨払い、②直接払い、③全額払い、④定期払い）が定められている。

1 通貨払い

賃金は通貨で支払わなければなりません。物品や有価証券の現物支給は許されません。また、米ドルや日本円等、人民元以外の通貨をもって支給することも許されません。

2 直接払い

賃金は労働者に直接支払わなければなりません。ただし、労働者本人の都合により賃金を受領することができない場合、親族や代理人に支払うことはできると考えられています（賃金支払暫定規定6条1項）。また、労働者の銀行口座に支払うことも当然に認められています。なお、使用者は、労働者に支給した賃金、支払い日、及び受領者名等を書面に記録し、2年以上保管しなければなりません（同条3項）。そして、労働者に対しては給与明細を交付しなければなりません（同項）。

3　全額払い

法定及び約定の賃金はその全額を支払わなければならず、控除することは許されません。もっとも、個人所得税や社会保険料の本人負担分等、法令に別段の定めがある場合には賃金の一部控除も許されます（賃金支払暫定規定15条）。

なお、労働者本人の原因により使用者に経済的損失を与えた場合、使用者はその経済的損失の賠償額を労働者本人の賃金から控除することができます。

もっとも、1回の賃金から控除できる金額は、月額賃金額の20％以下、かつ控除後の賃金額が会社所在地の最低賃金を下回らない範囲でなければなりません（同16条）。

4　定期払い

使用者は、少なくとも毎月1回、労働契約で約定した支給日に賃金を支払わなければなりません。したがって、年俸制を採用する場合でも毎月賃金を支給する必要があります。なお、非全日制労働契約の場合（労働契約法68条）、賃金支払い周期は15日を超えることはできません（同法72条2項）。

2　賃金の時効はありますか？

> **Point**
> ・労働契約関係が継続している労働者の未払い賃金は仲裁時効の制限を受けない。

日本では、賃金の消滅時効は2年、退職金請求権の消滅時効は5年と規定されています（《日本》労働基準法115条）。これに対して、中国の場合、労働報酬の未払いに関する紛争については、当該使用者との労働契約関係が継続している限り、仲裁時効（労働仲裁を申し立てることができる期限）の制限は受けません（労働紛争調停仲裁法27条4項）。もっとも、労働契約関係終了日から1年を経過することで仲裁時効が完成します（同項。詳細はQ13参

第3節　賃金・社会保険・職務調整

照）。

 中国で罰金制度を設けることは違法ですか？

> **Point**
> ・賃金全額払いの原則との関係が問題となる。

　中国では罰金制度の根拠法令が2008年に廃止されています。他方で罰金制度を明確に禁止する法令もありません。各地方規定を踏まえ慎重に検討すべきといえます（詳細はQ34参照）。

 最低賃金について教えてください。

> **Point**
> ・最低賃金とは、労働者が通常労働時間内に提供する通常労働の対価として使用者が支払うべき最低限の報酬をいう。ただし、最低賃金の算定に含まれる項目は地方性法規により異なる。

　最低賃金とは、労働者が法定労働時間または所定労働時間（すなわち「通常労働時間」）内に提供する通常労働の対価として使用者が支払うべき最低限の報酬をいいます（最低賃金規定3条）。
　そして、省、自治区及び直轄市範囲内の各行政区域は、異なる最低賃金基準を有することができます（同規定7条）。ちなみに、2018年7月時点での各地の月額最低賃金は次のとおりです。

図表1－8　各地の月額最低賃金

北京市	天津市	上海市	蘇州市	広州市	深セン市
2,120人民元	2,050人民元	2,420人民元	1,940人民元	2,100人民元	2,200人民元

69

では、最低賃金の算定にはどのような賃金項目が含まれるのでしょうか。

最低賃金規定12条によれば、以下の項目を控除した後の金額が最低賃金基準を下回ってはならないと規定されています。すなわち、以下の項目は最低賃金に含まれません。

①時間外労働の割増賃金
②夜勤、高温、低温、坑内、有毒、有害等の特殊な労働環境及び労働条件下における手当
③法律、法規及び国が規定する労働者の福利待遇等

以上より、例えば社会保険料個人負担分等は、原則として最低賃金の算定に含まれると考えられます。もっとも、地方性法規によっては、異なる取り扱いを定めており注意が必要です。

■**北京市及び上海市の場合**

　労働者個人が負担する社会保険料及び住宅積立金は最低賃金に含まれません（北京市2017年最低賃金標準の調整に関する通知、上海市2017年最低賃金標準の調整に関する通知）。したがって、北京市や上海市の場合は、社会保険及び住宅積立金の個人負担分を控除した金額が最低賃金基準を上回っている必要があります。

■**江蘇省の場合**

　労働者が負担する住宅積立金最低額は最低賃金に含まれません（江蘇省人力資源及び社会保障庁による全省最低賃金標準の調整に関する通知）。したがって、江蘇省の場合は、住宅積立金最低額を控除した賃金額が最低賃金基準を上回っている必要があります。他方、少なくとも社会保険個人負担分を控除して計算する必要はありません（江蘇省人力資源及び社会保障庁による全省最低賃金標準の調整に関する通知）。

Q12　残業代の支払いはどのように計算すればよいでしょうか？

1 時間外労働の割増率について教えてください。

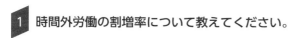

- 就業日の時間外労働の場合は150％、休日労働の場合は200％、法定休暇日労働の場合は300％の賃金支払い義務がある。

　中国における時間外労働の割増賃金は**図表1－9**のとおりです（労働法44条）。

図表1－9　中国における時間外労働

時間外労働の内容	割増賃金の内容
就業日の時間外労働	賃金の150％の割増賃金
休日労働	①代替休暇の手配 ②代替休暇を手配できないときは賃金の200％の割増賃金
法定休暇日労働（労働法40条）	賃金の300％の割増賃金

　なお、労働者を休日に勤務させる場合、法律上は、割増賃金の支払い前に代替休暇の手配を検討する必要があります。そして、使用者が代替休暇を手配することができないときに割増賃金を支払うことになります。もっとも、実務上は労働時間に対して直ちに割増賃金を支払うケースが散見されます。

　他方、労働者を法定休暇日に勤務させた場合には、割増賃金の支払いが必要となります。この場合の割増率は通常賃金の300％です。法定休暇日労働に対して、労働者に代休を与えた場合でも、割増賃金の支払い義務を完全に免れるわけではありません。

2 割増賃金算定の計算方法について教えてください。

> **Point**
> ・1時間あたりの賃金は【基礎賃金÷21.75(日)÷8(時間)】という計算式を用いて算出するが、基礎賃金の内訳は地方によって異なる。

割増賃金算定の計算方法は、当該労働者の基礎賃金から1時間あたり賃金を算出して計算します。具体的な計算式は以下のとおりです。

割増賃金の算出方法
割増賃金額 ＝ 基礎賃金 ÷ 21.75（日）÷ 8（時間）

基礎賃金を21.75日で除して1日あたりの賃金を計算することは法定の計算方法です（労働者の1年における月平均就業時間及び賃金算定問題に関する通知2条）。そして1日あたりの労働時間は通常8時間であることから、1時間あたりの賃金を算出するために、1日あたりの賃金を8で除します。

なお、労働者の賃金のうち割増賃金算定の基礎となる月額賃金の内訳については地方によって異なります。主要な地域の規定は次のとおりです。

■北京市

　割増賃金の基礎賃金は、法定労働時間内に労働者が提供する通常労働の対価報酬を基数とします（北京市高級人民法院、北京市労働紛争仲裁委員会の法律適用問題に関する解答22条）。

■上海市

　割増賃金は、労働契約で約定した月額賃金のうち労働者の職位に相応する通常出勤月額報酬を基数とします。なお、賞与、交通補助、食事補助、住宅補助、夜勤手当、夏季高温手当等特殊な状況下で支払われる賃金は含まれません（上海市企業賃金支払弁法9条）。

■広東省

割増賃金は、「労働者の通常労働時間賃金」であるべきところ、労使間でこの具体的な金額を約定することは可能です。この場合、奨励金や手当等を基礎賃金に算定しないことも可能です（広東省高級人民法院、広東省労働争議仲裁委員会による《労働紛争調停仲裁法》、《労働契約法》の適用における若干問題に関する指導意見28条）。

Q13　労働者から5年前の賃金未払いを指摘されました。どうしたらよいでしょうか？

1　在籍中の労働者からの未払い賃金請求の場合はどうしたらよいですか？

> **Point**
> ・労働契約関係が継続している労働者の場合、未払い賃金は仲裁時効の制限を受けない。

　中国では、労使間の紛争をめぐる争いが生じた場合、直接に人民法院に対して訴訟を提起することはできず、まずは労働紛争仲裁委員会に対して労働仲裁を申し立てなければなりません（労働仲裁前置主義）。そして、労働仲裁の申立てには時効期間が定められています。すなわち、労働紛争の当事者は、原則として、その権利を侵害されたことを知った日または知り得べき日から1年以内に労働仲裁を申し立てなければなりません（労働紛争調停仲裁法27条1項）。

　もっとも、労働報酬の未払いに関する紛争については、当事者間の労働契約関係が継続している間は仲裁時効の制限を受けません（同法27条4項）。

　したがって、使用者は、雇用している労働者から賃金の未払いを主張された場合、仲裁時効を主張することはできません。

　なお、裁判例によっては、原則どおり仲裁時効を1年とするものもまれにあります。そこで会社所在地を管轄する人民法院の裁判例を確認することが

2 退職後の労働者からの未払い賃金請求の場合はどうしたらよいですか？

> **Point**
> ・退職後の元労働者による未払い賃金の仲裁時効は1年である。

　労働報酬の未払いに関する紛争について、当事者間の労働契約関係が継続している間は仲裁時効の制限を受けない（労働紛争調停仲裁法27条4項）ことはすでに説明したとおりです。

　では、当事者間の労働契約関係が終了した場合はどうなるのでしょうか。

　この場合、仲裁時効は労働契約終了から起算して1年と規定されています（同項）。このような規定の趣旨は、労働契約締結中の労働者が使用者に比べて弱い立場にあり、当該使用者との間に少しでも長い労働契約の継続を期待して労働報酬の不足を使用者に強く請求できないことに配慮したものといえます。

　また、時効の中断及び中止については、通常の仲裁時効と同様に適用されます（労働人事争議仲裁弁案規則10条、11条）。

　したがって、労働者が、退職後1年以上経過した後に賃金の未払いを主張してきた場合、時効の中断または中止事由がないときに限り、使用者は仲裁時効の経過を主張することが可能といえます。

3 時間外労働の証明責任はどのように考えればよいですか？

> **Point**
> ・時間外労働の証明責任は原則として労働者が責任を負う。

　時間外労働の事実の存在は、原則として労働者が証明責任を負います（労

働争議案件の審理における法律適用の若干問題に関する解釈〈3〉9条)。

しかし、地域によっては異なる規定があり注意が必要です。例えば、北京市では、使用者が労働者の賃金支払い記録表を少なくとも2年間保存しなければならず、保存期間内は使用者に証明責任が転嫁されます（北京市高級人民法院、北京市労働争議仲裁委員会による労働争議案件における法律適用上の問題に関する研討会会議紀要17条等）。

Q14 労働者から病気休暇の申請がありました。使用者は病気休暇中も賃金を支払い続けるのですか？

1 業務外の病気休暇中の労働者に対して賃金支払い義務はありますか？

> **Point**
> ・中国の場合、業務外の病気休暇中の労働者に対する賃金は使用者が負担しなければならない。

中国では、業務外の病気休暇中の労働者に対しても使用者が賃金を負担しなければなりません。

これに対して日本では、病気休暇中の労働者に対して賃金ではなく傷病手当金が支給されるケースが一般的です。もっとも、日本の場合、傷病手当金の支給対象は連続して3日間休業した後4日目以降の休業に対して支給されるところ、中国の場合は病気休暇1日目から医療期間賃金を受け取ることができます。

中国のこのような病気休暇制度を悪用して、労働者の中には虚偽の診断書を使用者に提出して病気休暇及び医療期間賃金を不正受給するケースが散見されます。また、医師の診断書も比較的容易に取得できることから、休暇を取得するほどの症状ではないにもかかわらず、病気休暇を積極的に申請するケースも多いといえます。

第 1 章　中国の労働法

2　医療期間中の労働者の賃金額はどのように規定されていますか？

> **Point**
> ・労働者の月額賃金満額を支払う必要はないが、支払い基準は地方により異なる。

　医療期間中の労働者に対しても使用者が賃金を負担しなければならない点は先ほど伝えたとおりです。

　では、医療期間中の労働者に対して月額賃金満額を支払わなければならないのでしょうか。

　医療期間中の労働者の賃金について、労働法の徹底的執行にかかる若干問題に関する意見59条によれば、医療期間中の賃金は会社所在地の最低賃金を下回ることはできるが、最低賃金の80％を下回ってはならないと規定されています。

　もっとも、医療期間中賃金については、地方によって異なる規定が定められています。

　例えば、上海市では、医療期間中の賃金支給は連続6カ月以内の休暇とそれを超える休暇の場合で2段階に分けられています。さらに労働者の勤務年数に応じて細かく基準が定められています。具体的には**図表1－10**のとおりです（企業従業員の病気休暇管理の強化及び病気休暇期間中の生活保障に関する通知4条）。

図表1－10　上海市の医療期間賃金

実際の休暇期間	本社の勤務年数	休暇中賃金
6カ月以内	2年未満	本人賃金の60％
	2年以上4年未満	本人賃金の70％
	4年以上6年未満	本人賃金の80％
	6年以上8年未満	本人賃金の90％
	8年以上	本人賃金の100％

	1年未満	本人賃金の40％
6カ月超	1年以上3年未満	本人賃金の50％
	3年以上	本人賃金の60％

その他の主な地域における規定は**図表1－11**のとおりです。

図表1－11　上海市以外の主要地域における医療期間賃金

地域	医療期間中の賃金に関する規定
北京市	北京市の最低賃金基準の80％を下回ってはならない（北京市賃金支払規定21条）。
天津市	現地の最低賃金基準の80％を下回ってはならない（労部発〈1995〉309号59条。天津市の特別規定なし）。
青島市（山東省）	累計医療期間6カ月以内の場合：本人前年度平均賃金の70％ 累計医療期間6カ月以上の場合：本人前年度平均賃金の60％ なお、現地の最低賃金基準の80％を下回ってはならず、また当該会社における労働者の前年度平均賃金を上回ってはならない（青人社発〈2015〉32号7条）。
大連市（遼寧省）	現地の最低賃金基準の80％を下回ってはならない（遼寧省人民政府令196号28条）。
広東省	現地の最低賃金基準の80％を下回ってはならない（広東省賃金支払条例24条）。
深圳市	当該労働者の通常労働時間賃金の60％かつ現地の最低賃金基準の80％を下回ってはならない（深圳市従業員賃金支払条例23条）。

3　医療期間中の法定賃金基準はいわゆる額面金額なのでしょうか？

Point

・医療期間賃金は、その手取り額が会社所在地の最低賃金の80％を下回ってはいけないと考えられている。

医療期間中の労働者の賃金は、多くの地域で会社所在地の最低賃金の80％を下回ってはならない旨規定されています。では、使用者は、労働者に対し

て会社所在地の最低賃金の80％を支給し、そこから社会保険料本人負担分を控除することはできるのでしょうか。「会社所在地の最低賃金の80％」という基準がいわゆる額面金額を指すのか手取り額を指すのか、という点が問題となります。

この問題に対して、一般的には手取り額であると考えられています。

なお、医療期間中は労働者に会社所在地の最低賃金の80％を支給し、当該労働者が復帰後に期間中の社会保険料個人負担分を賃金から控除することは、一般的には認められていません。このような運用を認めると、医療期間中の賃金を手取り額保証であるとした趣旨が失われてしまうからです。

Q15　中国では社会保険制度はどうなっていますか？

1　社会保険の加入義務について教えてください。

> **Point**
> ・中国の社会保険は、①養老保険、②医療保険、③失業保険、④生育保険、⑤労災保険の5つからなり、使用者及び労働者は社会保険加入が義務付けられている。

中国の社会保険制度は、①養老保険、②医療保険、③失業保険、④生育保険、⑤労災保険の5つ（社会保険法2条）からなり、これらに住宅積立金制度を合わせて「五険一金」と一般に称されています。

そして、使用者及び労働者個人は社会保険に加入することが義務付けられており、賃金に一定の割合を掛け合わせた社会保険料を納付しなければなりません（同法4条）。

具体的な手続きとして、まず使用者は、現地の社会保険取扱機構に対して社会保険の登録を行います（同法57条1項）。次に、労働者を雇用した日から30日以内に、その労働者のために社会保険取扱機構に対して社会保険登録の

申請を行う必要があります（同法58条1項）。

2 社会保険の支払い義務について教えてください。

> **Point**
> ・使用者及び労働者個人は、社会保険加入後、賃金に一定割合を掛け合わせた社会保険料を納付しなければならない。

　使用者は、労働者の社会保険登録手続きを行った後、月ごとに社会保険取扱機構に対して納付すべき社会保険料額を申告し、同機構の審査を経て、所定の期間内に社会保険料を納付しなければなりません（社会保険料徴収暫定条例10条）。そして、労働者が納付しなければならない社会保険料を源泉徴収して、代理納付する必要があります（社会保険法60条1項、社会保険料徴収暫定条例12条）。

3 外国人も社会保険に加入しなければいけないのでしょうか？

> **Point**
> ・中国国内で就業し、かつ保険加入条件に合致する場合、法律上は外国人も社会保険に加入して社会保険料を納付しなければならない。

　中国国内で就業する外国人の社会保険加入に関する暫定規則3条によれば、「中国国内で法により登録または登記された企業、事業単位、社会団体、民営非企業単位、基金会、弁護士事務所、会計士事務所等の組織が法により雇用する外国人は、養老保険、医療保険、労災保険、失業保険、及び生育保険に加入しなければならない」と定められています。
　したがって、外国人であっても中国で就労する場合には原則として社会保険に加入しなければなりません。もっとも、地域によっては、外国人の社会

保険加入義務を緩やかに運用しています。この場合、地方政府の見解に従って社会保険加入を控えることも選択肢ですが、将来的に未加入分の追納やその期間の延滞金まで支払いを求められる可能性もあります。使用者としてどのような対応をとるか、地方政府の意向も確認しながら慎重に検討する必要があります。

> **Column 10**
>
> **日中社会保障協定の動向について**
>
> 　2018年5月10日の日中外相の署名によって、日中社会保障協定が正式に締結されました。これにより、各国の企業から相手国に一時的に派遣される駐在員等の社会保険料負担が軽減されることになります。具体的な効力発生は両国が必要な国内法上の手続き完了後となります。

Q16 労働者から個人負担分の社会保険料を支払いたくないと言われました。労働者との間で社会保険に加入しないことを合意することはできますか？

1 労働者との間で社会保険料を支払わないと合意することはできますか？

> **Point**
> ・労使間で社会保険料を納付しない旨を合意した場合でも、使用者は社会保険料納付義務を免れることはできない。

　実務上、労働者が社会保険の天引きによって手取り賃金が減ることを嫌って、使用者と社会保険を納付しない旨の合意書を作成するケースが散見され

ます。

　しかし、社会保険への加入及び社会保険料の納付は使用者及び労働者の義務（社会保険法４条、社会保険料徴収暫定条例４条１項）であり、労使間の合意がある場合でもその義務を免れることはできません。

　また、労働者が翻意して社会保険料の追納を求めてきた場合、使用者は労使間の合意を主張することはできず、未納分を追納しなければなりません。

　なお、この場合、労働者の側も自己負担分を追納する必要があります。

2　社会保険料未納の場合、使用者はどうなるのでしょうか？

> **Point**
> ・使用者が社会保険に加入していない場合や社会保険料未払いがある場合、滞納金額の支払いだけでなく過料等の支払いを命じられることもある。

　社会保険料の未納が発覚した場合、追納命令に関して人民法院が管轄するか否かを問わず、労働行政部門がその追納を命じることになります。事案に応じて、滞納金や過料（対応金額の１倍以上３倍以下）が科せられることになります（労働法100条、社会保険料徴収暫定条例13条及び23条等）。また、社会保険の未納等に直接責任を負う担当者は個人の責任も追及され、5,000人民元以上１万人民元以下の過料が科されることになります（同条例23条、24条）。

　さらに、使用者が社会保険料を納付しないことは、労働者による労働契約の法定解除事由に該当します（労働契約法38条１号）。労働者がこれを理由に当該使用者との労働契約を解除した場合、当該使用者に対して経済補償金の支払いを請求することができます（労働契約法46条１号）。なお、北京市の場合、使用者の社会保険料未納を理由に労働者は労働契約を解除できないとされています（北京市高級人民法院、北京市労働紛争仲裁委員会による労働争議案件の法律適用問題に関する検討会会議紀要31条）。

第2項　職務調整

Q17　中国で労働者を配置転換することはできますか？

1 労働者の配置転換について法律上の根拠規定はありますか？

> **Point**
> ・中国労働法では、労働者が能力不足の場合、または病気休暇後に元の業務に従事できない場合、使用者は当該労働者に別の業務を手配することができると規定している。

　配置転換とは、同一使用者のもとで労働者の勤務場所や勤務内容が相当長期間にわたって変更されることをいいます。

　中国労働法では、使用者の配置転換命令権について直接に明記した条文はありません。しかし、①労働者が私傷病による法定の医療期間満了後も元の業務に従事できない場合（労働契約法40条1号）または②労働者が業務に不適任である場合（同条2号）に、使用者は当該労働者に他の業務を手配することができると考えられています。

　また、営業秘密を取得した労働者と秘密保持に関する事項を約定する場合、当該労働者の退職前の一定期間内（6カ月を超えない）において、その職務を調整する旨を約定することは可能です（企業従業員の流動にかかる若干問題に関する通知2条）。

　なお、「元の業務に従事できない場合」や「業務に不適任である場合」とは具体的にいかなる場合を指すのか不明確なため、労働契約書や就業規則等であらかじめ明確にしておくことが望ましいといえます。

2 法定の配転事由がない場合、労働者の個別同意がなければ配置転換はできませんか？

> **Point**
> ・労働契約書や就業規則等に記載があれば、通常は使用者の配置転換命令権が認められる。もっとも、配置転換命令には内容の合理性が求められる。

　中国では法定の配置転換事由（労働契約法40条1号、2号）がない場合、使用者は労働者に対して一方的に配置転換を命じることができるのでしょうか。それには、使用者の配置転換命令権の存否が問題となります。

　配置転換命令権の存否については、労働契約書や就業規則等で「業務の都合により、使用者は配置転換等を命じることができる」といった配置転換条項が記載されている場合、通常は肯定されると考えられています。

　これに対して労働契約書に記載されている具体的な職務内容は勤務場所の限定合意であり、記載勤務内容以外に使用者が一方的に配置転換することはできないという見解もあります。そこで、労働契約書に「労働契約書記載の職務はあくまで入社時のものである」旨を明記しておくという対応策が考えられます。

　もっとも、使用者に配置転換権が認められるとはいえ、労働者を自由に配置転換できるわけではありません。

　配置転換が合法・有効と認められるためには、少なくとも配置転換の必要性と合理性が認められなければなりません。

　例えば上海市では、上海市高級人民法院による労働紛争案件審理における若干問題に関する回答15条において、労働契約書または就業規則に「会社は、必要に応じて、労働者の業務または職務を調整することができる」と規定されている場合で、使用者が職務調整の合理性を十分に証明できるときは、会社の一方的な職務調整も認められると言及しています。

また、北京市高級人民法院、北京市労働争議仲裁委員会による労働争議案件における法律適用の問題に関する解答5条では、労使間で「使用者の生産経営状況に基づいて会社が労働者の職務を変更することができる」旨を約定することは可能であり、使用者の生産経営状況に変化が生じたことを使用者が証明できる場合、職務調整が合理的な範囲内である限り、使用者の一方的な職務調整は支持されると指摘しています。

そして、配置転換の合理性を判断するにあたっては、①本人の能力等に照らして配転先は適切であるか、②配転後の労働条件（報酬や就業場所等）に関して不利益はないかといった要素が考慮されます（北京市高級人民法院、北京市労働争議仲裁委員会による労働争議案件における法律適用の問題に関する解答5条）。また、裁判実務上は、③配転にあたって手続きや説明は適切であったかといった要素も考慮されることが多いといえます。

なお、配置転換に関する中国の実務上の問題として、労働者が配置転換に納得しないケースが散見されます。中国では、日本と異なり終身雇用制度と年功序列賃金が根付いていないため、自らの雇用と収入を確保するために専門的なスキルを身につけたいと考える労働者が多く、複数の部門の経験を積む総合職という発想は浸透していないことから、他の部署に配置転換されることを嫌う傾向にあります。

これに対しては、例えば就業規則や労働契約書の記載を工夫することや入社時に将来のキャリアに関する使用者の考え方（総合職的なステップアップを期待していること等）及び配置転換の可能性・実例等をしっかりと説明することで、労働者が配置転換を受け入れやすい環境を作ることが重要といえます。

以上より、使用者の配置転換をスムーズに行うためには、できる限り労働者から同意を得ることが望ましいといえます。

第3節　賃金・社会保険・職務調整

Q18　能力不足労働者の職務を調整したいと考えています。注意点はありますか？

1　能力不足労働者の配置転換について中国では法律の規定はありますか？

> **Point**
> ・労働者が業務に不適任である場合、使用者は当該労働者に他の業務を手配することができる。

　中国労働法では、使用者の配置転換命令権について直接に明記した条文はありません。しかし、労働契約法40条2号に基づいて、労働者が業務に不適任である場合、使用者は当該労働者に他の業務を手配することができると考えられています。もっとも、何をもって「業務に不適任である場合」といえるのかについては明文化されていません。そこで、労働契約書や就業規則等であらかじめ明確にしておくことが望ましいといえます。

2　能力不足労働者の配置転換について注意すべき点は何ですか？

> **Point**
> ・労働者が「業務に不適任である」ことを証明できる根拠が求められる点に注意しなければならない。また、配置転換後の職務に合理性が求められる点も注意が必要である。

　労働契約法40条2号に基づいて、労働者が業務に不適任である場合、使用者は当該労働者に他の業務を手配することができると考えられているという点はすでに説明したとおりです。しかし、どのような場合に「労働者が業務に不適任である」といえるのでしょうか。
　労働法の若干条文に関する説明26条3項によれば、「業務に不適任である」

とは、労働契約に約定した任務または同一職種若しくは同一職務の労働者の作業量を完成することができないことを指すと説明されています。なお、使用者は、故意に目標を高くして労働者の業務達成を阻害してはいけません（労働法の若干条文に関する説明26条3項）。

また、使用者は労働契約法40条2号に基づいて自由に労働者の職務内容を変更することができるわけではありません。使用者による労働者の配置転換には合理性が求められます。

例えば、研究職で採用した労働者に対して、業務不適任が認められる場合であっても、まったく業務経験のない営業職にいきなり配置転換することは、配転前後の職務に関連性が認められず無効と判断される可能性があります。

また、配転後の賃金を大幅に減額する場合にも労働者の不利益の大きさから配置転換は無効と判断されるリスクは高いといえます。

配置転換の合理性を判断するにあたっては、①本人の能力等に照らして配転先は適切であるか、②配転後の労働条件（報酬や就業場所等）に関して不利益はないかといった要素が考慮されます（北京市高級人民法院、北京市労働争議仲裁委員会による労働争議案件における法律適用の問題に関する解答5条）。また、裁判実務上は、③配転にあたって手続きや説明は適切であったかといった要素も考慮されることが多いといえます。

配置転換の理由が認められる場合であっても、その合理性については慎重に検討する必要があるといえます。

失敗事例2　工会幹部の配転

　中国現地法人における労働者の配置転換について、最近ご相談を受けることが多くなってきました。特に、管理職の管理能力不足を理由とした役職変更の可否に関する問い合わせが増えています（詳細はQ17、Q18参照）。中国における配転命令は、日本のように使用者の広範な裁量は認められておらず、慎重な対応が求められます。特に、労働者が工会幹部である場合、特別な保護規定が定められているため注意する必要があります。

　工会法17条によれば、工会首席及び副主席の任期満了前に、その業務をみだりに調整してはならないと規定されています。業務上の理由で調整する場合、工会委員会及び上級工会の同意を得なければなりません。

　なお、上海市においては、工会法の規定以上に工会幹部が保護されています。保護の対象として、工会首席、副主席のみならず工会委員も含まれます（上海市工会条例38条）。使用者は、これら工会幹部の役職・職務（中国語で「岗位」）を調整する場合、工会委員会及び上級工会の同意を得なければなりません（同条）。実際、日系企業の中国現地法人において、工会幹部の役職変更が無効と判断された裁判例もあります。

Q19　生育休暇で休んでいた女性労働者が職場復帰することになりました。復帰後の職場はどうしたらよいでしょうか？

1　生育休暇で休んでいた女性労働者の復帰先について中国では法律の規定はありますか？　また、注意点があれば教えてください。

Point

・生育休暇から復帰する場合の労働者の職務に関して明文規定はないが、原則として、これまで従事していた業務を手配することが一般的といえる。また、生育休暇後の女性労働者は、通常は授乳期間中であることから法により特別な保護を受ける点に注意が必要となる。

生育休暇から復帰する女性労働者に対しては、明文規定はありませんが原則としてこれまで従事していた業務を手配する必要があります。
　もっとも、授乳期間中の女性労働者の業務の負担を考慮し、個別同意を得て職務を変更することは許されます。
　では、生育休暇から復帰するに際して使用者が一方的に女性労働者を配置転換することは許されるのでしょうか。
　女性労働者の結婚や出産を理由とした不利益待遇は禁止されていることから（婦女権益保障法26条、27条）、特に配転後の給与待遇は慎重に検討する必要があります。
　次に、有害物質等の濃度が高い作業環境での業務等、授乳期間中の女性労働者に従事させてはいけない業務もあります（女性労働者の労働保護特別規定付属文書4条）。また、授乳期間中の女性労働者には毎日1時間の授乳時間を与えなければならない点にも注意が必要です（女性労働者労働保護特別規定9条）。
　そして、配置転換に関して業務上の必要性がある場合でも、①本人の能力等に照らして配転先は適切であるか、②配転後の労働条件（報酬や就業場所等）に関して不利益はないかという点を考慮して、本人に対して十分に説明し配置転換を理解してもらう手続きを経る必要があります。特に減給を伴う配置転換については、出産休暇、授乳等を理由とした減給は禁止されている（婦女権益保障法27条）ことから、減給の理由等についてしっかりと説明できるように準備する必要があります。
　なお、復帰後の女性労働者が業務に不適任と判断する場合、労働契約法40条2号に基づいて配置転換を検討することは考えられますが、これについても妊娠、出産休暇及び授乳等を理由とするものではないと説明できるか、慎重に検討しなければなりません。

第3節　賃金・社会保険・職務調整

Q20　医療期間中の労働者から職場復帰の申し出がありました。復帰後の職場はどうしたらよいでしょうか。

1　医療期間満了後の復帰先について中国では法律の規定はありますか？

Point

・労働者が私傷病による法定の医療期間満了後も元の業務に従事できない場合、使用者は当該労働者に他の業務を手配することができる。

　中国労働法では、使用者の配置転換命令権について直接に明記した条文はありません。しかし、労働契約法40条1号に基づいて、労働者が私傷病による法定の医療期間満了後も元の業務に従事できない場合、使用者は当該労働者に他の業務を手配することができると考えられています。もっとも、何をもって労働者が「元の業務に従事できない場合」といえるのか、については明文化されていません。そこで、労働契約書や就業規則等であらかじめ明確にしておくことが望ましいといえます。

2　医療期間満了後の復帰先について注意すべき点は何ですか？

Point

・使用者は労働者が「労働者が私傷病による法定の医療期間満了後も元の業務に従事できない」ことを証明できる根拠が求められる点に注意しなければならない。また、配置転換後の職務に合理性が求められる点も注意が必要となる。

　労働契約法40条1号に基づいて、労働者が私傷病による法定の医療期間満了後も元の業務に従事できない場合、使用者は当該労働者に他の業務を手配することができると考えられているという点はすでに説明したとおりです。

しかし、どのような場合に「労働者が私傷病による法定の医療期間満了後も元の業務に従事できない場合」といえるのでしょうか。

　労働者が業務に従事することができないことを証明することは、時に困難であるケースもあります。そこで、実務上は、医療期間開始時に復帰後に求める能力等について、できる限り具体的に明記した合意書を作成しておくことが望ましいといえます。

　もっとも、使用者は労働契約法40条1号に基づいて自由に労働者の職務内容を変更することができるわけではありません。使用者の配置転換には合理性が求められます。

　すなわち、復帰後の労働者本人の状況に照らして相応しい職務を手配する必要があります。したがって、本人の能力に照らして著しく低い職務を手配し、その職務に応じた大幅な賃金減額を強いることは許されません。また、労働者本人の状況に照らして過度に負担を強いる職務を手配することも認められません。

　配置転換の合理性を判断するにあたっては、①本人の能力等に照らして配転先は適切であるか、②配転後の労働条件（報酬や就業場所等）に関して不利益はないかといった要素が考慮されます（北京市高級人民法院、北京市労働争議仲裁委員会による労働争議案件における法律適用の問題に関する解答5条）。また、裁判実務上は、③配転にあたって手続きや説明は適切であったかといった要素も考慮されることが多いといえます。

　配置転換の理由が認められる場合であっても、その合理性については慎重に検討する必要があるといえます。

Q21 職務調整に伴って労働者の賃金を減額することはできますか？

1 職務調整に伴う減給には労働者の個別同意が必要ですか？

> **Point**
> ・職務調整に伴う減給について、原則として労働者の同意が必要である。しかし、使用者の状況、調整後の労働者の職務内容及び労使間の約定内容等を考慮して、労働者の合法権益を侵害していないと認められる場合には、職務調整等を伴う減給も認められる。

　労働者の個別同意がない限り、使用者の一方的な判断で職務の変更に伴い賃金を変更することは原則として許されません。しかし、使用者の状況、調整後の労働者の職務内容及び労使間の約定内容等を考慮して、労働者の合法権益を侵害していないと認められる場合には、職務調整等を伴う減給も認められると考えられています（北京市高級人民法院、北京市労働争議仲裁委員会による労働争議案件における法律適用の問題に関する解答5条）。

　例えば、労働契約書や就業規則等で「職務の変更に伴って賃金も調整する場合がある」といった条項が記載されており、かつ職務等級制度（職務を評価して等級に分類し格付けを行い、賃金額がその格付けに紐づいている制度をいう）が確立されている場合、減額幅が合理的な範囲内である限り、職務調整に伴う減給は認められると考えられています。

　なお、実務上は、労働者の理解を得て同意を取り付けることが望ましいといえます。

2 職務調整に伴う減給について注意すべき点は何ですか？

> **Point**
> ・調整後の労働者の職務内容等を考慮して、職務調整に伴う減給幅が適切といえるか慎重に判断する必要がある。一方的な職務調整の場合、減給を伴う職務調整は労働者に与える不利益が大きいと判断され、職務調整自体が無効となる可能性もある。

　職務調整に伴う減給が認められるか否かについて、職務調整自体に労働者の同意がある場合とそうではない場合に分けて注意点を説明します。

　まず、職務調整自体には労働者の同意がある場合、使用者は、職務調整に伴う減給を受け入れない労働者に対して、減給理由を説明する必要があります（北京市高級人民法院、北京市労働争議仲裁委員会による労働争議案件における法律適用の問題に関する解答5条）。そして、職務調整に伴う減給の合理性を判断するにあたっては、会社の状況、調整後の労働者の職務内容及び労使間の約定内容等が考慮されます（同条）。

　したがって、使用者としてはこれらの要素を考慮して、減額幅が適切であるか否かを慎重に検討する必要があります。なお、一般的には、減額幅として、少なくとも職務調整前の賃金と比較して20％から30％を超えない範囲であるべきと考えられています。

　次に、職務調整自体に労働者が反対する場合、配置転換の合理性を判断するにあたっては、①本人の能力等に照らして配転先は適切であるか、②配転後の労働条件（報酬や就業場所等）に関して不利益はないかといった要素が考慮されます（同条）。

　そして職務調整に伴う減給は労働者にとって労働条件の不利益な変更となることから、減額幅の合理性について、より一層慎重に判断しなければ、職務調整自体が無効と判断される可能性があります。

第3節　賃金・社会保険・職務調整

Column

労働コンプライアンス違反

　労務トラブルを穏便に処理しようとすることは、かえって労働コンプライアンスに違反する可能性があります。

　日系企業のコンプライアンス違反が後を絶ちません。近年、多くの日系企業にとってコンプライアンスは無視できない課題となっています。コンプライアンスとは、法令遵守にとどまらず、社会的なルールを遵守することも含まれると考えられています。労働の観点からコンプライアンスを考える場合、労働関連法制を遵守するだけでなく、全ての労働者に対して平等かつ公正にルールを適用することが求められます。ルールを無視して特定の労働者を特別扱いすることや、恣意的にルールを適用することは許されません。ルールのなかには就業規則等の使用者が自ら作成した規則も含まれると考えられます。

　日系企業は、労働者との労働トラブルが訴訟に発展することを嫌い、穏便に対応しようとする傾向があります。日系企業の中国現地法人においても、日本本社から出向してきた総経理の多くは自らの任期中に労働訴訟が提起されることを避けようとします。中国人労働者との労務トラブルが紛争化することを恐れ、就業規則に定める解雇事由に該当し得る労働者に対して、何らの処分をしない又は著しく軽い処分に留めることがあります。問題に真摯に向き合おうとせず、根本的な解決に至らないケースは珍しくありません。

　このような対応は労働コンプライアンスを徹底していると評価できるでしょうか。たしかに当該労働者との関係ではトラブルが裁判沙汰となることはありません。裁判において使用者の違法行為を認定されることもなく、法律を遵守しているようにみえます。

　しかし、使用者として自ら作成した就業規則を遵守しているとはいえません。労働者に対する不平等な取り扱いとして、労働コンプライアンス上は問題があるといえます。

　また、他の労働者との関係ではどうでしょうか。企業は使用者として全労働者の職場環境に配慮する義務があります。問題を起こした労働者を放置することは、他の労働者の職場環境に影響を与えることになりかねません。この点でも使用者は、他の労働者との関係で労働コンプライアンスに違反しているとい

えます。

　それだけではありません。このような運用が前例となれば、以後の解雇はますます難しくなります。他の労働者に対して、このような行為は許されると暗黙のメッセージを送ることになり、労働者の問題行動を誘発する可能性もあります。

　問題行為を起こした労働者に対して労働トラブルを極端に避けようとすることは、それ自体が労働コンプライアンスに違反し得るということを自覚する必要があります。

第4節　労働時間・休日・休暇

第1項　労働時間

Q22 中国では労働者の労働時間についてどのように定められていますか？

1 中国の標準労働時間について教えてください。

Point

・中国でも標準労働時間は1日あたり8時間、1週あたり40時間と定められている。

中国の標準労働時間及び休日に関する規定は**図表1－12**のとおりです。

図表1－12　中国の標準労働時間及び休日に関する規定

標準労働時間 (従業員の労働時間に関する規定3条)	1日あたり8時間 1週あたり40時間
休日 (労働法38条)	毎週少なくとも1日を休日とする

なお、労働法36条には、労働時間は1日8時間を超えず、1週間44時間を超えないものとする旨が定められています。しかし、労働法制定後に新たに制定された「従業員の労働時間に関する規定」が優先的に適用されると考えられており、同規定3条において、1日あたり8時間、1週あたり40時間労働の原則が明記されています。

2 残業時間の上限について教えてください。

> **Point**
> ・残業時間の上限は法律で明記されている。1カ月あたりの残業時間の上限が36時間と定められていることに注意が必要である。

　中国では、時間外労働の上限が法定されています（労働法41条）。具体的には、原則として1日について1時間のみです。もっとも、時間外労働を行う特別な事情がある場合は、労働者の健康保障を条件に、1日につき3時間まで延長することが認められています。なお、1カ月の時間外・休日労働（法定休暇日労働を含む）の上限は36時間と定められています。日本のように労使協定で定めるといった制度はありません。

図表1-13　中国の時間外・休日労働の上限

1日の時間外労働	原則：1時間 例外：一定の条件のもと3時間
1カ月の時間外・休日労働	合計36時間

　このように中国では時間外・休日労働が厳格に制限されています。もちろん例外規定もありますが、労働行政部門の許可を得て不定時労働時間制等を実行する場合（同法39条）及び自然災害等により緊急の必要がある場合等（同法42条）に限定されています。

　なお、現実的には時間外・休日労働の上限規制が徹底されているとはいえず、過労死が社会問題となっており、労働時間法制の在り方は課題となっています。

3 時間外・休日労働の割増賃金の規定について教えてください。

> **Point**
> ・時間外労働に対しては日本以上に高い割増率が規定されている。なお、休日労働に対しては、原則として代休を付与することが求められる。

　中国における標準労働時間が１日８時間、１週40時間であることは前述のとおりです。これに対して使用者が時間外労働を手配する場合、**図表１－14**の基準に従って労働者に割増賃金等を支払う必要があります（労働法44条）。

　なお、時間外・休日労働の上限規制を超えて時間外労働をさせた場合であっても、使用者は**図表１－14**に基づいて割増賃金を支払う必要があります。

図表１－14　割増賃金に関する規定

通常の就業日に標準労働時間を超えて時間外労働を手配した場合	・通常の時間給賃金の150％を下回らない額
休日労働を手配した場合	・代休を手配することができない場合、通常の時間給賃金の200％を下回らない額
法定休暇日労働を手配した場合	・通常の時間給賃金の300％を下回らない額

Q23　営業職の労働時間管理の注意点はありますか？

1 不定時労働時間制について教えてください。

> **Point**
> ・外勤業務を主とする営業職の労働者に対しては、特殊な労働時間制度として不定時労働時間制を実施することが認められている。ただし、同制度の実施には、事前に会社所在地を管轄する労働行政部門の許可を得る必要がある。

　中国の労働時間法制では、標準労働時間制度（1日8時間、週40時間及び少なくとも週1日の休日を原則とする労働時間制度をいう。以下同じ）の例外として、一定の職種に従事する労働者に対して、原則として労働行政部門の事前許可を条件に特殊な労働時間制度を実施することを認めています。その特殊な労働時間制度の1つに不定時労働時間制（日本でいう裁量労働制。労働法39条、企業の不定時労働時間制及び労働時間総合計算労働制実施に関する審査許可弁法4条）があります。

　不定時労働時間制とは、就業日における出退勤時刻をあらかじめ固定せず、標準労働時間制度及び時間外労働規制（1日あたり原則1時間、1カ月あたり36時間）に縛られない弾力的な労働時間制度です。

　不定時労働時間制の実施対象として定められている職種は以下のとおりです。

① 　会社の高級管理職、事業場外で業務に従事する者、販売業務に従事する者、当直勤務に従事する者及び標準労働時間に基づいて評価できない業務に従事している者
② 　長距離運転手、タクシー運転手、鉄道、港湾及び倉庫の荷役従事者並びに業務の特殊性に基づき臨機応変な対応が求められる業務に従事する者
③ 　生産の特徴や業務の特殊性に基づく必要性または職責範囲の点から、不定時労働時間制の実施に適する労働者

なお、実施対象者の範囲及び労働行政部門の事前許可の要否は地方によって若干の違いがあるため、会社所在地を管轄する労働行政部門へ問い合わせて確認することが望ましいといえます。

2 営業職に不定時労働時間制を実施する場合の注意点を教えてください。

> **Point**
> ・不定時労働時間制を実施するためには、使用者が当該労働者の労働時間を管理しないことが条件として求められる。始業時間・終業時間等を厳格に管理している場合、不定時労働時間制の実施が労働行政部門によって許可されないこともある。

　不定時労働時間制の実施は、法定対象職種に該当すれば、ただちに許可されるわけではありません。使用者に不定時労働時間制の実施に適した労働者管理体制が整っているか、という点も審査されることがあります。特に北京市を中心として、不定時労働時間制の実施許可は厳しく審査される傾向にあります。実際、毎日の朝会参加を義務付けている営業職労働者に対する不定時労働時間制の実施が不許可となった事例もありました（最終的には、朝会の参加を義務としない旨を労働行政部門に伝え、許可を得ました）。

　不定時労働時間制の実施にあたっては、事前に会社所在地を管轄する労働行政部門に問い合わせる等、許可条件を事前に確認することが望ましいといえます。

3 不定時労働時間制と割増賃金の支払いについて教えてください。

> **Point**
> ・不定時労働時間制を実施する場合でも、割増賃金の支払い義務が生じることがある。

不定時労働時間制を実施する場合でもいわゆる割増賃金の支払いが完全に免除されるわけではありません。不定時労働時間制を実施する場合、当該従業員の平日労働及び休日労働に対しては割増賃金を支払う必要はありません。もっとも、法定休暇日労働に対しては地方によって規定が異なります。北京市では北京市賃金支払規定17条によって時間外労働ではないと規定していますが、上海市においては上海市企業賃金支払弁法13条によって通常賃金の300％の割増賃金支払いが義務付けられています。このように、不定時労働時間制を適用する場合の割増賃金の支払い義務についても、地方によって扱いが異なるため注意が必要です。

Q24　管理職の労働時間管理の注意点はありますか？

1　中国に管理監督者制度はありますか？

> **Point**
> ・中国では「管理監督者」制度は原則として認められていない。

　日本には労働者が「管理監督者」に該当する場合、労基署等の許可を得ることなく労働時間規制の適用が除外されます(《日本》労働基準法41条2項)。日本では、管理職＝「管理監督者」と認識されることが多いのですが、厳密にいえば管理職であっても「管理監督者」に該当するとは限りません。「管理監督者」に該当しないにもかかわらず管理職として扱い残業代等を支払わないことが日本では大きな問題となりました(いわゆる「名ばかり管理職」問題)。

　しかし、中国には管理職であるからといって直ちに標準労働時間管理の適用を受けないという制度は原則としてありません。ただし、地方性法規によっては、高級管理職に対して、労働行政部門の許可なく不定時労働時間制の適用を認めていることがあります(例えば北京市。詳細は 2 参照)。

第4節 労働時間・休日・休暇

　管理職は労働時間管理の適用対象外とする旨が日系企業の中国現地法人の就業規則に記載されている例を見ます。日本本社の就業規則を参考にして作成したものと思われますが、日中間の労働法制の違いに注意が必要といえます。

 高級管理職に適用できる労働時間制度を教えてください。

> **Point**
> ・会社の「高級管理職」に該当する場合、原則として労働行政部門の許可を得ることを条件に、不定時労働時間制を実施することが認められる。

　中国労働法制では、標準労働時間制度の例外として、一定の職種に従事する労働者に対し、原則として労働行政部門の事前許可を条件に特殊な労働時間制度の実施を認めています。その特殊な労働時間制度の1つに不定時労働時間制（労動法39条、企業の不定時労働時間制及び労働時間総合計算労働制実施に関する審査許可弁法4条）があり、高級管理職を実施対象者として認めています（企業の不定時労働時間制及び労働時間総合計算労働制実施に関する審査許可弁法4条1号）。

　不定時労働時間制とは、就業日における出退勤時刻をあらかじめ固定せず、標準労働時間制度及び時間外労働規制（1日あたり原則1時間、1カ月あたり36時間）に縛られない弾力的な労働時間制度です（詳細はQ23参照）。

　「高級管理職」の定義について、労働関連法制には直接の規定はありませんが、実務上は公司法217条1号の規定が参考とされています。同号において「高級管理職」とは、「会社の総経理、副総経理、財務責任者、上場会社の董事会秘書及び会社定款に定めるその他の者を指す」と定義されています。なお、「高級管理職」の具体的な定義は各地方の労働行政部門によっては異なる可能性があり、会社所在地を管轄する労働行政部門へ問い合わせて確認することが望ましいといえます。

最後に、「高級管理職」に対する不定時労働時間制の実施には、原則として事前に会社所在地を管轄する労働行政部門の許可が必要です（労働法39条）。もっとも、労働行政部門の許可が不要な地域もあります（北京市は、北京市における企業の不定時労働時間制及び労働時間総合計算労働制実施弁法16条2項にて「高級管理職」に対する不定時労働時間制実施の場合に限って労働行政部門の事前許可を不要としています）。

> ## Column 12
> ### 労働時間総合計算労働制について
>
> 　労働時間総合計算労働制とは、使用者の業務の特徴によって連続作業が必要となる場合、又は業務が季節や自然条件による制限を受けることで標準労働時間制を適用することができない場合に用いることができる特殊な労働時間制度です。日本でいう変形労働時間制に類似しており、週・月・四半期・年を1つの周期として、その期間内の労働時間を総合的に計算する制度です。
> 　労働時間総合計算労働制が適用される場合、時間外労働の上限規制（1日あたり3時間）を受けません。また、土日に就業した場合でも、休日労働割増賃金を支払う必要がありません。ただし、法定休暇に就業した場合、300％の割増賃金を支払う必要があります。
> 　労働時間総合計算労働制を適用できる業種は限定されており、原則として事前に労働行政部門の許可が必要です（企業の不定時労働時間制及び労働時間総合計算労働制実施に関する審査許可弁法5条、7条）。

Q25 労働者に残業を命じることはできますか？

1 時間外労働の手配はどうすればいいのですか？

> **Point**
> ・中国では労働者に対して使用者が一方的に時間外労働を命じることはできない。必ず、事前に労働者等と協議をする必要がある。

　中国では労働者に対して使用者が一方的に時間外労働を命じることはできません（労働法41条）。この点は日本と大きく異なるため注意が必要です。
　では、中国において労働者に時間外労働を手配するためにはどのような手続きを踏めばよいのでしょうか。
　まず、労働者に時間外労働を手配するためには、その必要性が求められます（同法41条）。
　次に、労働法41条では、使用者は「工会及び労働者との協議を経た後」で時間外労働を手配することができると定められています。したがって、理論上は、労働者等と時間外労働の可否や程度等について事前に協議をする必要があります（労働法の徹底的執行にかかる若干問題に関する意見71条）。
　なお、実務上は、就業規則等に「労働者は使用者の時間外労働の手配に予め同意する」旨が記載されていることが多く、実質的な事前協議を行っていないケースも珍しくありません。

2 残業の手配を拒否した労働者を解雇することはできますか？

> **Point**
> ・労働者との事前協議を経ていない場合、残業手配拒否に対する解雇は無効と判断される可能性が高い。

労働者に時間外労働を手配するためには、工会及び労働者との協議を経る必要がある（労働法41条）ことは前述のとおりです。

　したがって、労働者との事前協議を経ていない場合、時間外労働の手配自体が違法となり、労働者にはこれを拒否する権利が認められています（労働法の徹底的執行にかかる若干問題に関する意見71条）。よって、仮に就業規則等で、使用者の指示に従わない場合には会社規則の著しい違反とみなして解雇する旨が記載されていたとしても、解雇は認められない可能性が高いといえます。

Q26　無断で残業して残業代を請求してくる労働者がいます。どうしたらよいでしょうか？

1　無断で残業した場合も割増賃金を支払わないといけないのでしょうか？

Point

- 労働者が使用者に無断で残業する場合でも、それが使用者による黙示の指示であると認められる場合には、当該残業に対する割増賃金の支払い義務が生じる。

　労働者が使用者に無断で残業していた場合、これを時間外労働（労働法41条、44条）と認めるべきか否かが問題となります。法律上は、原則として、時間外労働の事実の証明責任は労働者が負います（労働争議案件の審理における法律適用の若干問題に関する解釈〈3〉9条本文）。したがって、使用者としては、無断での時間外労働を認めない、と反論することも可能です。

　しかし、以下の2つの点に注意が必要です。

① 　使用者による時間外労働の指示は、必ずしも明示的である必要は無く、黙示的な指示も有効と考えられています。ただし、使用者が黙示的に時間外労働を指示したのか、という点は判断が難しく、労使間の話し合いで和

第4節　労働時間・休日・休暇

解することができなければ裁判で争うことになります。
② 残業の有無が裁判で争われた場合、労働者から使用者が時間外労働の資料を有していることを証明する証拠が提出された場合、使用者はその資料を提出する必要があり、仮に提出できない場合は使用者に不利な判断がされるリスクがあります（同解釈〈3〉9条但書き）。また、地方性法規によっては、時間外労働の不存在について使用者が証明責任を負うこともあります。

2 時間外労働の管理の注意点について教えてください。

> **Point**
> ・労働者の時間外労働を適切に管理するため、その前後に上司等の許可を必要とする制度が有効である。

例えば、上記のように労働者が使用者に無断で時間外労働をしていた場合、時間外労働の前後に上司等の許認可を必要とする制度があれば、どうでしょうか。

使用者としては、労働者が事前・事後の許認可を得ていないことを理由に割増賃金の支払いを拒否することが考えられます。

このような制度は人民法院も複数の判決において支持しており、労働者の自発的な時間外労働に対して使用者の許可を条件とすることは可能です。実際、使用者が時間外労働の前に残業申請書の提出を義務付ける運用を行っていたにもかかわらず、労働者がこれを提出していなかった事案において、残業申請書が提出されていないのであれば時間外労働はなかったはずであると判断し、労働者の残業代請求を否定した事例があります（上海市普陀区人民法院〈2013〉普民一〈民〉初字7065号）。

以上より、労働者の時間外労働を管理する方法として、時間外労働前に残業申請書の提出を義務付ける制度や時間外労働の翌日に使用者に実際の労働時間等を報告して確認を受ける制度は検討の価値があるといえます。

なお、時間外労働の許可制も制度として定めるだけではなく、しっかりと運用されていなければ意味がありません。例えば、労働者から、規定としては許可制となっているが実態としてそのような運用はなかったと主張された場合、上記裁判例とは異なる判決が出る可能性は十分にあります。逆に、時間外労働の事実をしっかりと確認しないままに安易に許認可の記録を残してしまうと、時間外労働があったことの強力な証拠となり、実際の時間外労働時間より長い労働時間が認定されてしまう可能性があります。
　したがって、時間外労働に対する事前・事後の許可制を検討する場合には、現実的に運用しやすいか、という点も考慮して検討する必要があります。

第2項　休日

Q27　休日労働に対して労働者が代休を請求してきました。どのように対応したらよいですか？

1　中国の代休制度について教えてください。

> **Point**
>
> ・労働者の休日労働に対して使用者は原則として代休を与えなければならない。代休を与えることができない場合には通常賃金200％の割増賃金を支払う必要がある。

　使用者が労働者を休日に労働させた場合、この労働者に対して、使用者は休日労働させた時間と同じ時間分の代休を手配しなければなりません（労働法44条2号、労働法の徹底的執行にかかる若干問題に関する意見70条）。例えば労働者の休日労働が10時間であった場合、使用者は10時間分の代休をこの労働者に付与しなければなりません。仮に1日分（8時間）の代休しか付与しなかった場合、残りの2時間分に対しては、割増賃金を支払うことになります。

　なお、労働法44条の定める代休制度は、休日労働に対する賃金支払いに関する処理を規定したものであり、代休を付与したからといって休日労働の事実が消えるわけではありません。したがって、休日労働に対して代休を与える場合でも、時間外・休日労働の上限規制（1カ月累計36時間）には注意が必要です。

2 休日労働以外の場合にも代休を与えることはできますか？

> **Point**
> ・休日労働以外の時間外労働及び法定休暇日労働に対しても代休を与えることはできる。しかし、割増賃金の支払い義務には注意が必要である。

　休日労働以外の時間外労働又は法定休暇日労働に対して代休を与えることができるか否かは法定されていません。

　この点について、実務上は、就業規則等に記載があれば休日以外の時間外労働又は法定休暇日労働に対して代休を与えることは可能と考えられています。

　では、時間外労働又は法定休暇日労働に対して代休を付与した場合、割増賃金の支払いはどうなるのでしょうか。

　時間外労働又は法定休暇日労働に対して代休を付与した場合、代休で相殺しきれなかった残りの分について、割増分を支払う必要があると考えられています。

　例えば時間給100人民元の労働者が通常就業日に8時間の時間外労働を行い、これに対して1日（8時間）の代休を付与したとします。この場合の支払い賃金は以下のとおりとなります。

```
時間給100人民元の割増賃金等
　割増賃金の計算：100人民元 × 8時間（残業時間）× 150% = 1,200人民元
　代休付与による控除額：100人民元 × 8時間（代休付与時間）= 800人民元
```

　したがって、この場合、使用者は労働者に対して差額の400人民元を支払うことになります。

3 代休はいつ付与すればよいのでしょうか？

> **Point**
> ・原則として、時間外労働、休日労働及び法定休暇日労働（以下「時間外労働等」という）をした日と同一賃金計算期間内に代休を付与する必要がある。

　中国では労働法50条等で賃金全額払いの原則が定められています。これは、賃金は労働者に全額支払わなければならず、使用者が一方的に賃金を控除することを禁止するものです。

　したがって、賃金全額払いの原則から、時間外労働等について通常の賃金支払いと異なる計算時期を設定している場合を除いて、時間外労働等があった日と同一賃金計算期間内に代休を付与しない場合、原則として時間外労働等に対して割増賃金を支払わなければなりません。

　ただし、地方によっては異なる規定を定めていることがあります。

Column 13

中国の法定休暇日

　労働法44条3号によれば、使用者が労働者に法定休暇日労働を手配した場合、労働者に対して通常賃金の300％割増賃金を支払わなければなりません。

　では中国における法定休暇日とはいつでしょうか。全国年間祝祭日及び記念日休暇法2条によれば以下のとおり、法定休暇日が定められています。

- 新　年：休暇1日（1月1日）
- 春　節：休暇3日（旧正月から3日間）
- 清明節：休暇1日（旧暦清明該当日）
- 労働節：休暇1日（5月1日）
- 端午節：休暇1日（旧暦端午該当日）
- 中秋節：休暇1日（旧暦中秋該当日）
- 国慶節：休暇3日（10月1日から3日）

　中国の法定休暇日は旧暦を基準としたものが多く、その年によって異なるため注意が必要です。毎年年末になると、中国政府から翌年の法定休暇日スケジュールが発表されます。

　なお、同法3条では、一部の公民にのみ適用される法定休暇日も以下のとおり定められています。

- 婦女節：女性は半日休暇（3月8日）
- 青年節：14歳以上の青年は半日休暇（5月4日）
- 児童節：14歳未満の児童は1日休暇（6月1日）
- 中国人民解放軍建軍記念日：現役軍人は半日休暇（8月1日）

　ただし、これらの法定休暇日に労働を手配した場合でも、原則として割増賃金を支払う必要はありません。

第3項　休暇

Q28 中途採用した労働者が入社後すぐに有給休暇の取得を申請してきました。中国では有給休暇の取得要件についてどのように定められていますか？

1 中国の有給休暇取得要件を教えてください。

> **Point**
> ・労働者がこれまで働いてきたなかで、連続12カ月勤続した実績があれば、入社直後でも有給休暇を享受できる。

　年次有給休暇の取得要件は、労働者の勤続期間に基づいて算定します（企業従業員年次有給休暇実施規則3条）。仮に労働者が前の使用者において連続して12カ月勤務していた場合、新たな使用者のもとで勤務を始めたときも、有給休暇取得要件はリセットされず、入社日から法定の有給休暇日数が付与されます。

　したがって、労働者がこれまで一度でも「同一使用者のもとで連続12カ月勤続した」ことがあれば、以後は転職する場合であっても1年目から有給休暇を取得することができます。

　なお、日系企業の就業規則には、年次有給休暇の付与にあたって「80％以上の出勤率要件」を課すものが散見されます。これは日本の労働基準法の規定を参照したものと思われますが、中国ではこのような付与要件を追加することは原則として認められていません。

2 有給休暇日数について教えてください。

> **Point**
> ・有給休暇日数は、労働者のこれまでの累計勤務年数に基づいて法定の計算式により算出する。

　労働者の有給休暇取得要件については前述したとおりですが、では具体的な日数はどのように算定するのでしょうか。

　この点について、中国では労働者のこれまでの勤務年数を累計して算定します（企業従業員年次有給休暇実施規則4条）。すなわち、同一使用者のもとにおける勤務年数のみを根拠とするのではなく、労働者がこれまで異なる使用者のもとで労働してきた全勤務年数を累計することになります。したがって、具体的な有給休暇日数の算定にあたっても、転職することで有給休暇日数がリセットされることはありません。

　なお、中国における有給休暇日数は**図表1-15**のとおりです（従業員年次有給休暇条例3条）。

図表1-15　中国における有給休暇日数

累計勤務年数	有給休暇日数
1年以上10年未満	5日
10年以上20年未満	10日
20年以上	15日

3 年の途中で入社した労働者の有給休暇日数はどのように算定するのでしょうか？

第4節 労働時間・休日・休暇

> **Point**
> ・労働者が年の途中で入社した場合の有給休暇日数の算定は、法定の計算式がある。

　労働者がすでに有給休暇取得要件（同一使用者のもとで連続12カ月勤続した）を満たしている場合、転職したときも、新たな使用者のもとにおける雇用開始日から一定の有給休暇日数が付与されます。

　では、労働者が年の途中で入社した場合、その年の有給休暇日数はどのように算定すればよいのでしょうか。

　この点について、中国では労働者が年の途中で入社した場合の有給休暇日数の算定方法を明確に定めています（企業従業員年次有給休暇実施規則5条）。具体的には以下のとおりです。

年の途中で入社した労働者の有給休暇日数の算定方法

当年付与されるべき年次有給休暇日数 × 雇用開始日から起算した当年の残日数 ÷ 1年の日数

　例えば、労働者を8月1日に採用したところ、その労働者が前職も含めて勤続12年であった場合、採用年がうるう年でないときの具体的な年次有給休暇付与日数は以下のとおりです。

例）前職までの勤務年数が12年の労働者を8月1日に採用した場合の有給休暇

$$\begin{pmatrix} 10日 \\ \text{当年付与されるべき} \\ \text{年次有給休暇日数} \\ \text{図表1－15参照} \end{pmatrix} \times \begin{pmatrix} 153日 \\ \text{8月1日から} \\ \text{12月31日までの} \\ \text{日数} \end{pmatrix} \div \begin{pmatrix} 365日 \\ \text{うるう年では} \\ \text{ない} \end{pmatrix} = 4.19日$$

　具体的な日数の算定にあたっては、小数点以下を切り捨てるため、上記の

例では 4 日の年次有給休暇を付与することになります。なお、中国では有給休暇日数の算定年度は西暦が基準とされています（同18条）。

失敗事例3　日本の就業規則を中文訳することの問題点

　日系企業の中国現地法人の就業規則を見ていると、日本本社の就業規則の内容を中文訳して転用したと思われる記述に数多く出合います。
　現地法人設立にあたって少しでも労務管理の負担を減らすために、日本本社の規定を転用したものと推測しますが、日本と中国では労働法体系も習慣も大きく異なるため、日本では常識的に用いられている条項も中国では違法となるケースは珍しくありません。他方、日本のルールをそのまま適用することで中国では過度に労働者優遇している場合もあります。
　以下、日系企業に多く見られる就業規則の問題点について紹介します。

■有給休暇取得要件
　有給休暇の取得要件は日中で法制度が大きく異なります。しかし、日本本社の就業規則と同様の要件をもって労働者に有給休暇を付与しているケースが散見されます。これは明らかに中国労働契約法違反となり注意を要します。

■有給休暇付与日数
　日本と中国では有給休暇日数が異なります。しかし、中国現地法人の就業規則には日本と同様の有給休暇日数を規定していることがあります。これだけなら使用者の福利厚生の一環として許容できる範囲ですが、中国では未消化有給休暇に対して買取義務を課しています。他方、中国では就業規則に明記することで、福利厚生有給休暇の未消化買い取り義務を回避することを認めています。しかし、日系企業における多くのケースではこの処理をしておらず、法定有給休暇日数を上回る有給休暇の未消化分に対する買取リスクが生じています。

■管理職の割増賃金未払い

日本ではいわゆる「管理監督者制度」(《日本》労働基準法41条2号)があり、該当者に対して割増賃金(深夜割増を除く)を支払う必要はありません。この制度の適用にあたって労基署等の許認可や届出も不要です。他方、中国で同様の制度を採用する場合、原則として労働行政部門の事前許可が必要です。行政部門の事前許可なく高級管理職に対して割増賃金を支払っていない場合、一部地域を除いて労働法違反となります。

■解雇事由の記載

中国では、法定以外の労働契約終了事由を約定することは原則として許されません(労働契約法実施条例13条)。他方で労働者を解雇する場合、法定解雇事由のいずれか1つに該当しなければなりません(労働契約法39条〜41条)。

したがって、就業規則に記載する解雇事由も、それが法定解雇事由のいずれに該当するのか、その関連性を明記することが非常に重要となります。しかし、日系企業の就業規則の多くは日本本社の就業規則とほぼ同じ内容であることが多く、中国の法定解雇事由と就業規則記載の解雇事由との関連性が明記されていないケースが珍しくありません。このような場合、解雇が無効と判断されるリスクが高まるといえます(詳細はQ39参照)。

■退職金制度

中国では労働契約の終了事由に応じて経済補償金を労働者に支払うことが義務付けられています(労働契約法46条)。この支給条件は日本の退職金制度とは大きく異なります。例えば、労働者の自己都合退職や定年退職の場合には支払う必要がありません(同条)。

中国にはこのような制度があるにもかかわらず、日本の退職金制度と同様の制度を中国現地法人にも導入している事例が散見されます。この場合、経済補償金の支払いと同時に退職金も支払う必要があります。

Q29 労働者から突然に「明日、有給休暇を取得したい」と言われました。拒否することはできないのでしょうか？ 中国では、有給休暇の取得について、どのように定められていますか？

1 有給休暇の取得は誰が決めるのでしょうか？

> **Point**
> ・有給休暇の取得時期は原則として使用者が指定する。

　中国では有給休暇の取得時期は使用者が指定します（従業員年次有給休暇条例5条1項）。そして、労働者に未消化の有給休暇がある場合、ペナルティとして使用者に未消化分の買取義務が課されます（同5条3項）。

　この点は日本と大きく異なります。日本の場合、原則として年次有給休暇は労働者が時季を指定する権利を有すると規定されています。そして、未消化有給休暇に対する使用者の買取義務もありません。したがって、日本では労働者が年次有給休暇の時季を指定するまで使用者は受け身の立場となり、このことが世界でも低い年次有給休暇取得率の原因と考えられています。

　もちろん、中国でも実務上の扱いとして、労働者からの希望があった場合に、それに従って使用者が年次有給休暇の取得時季を指定することは可能です。

2 労働者の有給休暇取得時季を使用者が指定することのメリットはありますか？

> **Point**
> ・使用者は、労働者の有給休暇取得を確保した上で年間人員計画を策定することができる。

使用者は、労働者の年次有給休暇取得時季を計画的に手配することが求められています（従業員年次有給休暇条例5条1項）。

また、使用者が年次有給休暇の取得時季を指定した後、労働者が個人的な理由でこれを取得しない旨書面で申し出た場合、使用者は当該有給休暇が未消化となった場合の買取義務が免除されます（企業従業員年次有給休暇実施弁法10条）。

3 労働者からの有給休暇取得希望に対して、使用者は拒否できますか？

> **Point**
> ・使用者は原則として労働者の有給休暇取得希望日を拒否することができる。

中国では有給休暇の取得時季は使用者が指定します（従業員年次有給休暇条例5条1項）。労働者には有給休暇の取得時季を指定する権利はありません。したがって、原則としては、労働者から有給休暇取得の希望があっても使用者はこれを拒否することができます。

もっとも、従業員年次有給休暇条例5条1項では「労働者の意思を考慮」することも求められていることから、一定の配慮も必要です。実務的には労働者が有給休暇を取得する理由、必要性と使用者に対する支障等を考慮して判断することが望ましいと思われます。

なお、労働者の有給休暇の一部については取得時季をあらかじめ使用者が指定し、残りはいわゆる「自由年休」として取得時季を労働者の裁量に任せるという運用も考えられます。

Q30 労働者から未消化の有給休暇を買い取るように要求されました。中国では、有給休暇の買取について、どのように定められていますか？

第 1 章　中国の労働法

1　中国には有給休暇の買取義務がありますか？

> **Point**
> ・有給休暇は年度内に消化することが原則とされており、未消化有給休暇がある場合、原則として使用者はこれを買い取る義務がある。

　有給休暇は年度内に取得するものであり、通常、労働者に対して年度を繰り越して取得させることはできません（従業員年次有給休暇条例5条2項）。したがって年度内に未消化の有給休暇があった場合、未消化日数につき当該労働者の1日あたり賃金の300％に相当する金額を支払わなければなりません（同条3項）。もっとも、これには使用者が労働者に支払う通常勤務期間における賃金が含まれます（企業従業員年次有給休暇実施弁法10条1項）。

　なお、使用者が年次有給休暇の取得時季を特定した後、労働者が個人的な理由でこれを取得しない旨書面で申し出た場合、使用者は当該有給休暇が未消化となった場合の買取義務が免除されます（企業従業員年次有給休暇実施弁法10条2項）。

2　1日あたり賃金の算定方法を教えてください。

> **Point**
> ・「1日あたり賃金」は、労働者の「1カ月あたり賃金」に21.75を除して換算する（企業従業員年次有給休暇実施弁法11条1項）。

　未消化有給休暇の買取にあたって、その基礎となる「1日あたり賃金」の計算方法は詳細に規定されています。
　「1日あたり賃金」を計算する前提として、まずは「1カ月あたり賃金」を算定する必要があります。

「1カ月あたり賃金」とは、年次有給休暇に対する賃金報酬を支払う前の12カ月間の平均賃金をいいます。勤務期間が12カ月に満たない場合、実際の月数により平均賃金を計算することになります（企業従業員年次有給休暇実施弁法11条2項）。なお、平均賃金の算定には、時間外労働の割増賃金は含まれません。

次に、上記計算により算出された「1カ月あたり賃金」に21.75を除して「1日あたり賃金」を算出します。

 「1日あたり賃金」の300％に相当する額の考え方について教えてください。

> **Point**
> ・未消化有給休暇の買取額である「1日あたり賃金」の300％に相当する額には、労働者の通常勤務期間における賃金収入が含まれている。

未消化有給休暇の買取額である「1日あたり賃金」の300％に相当する額とは具体的にどのように考えればよいのでしょうか。

企業従業員年次有給休暇実施弁法11条1項では、「1日あたり賃金」の300％に相当する額には、労働者の通常勤務期間における賃金収入が含まれていると規定しています。したがって、月給制を基本としている使用者の場合、通常の月給にプラスして「未消化日数×1日あたり賃金×200％」を年度末に労働者に支払うことになります。

 年度の途中で退職する労働者に未消化有給休暇がある場合の対応について教えてください。

> **Point**
> ・年度の途中で退職する労働者に未消化有給休暇がある場合、使用者はその日数に応じた賃金報酬を支払わなければならない。

年度内に未消化の有給休暇があった場合、未消化日数につき当該労働者の1日あたり賃金の300％に相当する金額を支払わなければなりません（企業従業員年次有給休暇実施弁法10条1項）。

では、年度の途中で退職する労働者の未消化有給休暇日数はどのように算定するのでしょうか。

企業従業員年次有給休暇実施弁法12条によれば、以下のとおり定められています。

未消化年次有給休暇日数算定方法

$$\left(\frac{当年度における使用者在籍日数}{365日}\right) \times 当該労働者の年次有給休暇日数 - 当年度における年次有給休暇の消化日数$$

例えば、累計勤務年数12年の労働者が7月31日付で退職する場合、その労働者の当年度在籍日数は1月1日から7月31日までの212日です。また累計勤務年数は12年ですので、当年度年次有給休暇日数は10日です。仮にこの労働者がすでに2日分の有給休暇を取得している場合、具体的な未消化年次有給休暇日数は以下のようになります。

（212日 ÷ 365日） × 10日 － 2日 ＝ 3.8日

そして、具体的な日数の算定にあたっては、小数点以下を切り捨てるため、この場合の未消化有給休暇日数は3日となります。

なお、労働者が有給休暇を取得し、上記計算方法で算出した日数を上回っていた場合であっても、使用者はその分を賃金から控除することはできません。すなわち、上記事例でこの労働者がすでに8日の有給休暇を取得していた場合（この場合、上記計算ではマイナス2日となる）でも、マイナス分を賃金から控除することはできません。

第4節　労働時間・休日・休暇

Q31　未消化有給休暇を繰り越すことはできますか？

1 未消化の有給休暇の扱いについて教えてください。

Point

・労働者に未消化有給休暇が残った場合、使用者は原則として、その日数に応じて1日あたり賃金300％相当額を賃金報酬として支払わなければならない。ただし、労働者の個別同意があれば、翌年度に限り、繰り越すことができる。

　有給休暇は年度内に消化することが原則とされており、未消化有給休暇がある場合、通常、労働者に対して年度を繰り越して取得させることはできません（従業員年次有給休暇条例5条2項）。したがって、年度内に未消化の有給休暇があった場合、未消化日数につき当該労働者の1日あたり賃金の300％に相当する金額を支払わなければなりません（同条3項）。

　もっとも、労働者本人の同意を得て、未消化有給休暇を翌年度に繰り越すことは認められています（企業従業員年次有給休暇実施弁法9条）。なお、労働者の同意は、原則として就業規則等であらかじめ同意する旨を盛り込むだけでは足りず、繰り越し時に個別同意を取り付ける必要があります。

2 福利厚生有給休暇を付与する場合の注意点はありますか？

Point

・福利厚生有給休暇の取扱いは就業規則等の規定に従う。取扱いについて何も定められていない場合、法定有給休暇の規定が適用される可能性がある。

　日系企業では、法定有給休暇とは別に福利厚生として有給休暇日数を追加

付与しているケースが見受けられます。そして、このような福利厚生有給休暇に対しては、就業規則等で法定有給休暇とは異なる取扱いを明記している限り、未消化分に対して買取義務は生じません（企業従業員年次有給休暇実施弁法13条）。また、福利厚生有給休暇については付与条件や取得条件等についても使用者は自由に決定することができます（同13条）。

ここでは、福利厚生有給休暇が当然に法定有給休暇と異なるわけではない点に注意しなければなりません。すなわち、就業規則等で福利厚生有給休暇を付与する旨のみ記載しているような場合、法定有給休暇と同様の規定が適用される可能性があります（同法13条）。この場合、福利厚生有給休暇であっても未消化分に対して買取義務が生じることになります（同条、同10条1項）。

3 有給休暇を年度内に消化させる工夫はありますか？

> **Point**
> ・福利厚生有給休暇を利用して法定有給休暇の取得を促すことが考えられる。

　福利厚生有給休暇の取得条件等は、就業規則等で定めることができます（企業従業員年次有給休暇実施弁法13条）。そこで、例えば「福利厚生有給休暇は、年度内に法定有給休暇を完全に取得したときに与える」等と規定することで法定有給休暇の取得を促し、結果として未消化有給休暇に対する買取義務のリスクを減らすことができます。

Q32　労働者から、体調不良を理由に休暇の申請がありました。どのように対応したらよいですか？

第4節　労働時間・休日・休暇

1 病気休暇制度について教えてください。

> **Point**
> ・労働者が病気にり患または業務外で負傷した場合の病気休暇は法律で定められており、具体的な休暇日数は労働者の勤務年数によって異なる。

　医療期間とは、労働者が病気にり患または業務外の原因で負傷した場合の法定休暇期間をいいます。この期間中、使用者は原則として当該労働者との労働契約を解除または終了させることができません（労働契約法42条3号）。

　また、医療期間中に労働契約期間が満了する場合、労働契約期間は医療期間満了まで自動延長されます（同法45条）。

　そして医療期間は労働者の勤務年数に応じて定められています（企業従業員の疾病または業務外の負傷による医療期間規定3条）。

図表1-16　累計勤務年数に応じた医療期間

累計勤務年数 （前の使用者での勤務年数を含む）	現在の使用者における 勤務年数	医療期間
10年以下	5年以下	3カ月
	5年以上	6カ月
10年以上	5年以下	6カ月
	5年以上10年以下	9カ月
	10年以上15年以下	12カ月
	15年以上20年以下	18カ月
	20年以上	24カ月

※地域により上記とは異なる医療期間を定めている場合があります（例えば、上海市では「企業従業員の疾病または業務外の負傷の医療期間基準に関する規定」があり、入社1年目に3カ月の医療期間が付与され、その後勤務続満1年ごとに1カ月追加〈最大で12カ月〉されます）。

　もっとも、1回の病気休暇のたびに上記医療期間の休暇を取得できるわけ

ではありません。医療期間の算定は、一定期間中の病気休暇日数を累計します。

そして、累計期間は医療期間に応じて異なります。具体的には以下のとおりです（企業従業員の疾病または業務外の負傷による医療期規定の徹底に関する通知）。医療期間の算定は、病気休暇1日目から、対応する**図表1－17**右欄に規定する累計期間における休暇日数を累計して行います。

図表1－17　医療期間と累計期間

医療期間	累計期間
3カ月	6カ月
6カ月	12カ月
9カ月	15カ月
12カ月	18カ月
18カ月	24カ月
24カ月	30カ月

例えば、3カ月の医療期間が認められる労働者が3月5日から1日目の病気休暇を取得する場合、当該労働者の医療期間は3月5日から9月5日までの期間における病気休暇日数を累計して算定します（同通知）。

 医療期間中の労働者に対しても賃金を支払うのですか？

> Point
> ・医療期間中の労働者に対しても使用者は労働者に賃金を支払わなければならない。具体的な金額は会社所在地の地方性法規を確認する必要がある。

医療期間中の賃金に関する規定は、地域によって異なります。主な地域における規定は**図表1－18**のとおりです。

図表1−18　主要地域における医療期間中の賃金に関する規定

地域	医療期間中の賃金に関する規定
北京市	北京市の最低賃金基準の80％を下回ってはならない（北京市賃金支払規定21条）。
天津市	現地の最低賃金基準の80％を下回ってはならない（労部〈1995〉309号59条。天津市の特別規定なし）。
大連市（遼寧省）	現地の最低賃金基準の80％を下回ってはならない（遼寧省人民政府令196号28条）。
青島市（山東省）	累計医療期間6カ月以内の場合：本人前年度平均賃金の70％ 累計医療期間6カ月以上の場合：本人前年度平均賃金の60％ なお、現地の最低賃金基準の80％を下回ってはならず、また当該会社における労働者の前年度平均賃金を上回ってはならない（青人社発〈2015〉32号7条）。
広東省	現地の最低賃金基準の80％を下回ってはならない（広東省賃金支払条例24条）。

なお、上海市における医療期間中の賃金は複雑で**図表1−19**のとおりです（企業従業員の病気休暇管理の強化及び病気休暇期間中の生活保障に関する通知4条）。

図表1−19　上海市における医療期間中の賃金に関する規定

実際の休暇期間	当該使用者における勤務年数	休暇期間中の賃金
6カ月以内	2年未満	本人賃金の60％
	2年以上4年未満	本人賃金の70％
	4年以上6年未満	本人賃金の80％
	6年以上8年未満	本人賃金の90％
	8年以上	本人賃金の100％
6カ月超	1年未満	本人賃金の40％
	1年以上3年未満	本人賃金の50％
	3年以上	本人賃金の60％

3 労働者からの病気休暇申請に対する注意点を教えてください。

> **Point**
> ・原則として病気休暇申請時に医師作成の診断書を提出させ、必要に応じて主治医やその所属病院に真偽を確認することが重要である。

　具体的な病気休暇申請の手続きについて法律では定められていません（上海市では、企業従業員の病気休暇管理の強化及び病気休暇期間中の生活保障に関する通知２条で定められています）。一般的には医師作成の診断書を提出させ、診断書記載の療養日数に応じて休暇を認めるケースが多いといえます。

　この点について、使用者指定の病院への受診を義務付け、それ以外の病院における診断書は受け付けない旨を就業規則で規定する例が散見されます。

　しかし、このような規定は労働者の通院に過度な負担を課すことになり、当該規定は無効であると人民法院で認定されるリスクがあります。診断書の記載や本人の状態等を考慮して、必要に応じて使用者指定の病院を受診するよう指示を出す程度の運用が望ましいといえます。

　また、中国では偽造された診断書が提出されることも珍しくありません。まずは診断書に受診病院の印鑑及び主治医の署名があることを確認する必要があります。そのほか医療費領収書、病歴カード及び挂号単（病院の受付番号票のようなもの）といった資料を提出させることが望ましいといえます。必要に応じて病院を直接に訪問して通院歴を確認したり、主治医に診断内容等を確認することも考えられます。もっとも、この場合、労働者のプライバシーにも配慮して事前に同意を得ておくことが望ましいといえます。

　最後に、病気療養中も労働者本人から適宜状況を報告させたり、定期的に診断書を提出させるといった対応も検討すべきです。

第4節 労働時間・休日・休暇

Q33 労働者から産休の申請がありました。中国では、産休・育休についてどのように定められているのでしょうか？

1 中国の出産休暇制度について教えてください。

> **Point**
> ・出産休暇（産前産後休暇）は原則として98日。もっとも地方によっては追加休暇を認めている。

　女性労働者労働保護特別規定7条によれば、女性労働者が出産する場合、98日の出産休暇を享受し、そのうち産前に15日の休暇を取得できる旨が規定されています。そして、難産である場合や多胎児出産である等の特別な事情が認められる場合、出産休暇の延長が認められています。また、地方によっては出産奨励休暇として出産休暇のさらなる延長を認めています（なお、出産奨励休暇を享受するためには国の二人っ子政策に適合する等の条件を満たす必要があります）。具体的な休暇日数は**図表1-20**のとおりです。

図表1-20　出産休暇日数

	出産休暇				配偶者出産休暇
	基本日数	難産休暇	多胎児休暇	出産奨励休暇	
北京市	98日（うち15日を産前休暇として取得可能）	15日	15日	30日	15日
天津市				30日	7日
上海市				30日	10日
広東省		30日		80日	15日

　出産休暇日数の算定について、労働保険条例実施細則修正草案の規定によれば、出産休暇日数には休日や法定休暇日も含まれており、出産休暇中に休

日や法定休暇日があった場合でも出産休暇を延長することはしない旨が規定されています。当該規定は今なお有効であると考えられていますので、原則的には当該計算方法によって出産休暇日数を算定することになります。

他方、出産奨励休暇日数の計算方法は地方によって異なります。例えば上海市では、出産奨励休暇中に法定休暇日がある場合、その日数分休暇が延長されます（上海市計画出産の奨励と補助に関する若干規定2条）。特別な計算方法が定められていない地域については、出産奨励休暇日数も原則として前述した草案の規定に基づいて算定することになります。

2　出産休暇中の労働者にも賃金を支払う必要がありますか？

> **Point**
> ・使用者が生育保険に加入している場合には原則として生育保険基金から出産手当が支給される。他方、生育保険未加入の場合、使用者が該当女性労働者の出産休暇前賃金全額を支払うことになる。

女性労働者労働保護特別規定8条によれば、使用者が生育保険に加入している場合、女性労働者の出産休暇期間中は出産保険基金から出産手当が支払われます。しかし、使用者が生育保険未加入の場合には使用者自ら手当額を支払わなければなりません。

生育保険基金から支払われる出産手当額は、当該使用者の昨年度の全労働者の平均賃金が基準となります（同条）。もっとも、当該手当額と当該女性労働者の出産休暇前の賃金を比較して、手当額の方が低い場合、差額を使用者が負担しなければなりません。女性労働者にとっては出産休暇前の賃金額が保証されるといえます。

他方、使用者自らが支払う場合、当該女性労働者の出産休暇前の賃金額が基準とされます（同条）。

なお、実務上は、出産休暇、出産手当は地方によって規定内容が様々です。会社所在地の関連法規をしっかりと確認すべきといえます。

3 三期（妊娠・出産・授乳）期間中の女性労働者に対する注意点を教えてください。

> **Point**
> ・使用者は、三期期間中の女性労働者に対する特別の配慮が求められる。

　女性労働者の妊娠期間、出産期間、授乳期間を総称して、一般に三期と呼ばれます。授乳期間とは子どもが満1歳になるまでを指す（女性労働者労働保護特別規定9条）ため、妊娠から起算して約1年10カ月程度が三期といえます。

　使用者は、結婚、妊娠、出産、授乳等を理由に女性労働者の賃金を引き下げ、または労働契約を解除することはできません（同規定5条）。

　この点について、女性労働者が妊娠期間、出産期間、授乳期間中である場合、労働契約法40条または41条に基づいて労働契約を解除することはできません（労働契約法42条4号）が、労働契約法39条に基づく労働契約の解除（いわゆる「懲戒解雇」）は可能です。

　また、三期女性労働者の労働契約期間が満了する場合、その労働契約は三期期間満了まで自動的に延長されます（同法45条）。

Column 14

休暇日数と休日・法定休暇日

中国では様々な休暇制度が法定されています。これら休暇期間中に、休日や法定休暇日がある場合、休暇日数はどのように計算するのでしょうか。

■結婚休暇

法定結婚休暇は3日とされています。また、各地方によって追加休暇が定められています。例えば上海市では7日間の追加休暇が認められています。なお、法定結婚休暇は土日・法定休暇日を含んだ日数であり、また上海市の追加休暇7日とは、土日は含むが、法定休暇日は含まない日数と考えられています。

■生育休暇

女性の生育休暇は原則98日と定められています。生育休暇期間中に土日や法定休暇日があっても、生育休暇は延長されません。すなわち、98日とは、土日・法定休暇日を含んだ日数であると考えられています。

■生育奨励休暇

法定条件を満たす生育休暇に対する追加休暇として、各地方で定められています。上海市の場合30日と定められており、土日は含むが、法定休暇日は含まない日数と考えられています。

■配偶者育児休暇

法定条件を満たす育児休暇に対する休暇として、各地方で定められています。上海市の場合10日です。配偶者育児休暇日数は、土日は含むが、法定祝日は含まない日数と考えられています。

■病気休暇

原則として勤務年数に応じて病気休暇が定められています（上海市は特別規定あり）。病気休暇日数は土日・法定休暇日を含んだ日数であると考えられており、休暇期間中に土日や法定休暇日があっても、病気休暇は延長されません。

Column 15　中国一人っ子政策の終了

　2015年末、これまで長年にわたって続いてきた「一人っ子政策」が廃止されました。中国を代表する制度の1つが廃止されたことは日本でも大きく報道されました。もっとも、ここで注意すべきことは、「一人っ子政策」廃止＝「出産の自由」容認ではない、という点です。中国は「一人っ子政策」を廃止して、1人の女性が2人の子どもを出産することを推奨する制度を新たに制定しました。つまり、「二人っ子政策」を始めたのです。

　どうしてこのタイミングで「一人っ子政策」が廃止されたのかといえば、中国でも急激に高齢化が進み、将来の労働人口を確保する必要が生じたためといわれています。また、「一人っ子政策」の廃止と並行して、定年年齢を引き上げることで労働人口を増やそうとする動きも出ています。

　「一人っ子政策」の廃止によって中国の労働法制も大きく影響を受けました。

　第一に、結婚休暇の日数に変更がありました。これまで中国政府は、24歳以上の初婚女性を「晩婚」と定義し、晩婚女性に対して通常の結婚休暇に追加して晩婚休暇が付与されていました。しかし、今回の「一人っ子政策」廃止に伴い「晩婚」という定義自体が廃止され、晩婚休暇もなくなりました。

　第二に、出産休暇の日数も変更されました。「晩婚」と同様に、24歳以上の女性が第一子を出産する場合を「晩育」と定義し、晩育女性に対して通常の出産休暇に追加して晩育休暇が付与されていました。これについても「一人っ子政策」廃止に伴って「晩育」という定義自体が廃止され、晩育休暇もなくなりました。

　では、晩婚休暇及び晩育休暇が完全になくなったのかといえばそうではありません。「二人っ子政策」のもとで、年齢に関係なく原則としてすべての女性に対してこれらの休暇日数と同日数の奨励休暇が付与されることになりました。つまり、これまで晩婚の定義に該当しなかった女性労働者も晩婚休暇を取得したのと同日数の結婚休暇が付与されることになりました。なお、出産休暇について、従来の晩婚休暇と同様の奨励休暇を得るためには、中国政府の出産計画等に従って子どもを出産する必要があります。

　今後は、出産休暇を取得する女性労働者の増加が見込まれます。会社としては、しっかりと出産休暇関連の規定を整備する必要があるといえます。

第5節
職場規律・懲戒

Q34 懲戒処分として罰金制度を設けることはできますか？

1 罰金制度を規定することは合法ですか？

> **Point**
> ・中国では罰金制度を設けている使用者は決して珍しくない。しかし、地域によっては罰金制度を禁止しており、注意が必要となる。

　中国では就業規則等で「罰金」（中国語では「罰款」等という）制度を設けている使用者は決して珍しくありません。日系企業の中国現地法人においても就業規則に「罰金」制度を規定している例が散見されます。

　しかし、これまで罰金制度の根拠とされた企業従業員賞罰条例は2008年に廃止されており、それ以後の罰金制度の導入・維持は慎重に検討すべきです。

　賃金支払暫定規定15条では、使用者は労働者の賃金を不当に控除してはならないと規定しています。また「罰金」制度が労使間における違約金の約定であると解釈される場合、違約金の約定を原則として禁止している労働契約法25条に違反する可能性が高いといえます。他方、労働者本人の原因により使用者に経済的損害を与えた場合、労働契約の約定に基づいて、損害賠償として労働者の賃金から控除することは認められています（賃金支払暫定規定16条）。なお、この場合でも毎月の控除額は当該月額賃金の20％を超えてはならず、かつ支給額は最低賃金を下回ってはなりません（同条但書き）。

　では懲戒処分としての「減給」は可能でしょうか。

　この点について、《日本》労働基準法91条では、「労働者に対して減給の制裁を定める場合」における上限を規定しており、減給処分を当然に認めてい

ます。

　しかし、口国において、地方性法規（例えば深圳市従業員賃金条例34条等）を除いて労働者に対する減給処分を肯定する明文の規定はありません。賃金支払暫定規定に関する問題の補充規定（3）において「法により締結した労働契約に明確に規定されている場合」における賃金減額は、賃金の不当控除に該当しないと規定されていますが、使用者の経済的損失と関係ない減給制度は中国では違法と判断される可能性が高いと考えられます。

　また、地域によっては、法律の根拠に基づかない労働者に対する経済的処分を禁止しており（広東省労働保障監察条例51条）、注意が必要です。この場合、法律上の根拠なく、罰金・減給を行うことは許されないと考えられます。

　なお、遅刻、早退、欠勤に対する賃金控除は、ノーワークノーペイの原則から就労しなかった時間に相当する賃金減額として妥当であると考えられますが、不就労時間に対応する賃金額を超えた部分については減給または罰金処分と判断される可能性があります。

2　罰金制度の代替制度として考えられる工夫があれば教えてください。

> **Point**
> ・規定違反等の問題行為があった場合に罰金を課すのではなく、規定違反等の行為がなかった場合に手当を支給する制度は検討に値するといえる。また、これら問題行動の有無を昇給や賞与の考慮要素とすることも考えられる。

　例えば遅刻・早退・欠勤等に関してみれば、遅刻等があった場合に罰金として労働者の賃金から一定額を控除するのではなく、むしろ無遅刻・無欠席・無早退の労働者に対して皆勤手当を支給するという方法が考えられます。

　その他にも、昇給や賞与の算定にあたって、問題行動の有無等を考慮する制度も考えられます。

第1章　中国の労働法

Q35　勤務中に使用者のパソコンで株取引をしている労働者がいます。どのように対応したらよいでしょうか？

1　職務専念義務違反を理由に、労働者に懲戒処分を与えることはできますか？

> **Point**
> ・労働者は使用者に対して職務専念義務を負っている。まずは口頭や書面等で注意し、状況に応じて懲戒処分を検討することになる。

　労働者は、労働契約を締結することで、使用者に対して勤務時間中は使用者の指揮命令に服し、職務に専念する義務を負うと考えられています。実務的にも日系企業の多くは就業規則において職務専念義務を定めています。

　したがって、労働者が使用者の承認なく、使用者の業務用機器を業務外の私的な用事のために利用することは職務専念義務に違反するといえます。

　もっとも、利用頻度や内容によっては直ちに懲戒処分等を行うほどに重大な事態ではない場合もあります。

　そこで、まずは口頭や書面等で注意し、それでも労働者が私的利用を繰り返す場合には就業規則に規定されている懲戒事由や処分内容に照らして懲戒処分を検討することになります。

2　職務専念義務と就業規則への記載について教えてください。

> **Point**
> ・抽象的な職務専念義務を明記するだけでなく、できる限り具体的な行為を列挙することが重要といえる。少なくともパソコンやスマートフォンの利用規定を作成し、周知徹底することが望ましい。

使用者の業務用機器の私的利用を防止するためには、社内規定でパソコンやスマートフォンの利用規定をしっかりと策定することが重要です。中国では、明確な社内ルールがない場合、備品の私的利用に対する規範意識が比較的低い傾向にあります。上司から注意されなければ、問題のない行為であると考え行為がどんどんエスカレートしていくこともあります。使用者としての許容範囲を意識しながら、状況に応じて毅然とした態度で注意をすることが必要です。その際、使用者の業務用機器を私的な用事で使用することは職務専念義務に違反する行為であり、会社規則に違反するものであることをしっかりと説明することが重要です。そして職務専念義務に違反する行為に対してどのような処分があるのか、労働者に周知徹底しておくことが望ましいといえます。

　これらの行為が問題行為であることを労働者に理解させるために、少なくともパソコンやスマートフォンの利用規定を策定するべきです。

　なお、このような点に関する社員教育は日本と比べて相当な根気が求められます。また、数年で責任者が異動することの多い日系企業において、社内ルールを根付かせるためには使用者が意識して対応する必要があります。

Q36　不正行為が疑われる労働者の調査にあたり、使用者貸与のパソコンを調査することはできますか？

1　懲戒処分の検討と事実確認の方法について教えてください。

> **Point**
> ・懲戒処分を検討するにあたっては、労働者が使用者貸与のパソコンを私的利用していることの客観的証拠を確保することが重要である。

　労働者が使用者の承認なく、使用者の業務用機器を業務外の私的な用事のために利用することは職務専念義務に違反するといえます。

したがって、利用頻度や態様に応じて懲戒処分を検討する必要があります。

直ちに懲戒解雇とする場合、違反行為の内容等を考慮し、法定解雇事由（労働契約法39条）に該当するといえるか慎重に検討することが重要です。

また、就業規則等に懲戒処分の具体的な手続きが定められている場合には、その手続きを遵守しなければなりません。

なお、客観的な証拠なく労働者を注意・懲戒処分する場合、労働者から私的利用はしていないと反論され、使用者として注意や懲戒処分が十分にできない可能性もあります。特に中国では労働者が素直に非を認めるとは限りません。この点から、就業規則に具体的な手続きが明記されていない場合であっても事前に十分な事実確認が必要です。

2 パソコン等の私的利用を調査する際の注意点について教えてください。

Point

・事実確認のためパソコン等の使用状況を調査する必要性を踏まえ、労働者のプライバシーに配慮した確認方法等を検討する必要がある。就業規則等に使用者による調査が可能である旨を規定しない場合には、特に労働者のプライバシーに対する配慮が求められる。

パソコン等の利用状況を調査するにあたって、仮に使用者所有の業務用機器を労働者に貸与している場合でも、これを利用している労働者のプライバシーに配慮する必要があります。

この点について、就業規則等の会社規則にあらかじめ、使用者は業務用機器の利用状況を調査することができる旨を規定している場合、労働者は当該業務用機器を利用するにあたって自己の利用状況が使用者に監視されることを認めているといえます。このような場合、使用者は就業規則等の定めに従って、原則として労働者の利用状況を調査することが可能です。

他方、就業規則等に何らの規定も定められていない場合、労働者のプライバシーに配慮し、調査の必要性と手段の相当性が認められる限り、調査は可

能と考えられます。

Column 16 中国子会社の現地化とは

　日本人出向者ゼロ＝「現地化」と考えてはいないでしょうか。
　これまで多くの日系企業は、中国子会社の経営管理権限や責任を日本本社に集中して、日本本社が意思決定を行う仕組みを採用してきました。しかし、このような管理方式では、本社が日々のオペレーションにまで関与するため、どうしても意思決定が遅くなり、事業機会を喪失するというデメリットがありました。
　そこで、中国のビジネススピードについていくため、経営に関する権限を委譲し、現地が責任をもって業務を遂行する「経営の現地化」が課題として認識されるようになりました。
　そして、日系企業の多くは、現地化の手段として、日本人出向者を削減することから始めようとします。しかし、海外子会社の「経営の現地化」とは、必ずしも現地スタッフに経営を任せることを意味しません。日本本社から独立して、海外子会社の責任と権限のもと中国事業を展開することが目的であり、その経営責任者の国籍は無関係であるはずです。中国人だからといって中国において上手くビジネスができる保証はありません。自社の中国ビジネスを展開するうえで、誰が責任者として適切であるか、という観点から選べばよいだけです。
　他方で、日系企業による海外子会社の「経営の現地化」は順調に進んでいるとはいえません。形式上は海外子会社に権限を委譲しているように見えても、実質的には本社が意思決定を行っているケースが多く散見されます。また、日本人出向者をゼロとすることは成果としてわかりやすいため、現地化が成功したことをアピールする手段として用いられています。人件費削減を海外企業の「現地化」と混同してしまうケースもあります。

第1章　中国の労働法

失敗事例4　社内調査で労働者の持ち物チェックができなかった事例

　中国では労働者の不正行為疑惑に対する事実確認・調査に関する相談が非常に多いです。他方で、使用者による調査や事実確認に関する社内規定を設けている日系企業は非常に少ない印象を持っています。
　就業規則に社内調査の根拠等を記載していないことから、労働者から十分な調査協力を得られなかったケースも少なくありません。
　例えば、労働者の不正行為に関する調査の過程で、実際に不正が疑われる労働者のデスク周りを調査しようとしたところ、この労働者が明らかに不自然な反応を示し、自分の机の中からUSBメモリースティック等を取り出して握りしめていました。これに対して、会社責任者らは、この労働者に何度も手元の資料を見せてほしいと告げましたが労働者は頑として拒否しました。労働者は手元の資料は親戚の会社に関する資料である等と述べ、最後まで開示を拒みました。この会社には、労働者の調査協力義務等に関する規定が一切整備されておらず、労働者から無理やりに資料等を奪い取るわけにもいかないため、手元資料を確認できないまま、その労働者を解放したケースがありました。
　会社規則がしっかりと整備されていて、会社責任者としても毅然とした態度を取ることができていれば、結果は異なっていたかもしれません。

第6節
解雇・退職

Q37 労働者から、「明日退職する」と言われました。来週この労働者が担当してきた大きな商談があります。どうしたらよいでしょうか？

1 労働者による労働契約の解除について教えてください。

Point

・労働者はいつでも労働契約を解除することができる。特別な理由がない場合、試用期間中でない限りは退職を申し出た日から30日を経過することで労働契約解除の法的効果が生じることになる。

労働者は、いつでも自由に使用者との労働契約を解除することができます。中国では、労働者による労働契約の解除が、予告通知の有無によって2通り規定されています。

1 予告通知解除（労働契約法37条）

労働者が書面をもって労働契約解除を使用者に通知すれば、その30日後に労働契約解除の法的効果が生じます。なお、労働者が試用期間中である場合は、書面通知から3日後に労働契約解除の効果が生じます（労働契約法37条）。

労働者による労働契約の予告解除については、解除理由に制限がありません。労働者は理由を問わず自由に労働契約を解除することができます。

2 即時解除（労働契約法38条、労働契約法実施条例18条）

使用者に次の事由が認められる場合、30日前の予告通知なく、労働者は労

働契約を直ちに解除することができます。
- 労働契約の約定どおりに労働保護または労働条件を提供しないとき
- 労働報酬を遅滞なく全額支払わないとき
- 法に従い労働者のために社会保険料を納付しないとき
- 会社規則制度が法律、法規の規定に違反しており、労働者の権益を侵害したとき
- 詐欺、強迫の手段を用いてまたは人の危急に乗じて、労働者の意思に反する状況下で労働契約を締結または変更させたとき
- 労働契約の中で使用者が自らの法定責任を免除し、労働者の権利を排除したとき
- 暴力、強迫または人身の自由を不法に制限する手段を用いて、労働者に労働を強要したとき
- 国家の安全関連法令に違反して労働者に危険な作業を指示または強制し、これによって労働者の身体の安全を脅かしたとき
- 法律、行政法規の規定する労働者が労働契約を解除できるその他の事由があるとき

2 労働者の自主退職に対する実務的な対応について教えてください。

> **Point**
>
> ・労働契約解除を申し出てきた労働者と協議の上、退職を思いとどまらせることができない場合、遅くても退職申し出から30日を経過することで労働契約終了の法的効果が生じる。この場合、使用者は速やかに退職手続きを行わなければならない。

　労働者から労働契約解除の申し出があった場合、使用者の反応は、大きく以下の2つに分かれるものと思われます。つまり、①その労働者を引き留めたいと思うか、②退職を容認する（場合によっては歓迎する）か、です。以下、2つの場合に分けて説明します。

1　労働者を引き留めたい場合

　書面による労働契約解除の申し出を受けた場合、まずその理由を確認する必要があります。試用期間中の労働者ではなく、かつ即時解除の事由に該当しない限り、直ちに労働契約解除の効果が生じるわけではありません。

　そして、労働契約解除の効果が生じる前までに本人を説得することになります。

　もっとも、労働契約解除の申し出から30日を経過しても労働者の退職の意思が変わらない場合、使用者は速やかに退職手続きを取らなければなりません。

　なお、実務上は、引き継ぎ作業等の必要があるため、労働者を説得する期限は、労働契約解除の通知を受け取ってから30日よりも短いといえます。

　そして本事例のように、退職申し出の翌週に行われる重要な商談にこの労働者を同席させるか否か、という点は非常に悩ましい問題です。

　なお、本事例では、労働者が申し出の翌日に退職したいと主張していますが、労働契約終了の法的効果は、申し出後30日を経過することで生じるものです。したがってこのような申し出は単なる希望にすぎず、使用者はこれに応じる必要はありません。本人が出社してこない場合、使用者としては損害賠償等を検討すべきといえます。

2　退職を容認（場合によっては歓迎）する場合

　労働契約の即時解除となる場合を除いて労働者から労働契約解除の通知を受けた場合で、使用者としてもこれを受け入れるとき、速やかに退職届の受領書を相手に交付し、具体的な退職日について協議をすることが望ましいといえます。労働者から一方的に労働契約解除の通知をしただけで、使用者が何の反応もしない場合、労働者が退職の意思表示を撤回する可能性が残ります。早々に労働者の退職の事実を確定させるためにも受領書の返送や具体的な退職日の確定が重要といえます。

　なお、労働契約法によれば、自主退職の場合には経済補償金は支払われませんが、使用者の退職勧奨による退職の場合は経済補償金が支払われます（労働契約法46条）。そのため、労働者のなかには、積極的に就労を続けたいと思

わない（状況によっては退職したいと思っている）が、自主退職では経済補償金がもらえないため、使用者から退職勧奨または解雇を待っているような状況も散見されます。このような労働者は一般に労働意欲も低く、業務効率も悪いため、その対応は非常に悩ましい問題といえます。

Q38 労働者から、「来月で退職する」と言われました。幹部候補として日本で技術研修を受けさせ、帰国した矢先のことです。どうしたらよいでしょうか？

1 退職した労働者に研修費用の返還を求めることはできますか？

Point

・使用者が労働者に対して専門技術訓練を実施した場合、労使間で服務期（当該会社での勤務を義務付ける期間。以下同じ）を約定することができる。労働者が服務期に違反して退職した場合、使用者は違約金を請求することができる。

　使用者が費用を負担し、労働者に対して専門技術訓練を実施した場合、労使間で服務期を約定することができます（労働契約法22条）。服務期の長さについて、法律上の明文はなく、労使間の合意で決することになります。しかし、あまりに長い服務期を約定することは許されず、合理的な期間であることが求められます。

　ここでいう「専門技術訓練」とは、労働者に対して通常行うような日常的研修（労働法68条）では足りず、選抜した労働者を対象に、高度な専門的業務を担当させることを目的とした特別な訓練をいうと考えられています。日常的な研修に比べて長期間にわたり、必要に応じて海外で実施されるため、研修関連費用（交通費、宿泊費含む）が高額となる傾向にあります。

　そして、労働者が服務期に違反して退職した場合、労働者は約定に従い違

約金を支払わなければなりません（同条）。

2 服務期に違反して退職した労働者に請求できる違約金額について教えてください。

> **Point**
> ・違約金額は、使用者が負担した研修関連費用を超えてはならない。実際に請求できる金額は、服務期の未履行部分に応じて算出された金額となる。

　労働者が服務期の約定に違反して退職した場合の違約金は、使用者の負担した研修費用を超えてはいけません（労働契約法22条）。また、具体的に請求できる金額は、約定した違約金額から、服務期のうち労働者が履行した割合に応じた分を控除する必要があります（同条）。

　すなわち、服務期の日数で訓練関連費用を除し、服務期の残日数に応じた金額を請求することができます。

　例えば、服務期を2年と約定し訓練関連費用が3万人民元であった場合、仮に労働者が服務期をあと1年残して退職したときは、使用者はこの労働者に対して1万5,000人民元を違約金として請求することができます。

　なお、違約金の逓減計算方法は労使間で別途契約することも可能であると考えられています。他方、試用期間中の労働者が退職する場合、使用者はこの労働者に研修費用の支払いを求めてはいけないと考えられており、注意が必要です（これまで根拠とされてきた「試用期間内における労働契約解除の処理に関する解答書簡3条」が失効したため、具体的な運用は会社所在地を管轄する労働行政部門に確認する必要があります）。

Column 17

案件を通じて感じた中国人労働者との信頼関係を築くための工夫

　中国人労働者に非常に愛されている日本人経営者は数多くいます。実際に私が担当した日系企業による中国からの撤退事例を紹介します。この日系企業はこれまで10年以上にわたって中国に工場を有していました。しかし、日本本社も含めて既存事業からの撤退を決め、中国の現地法人を清算する決断をしました。これに伴い、中国現地法人の全労働者に対して工場閉鎖を通知するとともに合意退職を提案しました。このときに労働者に提示した経済補償金額は法定通りの金額で、そのうち6割は1週間以内に支払うが、残額については1カ月後になるというものでした。当初の予想は、労働者たちとの交渉は決して簡単ではない、というものでしたが、結果的には説明会を実施した日の午前中に全労働者（30数名）から合意退職の署名を得ることができました。さらに驚いたことに、その日の夜、全労働者が日本人経営者を含む経営幹部を招待して夕食会を行ったのです。最後に全労働者と一緒に撮影した写真が残っているのですが、そこに映っている労働者の表情は会社から退職通告を受けた日とは思えないほど晴れやかでした。

　この事例を聞いて、皆さんはどのように思うでしょうか。おそらく多くの方が中国人労働者に持つイメージは、いわゆるゴネ得を狙い、日系企業による中国からの撤退時に少しでも多額の経済補償金を会社からむしり取るために騒ぎたてる姿でしょう。

　しかし、当然ながらすべての中国人労働者がそうではありません。では、この日本人経営者がこれほどまでに愛された理由は何でしょうか。

　当たり前かもしれませんが中国人労働者に対する誠実な態度です。しっかりと労働者のことを考えて素直にそれを表現すること、その積み重ねが労働者との信頼関係を生むのです。これは労働者を甘やかすことを意味しません。時には厳しい決断をしなければならないこともありますが、労働者のことを考えているのか、という点は様々な点に現れ、労働者はしっかりとそれを感じ取ります。「法律には違反していないのだから会社の行為は正当だ」という一方的な態度では、労使間で信頼関係を得ることは難しいでしょう。

　数日だけの短期間ですが、そこで見た日本人経営幹部らの労働者との接し方

第6節　解雇・退職

からは、日ごろから中国人労働者に話しかけ、業務とは関係のない話をする等コミュニケーションを取り、時には一緒に食事をする等、苦楽を共にしてきたのだということが伝わってきました。
　中国人労働者との信頼関係を築くための工夫は決して特別なものではなく、日本の場合と大きく異ならないといえるでしょう。

Q39　労働者を解雇する予定です。本日付で本人をいきなり解雇することはできますか？　解雇の注意点を教えてください。

1　中国における解雇事由について教えてください。

> **Point**
> ・法律で定められた解雇事由以外の理由で労働者を解雇することは許されない。

　中国では、法定の労働契約終了事由以外の契約終了事由を労使間で約定することは許されていません（労働契約法実施条例13条）。したがって、使用者が労働者を解雇する場合、法定の解雇事由に該当する必要があります。労使間で約定した解雇事由に基づいて労働者を解雇する場合、違法解雇と判断される可能性があります。
　では、どのような解雇事由が法定されているのでしょうか。労働契約法は、解雇の種類を①普通解雇、②即時解雇及び③整理解雇に分けて規定しています。以下、詳細を説明します。

1　普通解雇（労働契約法40条）
　以下の事由のいずれか1つに該当する場合、使用者は30日前までに書面により労働者本人に通知するか、または労働者に対し1カ月の賃金を別途支給

した後、労働契約を解除することができます。
(1) 労働者が疾病にり患または業務外の負傷により、規定の医療期間満了後に元の業務に従事できず、使用者が手配した他の業務にも従事できない場合
(2) 労働者が業務に堪えることができず、訓練または職務調整を経た後もなお業務に堪えることができない場合
(3) 労働契約の締結時に依拠した客観的な状況に重大な変化が生じたことで労働契約の履行が不可能となり、使用者と労働者が協議を経ても労働契約の内容変更について合意できなかった場合

2　即時解雇（労働契約法39条）

労働者が以下の事由のいずれか1つに該当する場合、使用者は労働契約を解除することができます。
(1) 試用期間中に採用条件を満たしていないことが証明された場合
(2) 使用者の規則制度に著しく違反した場合
(3) 重大な職務怠慢または私利のために不正を行い、使用者に重大な損害を与えた場合
(4) 労働者が同時にその他の使用者と労働関係を構築し、本使用者の業務の完成に重大な影響を与えた場合または使用者が異議を申し立てた後も是正を拒否した場合
(5) 本法26条1項1号に規定された事由により労働契約が無効となった場合
(6) 法により刑事責任を追及された場合

3　整理解雇（労働契約法41条）

以下の事由のいずれか1つに該当し、20人以上または企業労働者総数の10％以上の労働者を削減する必要がある場合、使用者は30日前までに工会または全労働者に対して状況を説明し、工会または労働者の意見を聴取した後に、人員削減案を労働行政部門に報告した上で人員削減を行うことができる。
(1) 企業破産法の規定によって企業再生を行う場合

（2） 生産経営に重大な困難が生じた場合
（3） 生産転換、重大な技術革新または経営方式に調整があり、労働契約変更後においてなお人員削減が必要である場合
（4） その他の労働契約締結時に依拠した客観的な経済状況に重大な変化が起こり、労働契約の履行が不可能となった場合

労働者を解雇する場合、上記解雇事由のいずれに該当するのかを検討しなければなりません。

また、解雇の効力が争われる場合、解雇事由を証明する責任は使用者が負担します（労働争議案件の審理における法律適用の若干問題に関する解釈13条）。

したがって、使用者は解雇事由を証明する証拠も合わせて残しておく必要があります。

2 解雇の手続きについて教えてください。

> **Point**
> ・普通解雇（労働契約法40条）の場合、30日前の書面予告または1カ月分の賃金を支払う必要がある。また、原則として解雇前の工会への通知も必要である。

解雇手続きで注意が必要な点は①予告通知と②工会への事前通知です。

まず予告通知について、普通解雇の場合、原則として30日前の書面予告が必要です（労働契約法40条）。もっとも、解雇予告期間は1カ月分の賃金を支払うことで不要となり、この場合は直ちに労働者を解雇することができます（同条）。

次に解雇前の工会への通知について、普通解雇・即時解雇を問わず、使用者が労働者を解雇する場合、工会に対して解雇理由を事前に通知しなければなりません（同法43条）。使用者は、事前通知を行えば足り、工会の同意を得ることまでは不要です。社内に工会が組織されていない場合、会社所在地を

管轄する上級工会に通知する必要があると考えられています。通知を受けた工会は、使用者に法令違反等があると認める場合にはその是正を求める通知を発することができます。この場合、使用者としては、工会の通知内容を考慮して解雇するか否かを決定し、その結果を工会に改めて通知することになります。

なお、使用者が工会への事前通知を怠った場合、解雇は無効であると人民法院において判断される可能性があります。

Column 18

１カ月の解雇予告期間中に労働者が病気休暇を取得した事例

中国で労働者を普通解雇する場合、法律上は原則として１カ月前の予告が必要です（労働契約法40条）。そして、その間に業務の引き継ぎや有給休暇取得を命じるケースが散見されます。しかし、解雇の場合に限らず、契約期間満了による場合等、労働契約の終了時には注意しなければならないことがあります。

中国では、病気休暇期間中や妊娠中の労働者との労働契約を終了することができません（同法42条）。例えば、労働者を解雇した後に、実は解雇前にこの労働者が妊娠していたことが発覚した場合、その解雇は無効となってしまいます。また、病気休暇期間中の労働者との労働契約期間は、法定病気休暇期間満了まで自動的に延長されます（同法45条）。

この制度を活用して労働契約終了直前に病気休暇を取得しようとする労働者は決して珍しくありません。

このような労働者に対して使用者はどうすべきなのでしょうか。

まずは提出された診断書の真偽を確認することが重要です。中国ではまだまだ診断書の偽造が少なくありません。また患者の言うがままに必要以上の休養を要すると診断する医師も皆無とは言い切れません。使用者としては必要に応じて主治医に直接問い合わせる等、適切な対応を心掛けるべきです。なお、このような対応の前提として、会社規則類の整備等が重要であることはいうまで

もありません。

　また法定病気休暇期間中の労働者の待遇についても労働契約書や就業規則等で明確にすべきです。この点を工夫せず、病気休暇中の労働者に過剰な高待遇を用意することは、労働者が病気休暇を取得することを誘引する要素の１つとなります。

　もちろんこのような対応や制度構築の趣旨は悪意の病気休暇取得を抑制することであって、本当に病気療養が必要な労働者の休暇まで奪うことのないように注意が必要です。

Column 19

中国の工会と労働組合

　中国の「工会」は日本でいう「労働組合」であると紹介されることがあります。しかし、中国の「工会」と日本の「労働組合」は似て非なるものです。したがって、中国の「工会」を労働組合と呼ぶことは誤解を生む原因といえます。

　では「工会」とはどのような組織なのでしょうか。

　まず「工会」は労働者が集まって組織するものです（工会法２条）。また、労働者を代表し、労働者の利益を擁護することが工会の基本的な責務です（同法２条、６条）。

　そして、工会は、使用者の労働者に対する行為が適切でないと認める場合、使用者に意見を提出したり（工会法21条、24条、27条、労働契約法43条等）、是正を求める（工会法19条、22条等）ことができます。さらに、工会には、使用者が労働者の合法的権益を侵害する問題を調査する権限も認められています（同法25条）。

　このように、工会は、労働者の権益を保護するために、使用者に対するチェック機能を有することで使用者の行為をけん制する役割を果たしているといえます。

　日本の「労働組合」が法律上の保護を受けるためには、役員等の使用者の利益代表者が参加してはならず、また使用者から金銭的援助を受けてはならない

とされています(《日本》労働組合法2条)。しかし、工会の構成員には管理職・非管理職といった区分は設けられておらず、労働者であれば誰でも加入することができます。また、使用者から金銭的な援助を受けることを当然に予定しています。

このように、工会は、使用者からの独立性・自主性を厳格に求められていません。このことから、工会は、労働者に対する啓蒙活動を行い、労働者を業務上の任務達成に努めさせたり(工会法7条)、ストライキ等発生時の秩序回復にあたって使用者に協力する責務(同法27条)を有し、労使間の橋渡し的な役割も期待されています。

以上より、工会は多様な責務と権利を有しており、日本の労働組合とは大きく異なるといえます。

Q40 使用者のお金を横領していた労働者を解雇することはできますか?

1 解雇を検討するときの一般的な確認事項について教えてください。

Point

・労働者の解雇を検討する場合、①法定解雇事由に該当するか、②予告通知または解雇予告手当は必要か、③経済補償金の支払いは必要か、といった事項を少なくとも確認する必要がある。

労働者を解雇するためには法定解雇事由に該当する必要があります。法定解雇事由は労働契約法39条、40条及び41条に明示されています(具体的な事由はQ39参照)。そのうち同法40条に記載された解雇事由に基づいて労働者を解雇する場合、予告通知または解雇予告手当を支払う必要があります。また、同法40条及び41条に基づいて労働者を解雇する場合には経済補償金を支払わなければなりません。

そして、本件に関連する主な解雇事由としては、労働者が会社規則に著しく違反した場合（同法39条２号）または不正行為によって使用者に重大な損害を与えた場合（同条３号）が考えられます。したがって、本件において労働者の行為がこれらの法定解雇事由に該当する場合、使用者は当該労働者を解雇することができます（法定解雇事由についてはQ39参照）。また、前述のとおり、同法39条２号または３号を理由とする解雇の場合、予告通知や解雇予告手当の支払いは不要です。さらに、この場合、経済補償金を支払う必要もありません。

2 横領が疑われる労働者への対応について教えてください。

> **Point**
> ・まずは客観的な事実を確認する必要がある。不正が疑われる労働者にいきなりヒアリングを行う場合、証拠を隠されてしまい事実確認ができなくなる可能性が高いといえる。

横領等の不正行為が疑われる場合、まずは客観的な事実を確認する必要があります。そして、確認された事実に基づいた労働者への対応を検討することになります。不正行為の疑いが強い場合でも、その事実を確認できなければ、使用者として処分を行うことに慎重になる必要があります。

そして、このような不正調査における対応として、本人に真っ先にヒアリングを行うケースが非常に多く見受けられます。しかし、使用者として明確な証拠もないまま本人にヒアリングを行っても、その回答が嘘であるか否かを検証することはできません。また、疑われていることに気付いた労働者が不正行為の証拠を隠滅してしまうことも十分に考えられます。そして、中国における不正行為の多くは複数人による癒着によって引き起こされています。そこで、不正行為に関係した複数人が口裏を合わせてしまえば、使用者による事実確認は困難となってしまいます。客観的な事実を確認できない以上、使用者は本人の説明を受け入れるしかなく、厳格な処分を行うことも難

しくなってしまいます。

懲戒処分の前提となる事実確認の順番としては、まず客観的な資料を確認して証拠を集め、本人へのヒアリングは最後に行うことが重要といえます。

Q41 能力不足の労働者を解雇することはできますか？ 注意点について教えてください。

1 能力不足と法定解雇事由について教えてください。

> **Point**
> ・能力不足を理由とする解雇は法律で認められている。もっとも、能力不足の労働者に対して直ちに解雇することは許されず、解雇の前に必要な訓練や配置転換等の措置をとらなければならない。

中国では労働者の能力不足は解雇事由として明文化されています（労働契約法40条2号）。具体的には「労働者が業務に堪えることができず、訓練や職務調整を行った後もなお業務に堪えることができない場合」に解雇が認められています。したがって、労働者が能力不足であるからといって、訓練や職務転換といった措置をとらずに直ちに解雇することは許されません。

では、具体的にどのような訓練（教育指導）をすべきなのでしょうか。

まず、労働契約法40条2号で定められている「訓練」は、労働者を求められる職務遂行レベルにまで引き上げることが目的となります。したがって、訓練内容や期間等は、労働者の職務遂行レベルを引き上げるために合理的なものでなければなりません。

また、「業務に堪えることができない」場合とは、労働契約書に約定した業務または同一職務若しくは同一職種の労働者の作業量を、使用者の要求に応じて達成することができないことをいいます（労働法の若干条文の説明26条）。したがって、労働者が「業務に堪えることができない」といえるために

は、事前に労働者に求められる職務遂行レベルを明確にしておくことが重要といえます。

なお、使用者が故意にノルマを引き上げ、労働者の作業完成を妨げることは許されません（同条）。

2 能力不足解雇を検討する際の注意点について教えてください。

> **Point**
> ・労働者の能力不足を証明する記録を残す必要がある。また、能力不足を理由とする解雇の場合、使用者は経済補償金を支払わなければならない。

労働者を解雇する場合、労働者が法定解雇事由に該当することは使用者が証明しなければなりません（労働争議案件の審理における法律適用の若干問題に関する解釈13条）。そして、能力不足を理由とする解雇の場合、日々の業務上のミスや問題行動等を証明する必要があります。しかし、使用者にとってこれらを証明することは容易ではありません。そのため、能力不足を理由に労働者を解雇する場合、事前に周到な準備が求められます。例えば①具体的なミスや問題行動を記録し、②これに対して求める職務遂行レベルを明確に提示したうえで注意指導を繰り返し、③職務遂行レベルを向上させるための訓練や職務変更を実施します。そして、その後も④具体的なミスや問題行動があればしっかりと記録に残すことが必要です。

なお、現実的には、能力不足の労働者に業務を任せることができず、結果としてほとんど業務を与えない状況となっていることも多いといえます。しかし、これではいつまでたっても労働者を解雇することができず、他の労働者の士気にも影響しかねません。能力不足の労働者対応は労力を要することが多いのですが、決して無視することはできない問題です。

また、労働者の能力不足を理由とする解雇の場合、使用者は経済補償金を支払わなければなりません（労働契約法46条3号）。なお、試用期間中に採

用条件に符合しないことを理由とする解雇（同法39条１号）の場合には経済補償金の支払いは不要です。中国の法律上、試用期間は最長でも６カ月とされ、延長は許されないため（同法19条）、労働者の職務遂行能力の評価に十分な時間が確保されているとはいえませんが、できる限り試用期間中にこれを判断する仕組み作りが重要といえます。

Q42　使用者の取引先から不正にリベートをもらっていた労働者を解雇することはできますか？

1　不正なリベート受領と法定解雇事由について教えてください。

> **Point**
> ・労働者の行為が法定解雇事由に該当する場合に解雇が認められる。そして、中国では労働者による会社規則の著しい違反を理由とする解雇が認められている。また、労働者が背任行為により使用者に重大な損害を与えた場合も解雇事由となる。

　労働者を解雇するためには法定解雇事由に該当する必要があります。そして、本件に関連する主な解雇事由としては、労働者が会社規則に著しく違反した場合（労働契約法39条２号）、または不正行為等によって使用者に重大な損害を与えた場合（同条３号）が考えられます。労働者の行為がこれらの法定解雇事由に該当する場合、使用者は当該労働者を解雇することができます。

　また、労働契約法39条２号または３号を理由とする解雇の場合、予告通知や解雇予告手当の支払いは不要です。さらに、この場合は経済補償金を支払う必要もありません。

2 会社規則の著しい違反または背任行為を理由に解雇する場合の注意点について教えてください。

> **Point**
>
> ・会社規則に著しく違反した場合または背任行為により使用者に重大な損害を与えた場合はいずれも解雇事由となる。もっとも、会社規則の「著しい」違反または「重大な」損害に該当するか否かは慎重に検討すべきである。

　中国で労働者を解雇する場合、法定解雇事由に該当しなければなりません。これは、労働契約法実施条例13条において、労使間で法定労働契約終了事由とは異なる契約終了事由を約定することが禁止されているため、法定解雇事由とは異なる理由によって労働者を解雇することは許されないと考えられているからです。

　そして、中国の法定解雇事由は日本と比べれば細かく設定されています。しかし、例えば「会社の規則制度に著しく違反した場合」（労働契約法39条2号）における解雇を考えるとき、何をもって「著しい」違反といえるのかが大きな問題となります。

　これに対して、就業規則等に「著しい違反」の具体的な意味を定義しておくことで、解雇の有効性を巡って紛争となった場合、労働紛争仲裁委員会や人民法院が、就業規則等に記載された定義に基づいて判断をすることを期待できます。もちろんその内容があまりに不合理である場合は別ですが、基本的には就業規則等による定義を採用する傾向にあるといえます。

　そこで、就業規則等において定義を明記することが重要といえます。さらに、できる限り客観的な事由を列挙することで、法定解雇事由に該当するケースを定義することが望ましいといえます。就業規則の記載例として以下のような内容が考えられます。

■会社規則の違反等に基づく解雇に関する就業規則の記載例

　労働者が次に掲げる事由のいずれか１つに該当する場合、労働契約法39条２号に定める「会社規則制度に著しく違反した場合」に該当するものとみなし、労働契約を解除する。
（１）　本就業規則に基づく懲戒処分を受けた日から１年以内に再度懲戒処分を受けたとき
（２）　連続〇日無断欠勤したとき
（３）　…。

　労働者が次に掲げる事由のいずれか１つに該当する場合、労働契約法39条３号に定める「重大な職務怠慢または私利のために不正を行い、使用者に重大な損害を与えた場合」に該当するものとみなし、労働契約を解除する。
（１）　取引先から不正なリベートを受領し、その累計金額が5,000人民元を超えるとき
（２）　…。

　本件では、労働者が取引先から不正にリベートを受領していたとのことですが、これだけでは法定解雇事由に該当するか不明確です。
　まずは、会社就業規則の記載を参照しながら「会社規則制度に著しく違反した場合」（同法39条２号）といえるのか、または「会社に重大な損害を与えた場合」（同条３号）といえるのか、について慎重に検討する必要があります。

第6節　解雇・退職

Q43　労働者が音信不通となりました。解雇することはできますか？

1 自主退職の意思がはっきりしない労働者の扱いについて教えてください。

Point

・使用者としては退職手続きを行うことが重要である。適切な退職手続きをしない場合、労働契約は終了していないと認定されるリスクがある。

　労働者と連絡が取れなくなり出社しなくなるケースは、特に春節後の時期に散見されます。このような場合、使用者としては如何に対応すべきでしょうか。

　まず労働者本人の連絡先を確認し、本人に退職の意思があるのか否かを確認することが重要です。出社してこないのだから退職の意思があって当然であるともいえますが、中国では労働者から労働契約を解除する場合、書面による退職通知が必要となります（労働契約法37条）。したがって、書面通知がないにもかかわらず本人から退職の申し出があったと扱うことには慎重になるべきです。

　もっとも、いつまでも出社してこない労働者から返事が返ってくるケースは現実的には稀です。

　また、就業規則等で一定日数以上連続して欠勤した場合を労働契約終了事由（解雇事由とは異なる）とすることは許されません。労働契約法実施条例13条において、法定の労働契約終了事由を除いて労使間で契約終了事由を約定することは禁止されているからです。

　なお、労働契約法44条3号では、労働契約終了事由として、労働者が人民法院によって失踪宣告を受けた場合を規定しています。しかし、失踪宣告には中国公民が2年以上行方不明となっていることが必要（民法通則20条）で

あり、失踪宣告を待つことは使用者として現実的とはいえません。

そこで、使用者としては、このような労働者に対する解雇制度を整備することが重要といえます。実務上は、このようなケースを無断欠勤として扱い、一定日数連続して無断欠勤した場合を「使用者の規則制度に著しく違反した場合」(労働契約法39条2号)とみなして解雇を検討することが多いといえます。

なお、この場合、労働者に対して解雇を通知しなければならない点に注意が必要です。

2 労働者に対する解雇の通知方法について教えてください。

Point

- メールや郵便等を用いて解雇通知を行うことが一般的である。音信不通となった労働者に対する通知手段を確保しておくために、労働者の連絡先を必要事項として使用者に報告させておくことが重要である。

使用者が労働者を解雇する場合、解雇を通知する必要があります。そして、この通知(解雇の意思表示)はしっかりと本人に届かなければなりません。労働者Aを解雇する場合に労働者Bに対して解雇通知をしても労働者Aに対する解雇の効果が生じないということはイメージしやすいと思います。解雇通知は本人に届かなければ意味がありません。

実務上は、本人のメールアドレスや住所に対して、メールまたは通知書を送ることが多いといえます。しかし、ごくまれにメールアドレスや住所を変更していて労働者本人に届かないケースがあります。そこで、労働契約書や就業規則等に、労働者本人の連絡先を使用者への報告事項とし、変更した場合に使用者に伝えること及び変更告知をしない場合、従前の連絡先に対して通知をすれば本人に届いたものとみなすことを規定しておくことが重要となります。

書式
労働者の連絡先告知に関する就業規則の記載例

　Q43では音信不通となった労働者に対する通知手段を確保しておくために、労働者の連絡先を必要事項として使用者に報告させておくことが重要であると説明しました。

　そして、労働者の連絡先を報告させるにあたって、労働契約書や就業規則等に、連絡先を変更した場合は使用者に伝えること及び変更告知をしない場合には従前の連絡先に対して通知をすれば本人に届いたものとみなすことを明確に規定することがポイントとなります。

　具体的な記載例は以下のようなものになります。

■労働者の連絡先に関する事項の記載例

第○条　労働者は、以下の事由に変更が生じた場合、変更日から○日以内に書面形式で会社に報告しなければならない。なお、労働者が本条1号及び2号で規定する事項の変更を会社に報告しない場合、従前の住所地を連絡先として通知することで正当に送達されたものとみなす。
　（1）住所
　（2）自宅電話番号、携帯電話番号
　（3）緊急連絡先
　（4）…

Q44 中国現地法人の業績が悪化し、整理解雇を検討しています。中国では、整理解雇についてどのように考えられていますか？

1 整理解雇の要件について教えてください。

Point

- 中国では整理解雇に関する明文規定がある。そこで、整理解雇を検討する場合、法定の整理解雇事由に該当するか否かを検討する必要がある。

中国では法定解雇事由に該当しなければ労働者を解雇することはできません。そして、整理解雇の場合、その要件及び手続きは労働契約法41条に定められています。

まず整理解雇の要件ですが、同法41条では以下の2つの要件を課しています。この要件に該当しない場合、同条に基づいて整理解雇を行うことはできません。それでも使用者として人員削減を行う必要がある場合、他の条文を根拠とした解雇又は労働契約の合意解除を検討することになります。

【人数要件】
人員削減の対象となる労働者が20人以上または企業従業員総数の10％以上であること

【必要要件】
上記人員削減が必要な状況として次のいずれか1つに該当すること
・企業破産法の規定によって企業再生を行う場合
・生産経営に重大な困難が生じた場合
・生産転換、重大な技術革新または経営方式に調整があり、労働契約変更後においてなお人員削減が必要である場合
・その他の労働契約締結時に依拠した客観的な経済状況に重大な変化が起こり、労働契約の履行が不可能となった場合

上記事由のうち「生産経営に重大な困難が生じた場合」については各地方

政府が制定している整理解雇に関する規定等が参考となります。

なお、整理解雇の要件は非常に厳しく、また突然の解雇通知は労働者の反発を招くリスクもあります。整理解雇を実施する場合、周到な準備が必要といえます。

2 整理解雇の手続きについて教えてください。

> Point
> ・整理解雇による人員削減手続きや解雇対象者は労働契約法41条で規定されており、その内容を遵守する必要がある。なお、具体的な手続きについては、会社所在地を管轄する労働行政部門から指示を受けることもあり注意が必要である。

整理解雇の手続きは、以下のとおり規定されています(労働契約法41条1項)。

① 人員削減30日前までに工会または全労働者に対し状況を説明すること
② 工会または労働者の意見を聴取すること
③ 人員削減案を労働行政部門に報告すること

なお、具体的な手続きについては、会社所在地を管轄する労働行政部門から指示を受けることもあるため注意が必要です。

また、人員削減の対象となる労働者の選定についても制限があります(同法41条2項)。具体的には、同条に基づく整理解雇を実施する場合、以下の労働者は優先して継続雇用しなければなりません。

① 当該使用者と比較的長期間の期間の定めのある労働契約を締結している者
② 当該使用者と期間の定めのない労働契約を締結している者
③ 家庭内に他の就業者がおらず、扶養が必要な老人または未成年者を有する者

Q45 妊娠中の女性労働者との労働契約を終了させることはできますか。注意点について教えてください。

1 妊娠中の女性労働者を解雇できますか？

> **Point**
> ・妊娠中の女性労働者は労働契約解除禁止の保護を受け、原則として解雇できない。しかし、会社規則に著しく違反した場合等、労働契約法39条に基づく解雇は認められている。

　女性労働者が三期（妊娠期間、出産期間、授乳期間の総称をいう。以下同じ）期間中である場合、労働契約法40条または41条に基づいて労働契約を解除することはできません（労働契約法42条4号）。したがって、例えば三期期間中の女性労働者（以下「三期女性労働者」という）を整理解雇の対象とすることは許されません。

　しかし、いかなる解雇も許されないかといえばそうではありません。三期女性労働者であっても、同法39条に基づいて解雇することは可能です。中国では三期女性労働者は何をしても解雇されないと勘違いしているケースが散見されます。このような女性労働者に対して、使用者は毅然とした対応をすべきです。規則違反が認められる場合には懲戒処分を検討すべきですし、労働契約法の条文を示す等して使用者は解雇できる旨を説明する必要があります。

　ちなみに、同法39条で列挙されている解雇事由は以下のとおりです。
① 試用期間に採用条件を満たしていないことが証明された場合
② 使用者の規則制度に著しく違反した場合
③ 著しい職務怠慢、不適切行為により使用者に重大な損害を与えた場合
④ 労働者が同時に他の使用者と労働関係を形成し、当該使用者の業務任務の完成に著しい影響を与えたか、またはそれを使用者が指摘しても是正を拒否した場合

⑤　労働契約法26条1項1号の規定により労働契約が無効とされた場合
⑥　刑事責任を追及された場合

2 三期女性労働者と労働契約を期間満了で終了させることはできますか？

> **Point**
> ・三期女性労働者の労働契約期間が満了する場合、その労働契約は三期期間満了まで自動的に延長される。しかし、労働契約を更新したわけではないため、原則として三期期間満了によって労働契約も終了する。

　三期のうち授乳期間とは、子供が満1歳になるまでを指します（女性労働者労働保護特別規定9条）。したがって、妊娠から起算して約1年10ヵ月程度が三期といえます。
　そして、三期女性労働者の労働契約期間が満了する場合、その労働契約は三期期間満了まで自動的に延長されます（労働契約法45条。詳細はQ52参照）。
　もっとも、労働契約の更新と労働契約の延長は別物です。三期期間中の女性労働者との労働契約はあくまで三期期間満了まで延長されただけであり、更新されたわけではありません。しかし、実務上、女性労働者のなかには労働契約が更新されたと勘違いするケースも散見されます。したがって、この女性労働者との労働契約を更新する予定がない場合、従来の労働契約期間満了前に、延長期間終了時に労働契約は終了する旨を明示することが重要です。

3 三期女性労働者と退職合意することは許されますか？

> **Point**
> ・三期女性労働者と使用者が労働契約解除を合意することは認められている。

労働法は、三期女性労働者と使用者が労働契約を合意解除（労働契約法36条）することを禁止していません。

また、使用者が三期女性労働者に対して退職勧奨を行うことも直ちに違法とはなりません。

Q46　病気にり患または負傷した労働者を解雇することはできますか？　注意点について教えてください。

1 業務上の病気にり患または業務上災害により負傷した労働者との労働契約を終了させることはできますか？

> **Point**
> ・業務上の病気にり患または業務上災害により負傷した労働者が労働能力を喪失した場合、労働契約解除禁止の保護を受け、使用者はこの労働者を原則として解雇できない。しかし、会社規則に著しく違反した場合等、労働契約法39条に基づく解雇は認められている。またこの労働者との労働契約関係は後遺障害等級に基づいて対応することになる。

業務上の病気にり患または業務上災害により負傷した労働者が労働能力を喪失した場合、使用者は労働契約法40条または41条に基づいて労働契約を解除することはできません（労働契約法42条）。したがって、例えばこのような労働者を整理解雇の対象とすることは許されません。しかし、いかなる解雇も許されないかといえばそうではなく、使用者が労働契約法39条に基づいて解雇することは可能です（同法39条の詳細はQ39参照）。

また、労働者が業務上の病気にり患または業務上災害により負傷し労働能力を喪失した場合、その労働契約関係は労働者の後遺障害等級によって異なります。後遺障害1級から4級と認定を受けた場合、労働者は職場から離れ

ますが、使用者との労働契約関係は定年まで継続します（労働災害保険条例35条）。

他方、後遺障害5級及び6級と認定された場合、使用者との労働契約関係は当初の契約期間にかかわらず継続され、使用者が労働者に適切な業務を手配することになります。適切な業務がない場合、毎月障害手当を支払う必要があります（同条例36条）。なお、労働者の方から労働契約を終了させることはでき、この場合、使用者は一時金による障害就業補助金を支払います（同条）。次に、後遺障害7級から10級と認定された場合、使用者との労働契約関係及び業務内容は継続されます（同条例37条）。

2 業務外の病気にり患または負傷した労働者と労働契約の終了について教えてください。

> **Point**
>
> 　次の労働者は、労働契約解除禁止の保護を受け、使用者はこの労働者を原則として解雇できない。またこの労働者との労働契約関係は法定の医療期間満了まで自動的に延長される。
> ・業務外の負傷または疾病にり患した労働者が法定の医療期間中である場合
> ・業務上の疾病にり患または業務上災害により負傷した労働者が労働能力を喪失した場合
> 　しかし、会社規則に著しく違反した場合等、労働契約法39条に基づく解雇は認められている。

労働者が業務外の病気にり患または負傷し、法定の医療期間中である場合、使用者は労働契約法40条または41条に基づいて当該労働者との労働契約を解除することはできません（労働契約法42条）。したがって、例えばこのような労働者を整理解雇の対象とすることは許されません。しかし、いかなる解雇も許されないかといえばそうではなく、使用者が労働契約法39条に基づいて

第1章　中国の労働法

解雇することは可能です（同法39条の詳細はQ39参照）。

　また、業務外の病気にり患または負傷し、法定の医療期間中である労働者の労働契約期間が満了する場合、その労働契約は法定の医療期間満了まで自動的に延長されます（同法45条）。

　なお、労働契約の更新と労働契約の延長は異なり、対応に注意が必要である点は三期期間中の女性労働者と同様です（具体的な対応等についてはQ45参照）。

Q47　来年、定年退職となる労働者を解雇することはできますか？注意点について教えてください。

1 中国の定年制度について教えてください。

> **Point**
> ・中国における定年年齢は、一般的に男性60歳、女性のうち管理職は55歳、一般職は50歳とされている。なお、中国でも定年年齢の引き上げが議論されておりその動向には注意が必要である。

　中国でも労働契約の終了事由として定年が定められています（労働契約法実施条例21条）。しかし、同条は、「労働者が法定の定年退職年齢に達したときは、労働契約は終了する」と規定するだけで、具体的な定年年齢は明記されていません。中国では定年年齢に関して複数の規定があり、必ずしも一義的に定められていないのが実情ですが、一般的には男性60歳、女性のうち管理職は55歳、一般職は50歳と考えられています。特に女性の場合は定年年齢に差異が生じうるため、会社所在地を管轄する労働行政部門に確認することが望ましいといえます。

　なお、日本と異なり中国では、使用者が定年年齢を引き上げることは許されていません。また、定年退職後、養老保険給付を受領する者との間で労働

契約を締結することもできません（労働争議案件の審理における法律適用の若干問題に関する解釈〈3〉7条）。したがって、養老保険給付を受領している定年退職者に引き続き労務提供を依頼する場合、原則として労務契約（日本でいう業務委託契約をいう）を締結することになります。労務契約を締結する場合、労働法は適用されません。使用者との間で比較的自由に労働条件等を約定することができます。

2 定年直前の労働者に対する解雇規制について教えてください。

> **Point**
> ・労働者が同一の使用者に満15年以上連続して勤務し、かつ定年年齢まであと5年未満である場合、使用者は原則として当該労働者を解雇できない。しかし、会社規則に著しく違反した場合等、労働契約法39条に基づく解雇は認められている。

労働者が同一の使用者に満15年以上連続して勤務し、かつ定年年齢まであと5年未満である場合、使用者は労働契約法40条または41条に基づいてその労働者との労働契約を解除することはできません（労働契約法42条）。

したがって、例えば整理解雇の対象とすることは許されません。しかし、いかなる解雇も許されないかといえばそうではなく、労働契約法39条に基づいて解雇することは可能です（労働契約法39条の詳細はQ39参照）。

なお、労働契約法42条で定められている解雇制限の対象者は以下のとおりです。

（1） 職業病の危険を伴う作業に従事・接触した労働者であり、職場を離れる前に職業健康診断を行っていないか、または職業病の疑いのある病人であり、診断中または医学的観察期間にある場合
（2） 当該使用者において職業病にり患したか、または業務による負傷により労働能力を喪失または一部喪失したことが確認された場合
（3） 疾病または業務外の負傷により規定の医療期間内にある場合

（4） 女性労働者であり、妊娠期、出産期、授乳期にある場合
（5） 当該使用者に連続勤務満15年以上かつ法定の定年退職年齢まで5年未満の場合
（6） 法律、行政法規が規定するその他の場合

Q48 中国では、労働者が退職する場合に経済補償金の支払いが必要と聞きました。経済補償金とはどのような制度なのでしょうか？

1 経済補償金について教えてください。

> **Point**
> ・使用者は、労働者の退職事由に応じて経済補償金を支払わなければならない。支払いの要否は法律で定められている。

　経済補償金とは、労働者の退職時に使用者が支払う金銭（経済的補償）をいいます。日本の退職金制度に似ていると説明されることも多いですが、経済補償金を支払うか否か、また支払うとしてその金額をいくらとするかは法律で定められています。すなわち、労働契約法46条に定められた退職事由に該当する場合、使用者は労働者に対して経済補償金の支払いが義務付けられます。

図表1－21　労働契約法46条で定められた経済補償金支払い事由

- 労働契約法38条に基づいて労働者から労働契約を解除する場合
- 労働契約法36条に基づいて使用者から労働者に労働契約の解除を申し出て、労働契約を合意解除する場合
- 労働契約法40条または41条1項に基づいて使用者が労働契約を解除する場合

第6節 解雇・退職

・労働契約法44条1号に基づいて期間満了により労働契約が終了する場合（ただし、使用者が労働契約の約定条件を維持しまたは引き上げて労働契約を更新しようとする場合に労働者が契約更新に同意しないときを除く）

また、経済補償金の支払い額も法律で定められています。原則として労働者の勤務年数に応じて**図表1－22**のとおり計算されます（労働契約法47条1項）。

図表1－22　経済補償金の支払い額

期　　間	金　　額
勤務年数満1年ごと	1カ月分の基礎賃金
6カ月以上1年未満の部分	1カ月分の基礎賃金
6カ月未満の部分	半月分の基礎賃金

したがって、例えば勤続7年4カ月の労働者が退職し、使用者が経済補償金を支払う場合、7.5カ月分の基礎賃金相当額を支払うことになります。

 経済補償金算定の基礎賃金について教えてください。

> Point
>
> ・経済補償金の支払い基準となる労働者の月額賃金は、労働者の労働契約解除または終了前12カ月の平均賃金である（労働契約法47条3項）。

経済補償金を計算する際の基礎賃金とは、労働契約終了時の労働者賃金ではなく、労働契約終了前直近12カ月の平均金額をいいます。労働者の勤務年数が12カ月未満の場合、実勤務月数に基づいて平均金額を計算します（労働契約法47条3項、労働契約法実施条例27条）。

169

また、基礎賃金の算定には、奨励金、手当（交通費手当や出張手当等）、補助金等も含まれます（同条）。なお、基礎賃金となる賃金額はいわゆる手取額ではなく、所得税や社会保険料本人負担分を含めた金額です。

　もっとも、基礎賃金に含まれる賃金の種類は、地方性法規によって異なることがあります。そこで会社所在地に規定内容を確認する必要があります。

　例えば、上海市では残業代は基礎賃金に含まれないと考えられています。

3　経済補償金の上限と下限について教えてください。

> **Point**
> ・経済補償金の支払い基準は、労働者の月額賃金が会社所在地の前年度の労働者平均賃金の３倍を超える場合、当該平均賃金の３倍相当額とする（労働契約法47条２項）。また、経済補償金の基礎賃金は会社所在地における最低賃金を下回ってはならない。

　労働者の平均賃金額が、使用者の所在する直轄市、区を設置する市級人民政府の公布する当該地域における前年度の労働者月平均賃金の３倍を上回る場合、経済補償金の基礎賃金額は労働者月平均賃金の３倍を基準として算定することになります（労働契約法47条２項）。

　また、この場合、経済補償金の算定基礎となる勤務年数は12年が上限となります。なお、基礎賃金及び勤務年数の上限に関する規定は労働契約法が施行された2008年１月１日以降における経済補償金の算定にのみ活用されるものです。したがって、2008年以前から勤務している労働者に対して経済補償金を支払う場合、2008年を境にして計算方法が異なるので注意が必要です。

　他方、経済補償金の基礎賃金は会社所在地における最低賃金を下回ってはいけません（労働契約法実施条例27条）。

第6節 解雇・退職

 2008年以前に入社した労働者の経済補償金の規定について教えてください。

Point

- 労働契約法施行前の2008年1月1日以前から労働契約を締結している場合、2008年より前の勤務部分については、主に労働法の規定に従って計算する。

労働契約法が施行された2008年1月1日以前から労働契約を締結している労働者に対する経済補償金の計算方法は、同日を境に異なる根拠法令に基づいて算定されます(労働契約法97条3項)。

まず労働契約法の施行前後において、経済補償金の支払い義務が生じる契約終了事由が異なります。同法施行以前は、契約終了事由によっては経済補償金額に上限を設けています。具体的には**図表1-23**のとおりです。

図表1-23 2008年1月1日以前から労働契約を締結している労働者の経済補償金

労働契約終了事由	経済補償金の支払い義務の有無と上限
①使用者から申し入れて、協議により退職する場合(労働法24条)	・支払い義務あり(労働法28条) ・最高で12カ月分の基礎賃金相当額
②労働者が病気にり患し、または業務外で負傷した場合で、病気休暇期間満了後も元の業務に従事することができず、かつ、使用者が手配した他の業務にも従事できない場合(労働法26条1号)	・支払い義務あり(労働法28条) ・上限なし
③労働者が業務に堪えることができず、訓練または職務調整後も、なお業務に堪えることができない場合(労働法26条2号)	・支払い義務あり(労働法28条) ・最高で12カ月分の基礎賃金相当額
④労働契約締結時に依拠した客観的事情に重大な変化が生じ、元の労働契約を履行することができなくなり、労使間の協議を経ても契約内容の変更について合意に達しない場合(労働法26条3号)	・支払い義務あり(労働法28条) ・上限なし

⑤労働法27条に基づく整理解雇を実施する場合	・支払い義務あり（労働法28条） ・上限なし
⑥期間満了による契約終了	・支払い義務なし

　次に労働契約法施行前の経済補償金の算定は、原則として労働者の勤務年数に応じて計算されます。基礎賃金の計算方法は原則として同法施行後と同じですが、勤務年数の端数については、1年未満の勤務年数部分に対して1カ月分の基礎賃金を支払う必要があります。

　なお、経済補償金の基礎賃金の算定に関しては、原則として労働契約を解除することになる労働者の直近12カ月の平均賃金を基準とします。しかし、**図表1－23**②④⑤の事由に基づいて労働契約を解除する場合、労働者本人の月間平均賃金が使用者全体の月間平均賃金を下回るとき、基礎賃金は使用者全体の月間平均賃金を用いることになります。

　なお、労働契約法に定められている平均賃金3倍の上限規定は2008年以前の経済補償金算定には適用されないと考えられています。

■経済補償金を支払う具体的な場面
【ケース1】
Q：　2003年5月に入社し、2017年8月に退職する労働者に支払う経済補償金はいくらですか？　なお、この労働者の過去12カ月の平均賃金は9,000人民元です。

A：　まず、2008年1月1日以降の勤務に対しては労働契約法が適用されます。したがって、同日以降の勤務に対する経済補償金の計算は以下のとおりです。

　9,000人民元　×　10カ月[*1]　＝　90,000人民元
　＊1　2008年1月1日から起算して退職日までの勤務年数は、満9年と8カ月となります。

第6節　解雇・退職

次に、入社日から2007年12月31日までの勤務に対する経済補償金の計算は以下のとおりです。

> 9,000人民元　×　5カ月*2　＝　45,000人民元
> ＊2　入社日から起算して2007年12月31日までの勤務年数は満4年と5カ月となります。

以上より、この労働者に対して支払う経済補償金は下記のとおりとなります。

> 90,000人民元　＋　45,000人民元　＝　135,000人民元

【ケース2】
Q：　退職勧奨による労働契約解除の場合も経済補償金の支払いは必要ですか？
A：　労働契約法46条は、使用者から申し出て労働契約の合意解除に至った場合、使用者に経済補償金の支払い義務を課しています。この場合、使用者は経済補償金を支払う必要があります。

【ケース3】
Q：　不正を行った労働者を解雇した場合も経済補償金の支払いは必要ですか？
A：　不正を行った労働者を解雇する場合、その根拠は労働契約法39条2号または3号に基づくものと思われます。同法46条は、同法39条に基づいて労働者を解雇した場合、使用者に経済補償金の支払い義務を課していません。したがって、この場合、使用者は経済補償金を支払う必要はありません。

【ケース４】

Q： 定年退職した労働者に対して経済補償金の支払いは必要ですか？

A： 定年退職は、労働契約法実施条例21条に基づく労働契約の終了といえます。そして、労働契約法46条は、定年退職の場合、使用者に経済補償金の支払い義務を課していません。したがって、この場合、使用者は経済補償金を支払う必要はありません。

【ケース５】

Q： 使用者の昇給額に不満を持った労働者が退職届を出してきた場合も経済補償金の支払いは必要ですか？

A： 本件は労働者から契約解除を申し出ています。その法的根拠は労働契約法37条と思われます。労働契約法46条は、同法37条に基づく労働契約解除の場合、使用者に経済補償金の支払い義務を課していません。したがって、この場合、使用者は経済補償金を支払う必要はありません。

なお、本件では使用者の昇給が労働契約上の義務ではないことが前提となります。仮に、毎年の昇給額を労働契約等で約定していた場合、この労働者の労働契約解除の根拠は同法37条ではなく同法38条１号（使用者が労働契約の約定どおりに労働保護または労働条件を提供しない場合）となります。そして、同法46条は、同法38条１号に基づく労働契約解除の場合、使用者に経済補償金の支払い義務を課しています。したがって、この場合、使用者は経済補償金を支払う必要があります。

【ケース６】

Q： 期間満了で労働契約が終了する場合に、経済補償金の支払いは必要ですか？

A： 原則として経済補償金を支払う必要があります。ただし、使用者が労働条件を維持または引き上げて労働更新を申し込んだにもかかわらず、労働者が契約更新に同意しない場合は不要となります（労働契約法46条５号）。

第6節　解雇・退職

【ケース7】

Q：　使用者が独自に定める退職金を支払う場合も経済補償金の支払いは必要ですか？

A：　使用者に経済補償金を支払う義務があるか否かは、原則として労働契約法46条に基づいて判断します。そして、同条には、使用者が独自に定める退職金を支払うことで経済補償金の支払いを免除する旨の規定はありません。したがって、使用者独自の退職金を支払う場合でも、同条で定める事由に該当する場合、使用者は経済補償金を支払う必要があります。

書式
退職合意書記載例

　労働者と労働契約を終了するにあたって、特に日系企業では合意退職に至るケースが多いといえます（労働契約法36条）。そして、この場合、後の労務トラブルを回避するために合意書を作成することが一般的です。以下は、合意退職に用いられる合意書の一般的な記載例ですが、中国では使用者から労働契約解除を提案した場合、経済補償金を支払わなければなりません（同法46条2号）。他方、労働者から提案があった場合にはその支払いは不要となります。したがって、後の経済補償金支払いリスクを避けるために、労働者側から退職の申し出があった場合、その旨を必ず明記すべきです。なお、労働契約の合意解除に至った経緯に応じて本書面案加除訂正する必要があることは注意して下さい。

协商解除劳动合同协议书（中文）

甲方：
法定代表人：

乙方：　　　　　　　　身份证号码：
户籍所在地：
现在居住地：　　　　　联系电话：

根据中华人民共和国《劳动合同法》及相关法律法规的规定，甲乙双方就解除劳动合同一事，经协商达成如下协议：

1. 甲乙双方于　　年　　月　　日解除双方之间的劳动合同。
2. 甲方向乙方一次性支付：　　　元（税前）作为经济补偿；
3. 甲方根据相关劳动法规为乙方办理相关退职手续，并出具相应的离职证明。乙方应按照甲方的要求办理相关退职手续。
4. 乙方确认，除上述第 2 款金额以外，甲方已经结清全部相关费用。除本协议约定的内容以外，双方之间无任何其他债权债务关系。
5. 如甲乙双方在劳动合同中约定了保密义务，乙方在劳动合同终止后仍负有该义务。如有违反，根据情节及损失，应向甲方承担相应的赔偿责任。
6. 如第 2 款所支付的款项发生个人所得税缴纳的情形，则由乙方承担。甲方在代扣代缴后于　　　　日内将所有款项汇入乙方银行账户。
7. 本协议如果有争议由甲方所在地人民法院管辖。
8. 本协议一式两份，甲乙双方各执一份，自双方签署之日起成立并生效。

甲方：　　　　　　　　　　　　　乙方：

　　　　　　　　　　　　　　　　　　　　年　　月　　日

労働契約解除協議書（日文）

甲：
法定代表人：

乙：　　　　　　　　　　身分証明書番号：
戸籍所在地：
現在居住地：　　　　　　電話番号：

中華人民共和国「労働契約法」及び関連法律法規の規定に従って、甲乙は労働契約解除に関して、以下のとおり協議する。

1. 甲乙は　　年　月　日に労働契約を解除する。
2. 甲は乙に経済補償金　　　人民元（税前）を１回限り支払う。
3. 甲は関連労働法規に従い乙のため退職手続きを行い、かつ離職証明書を発行する。乙は甲の要求に従い退職手続きを行う。
4. 乙は、本協議書２条の金額以外、甲との関連費用はすべて清算したことを確認する。かつ、本協議書の事項以外、甲乙は他の債権債務は一切ない。
5. 甲乙は労働契約の中で、秘密保持の義務を規定されている場合、乙は労働契約終了後、依然として本義務を履行しなければならない。違反する場合、実情及び損失に基づき、甲に適切な賠償責任を負わなければならない。
6. 本協議書２条により支払う金額について個人所得税を納税すべき場合、乙が負担する。甲は源泉納付した後、　　日以内に、残金を乙の銀行口座に振り込む。
7. 本協議に対する紛争があった場合、甲の所在地の人民法院に管轄する。
8. 本協議書一式２部を作成の上、甲乙双方は各１部保有し署名した日から成立し有効になる。

甲：　　　　　　　　　　乙：

　　　　　　　　　　　　　　　　　　　　年　月　日

Q49 中国で労働者が退職した場合の手続きについて教えてください。

1 離職証明書の作成について教えてください。

Point

・労働者の退職にあたって使用者は離職証明書を作成し、退職から15日以内に社会保険関係の移転手続き等を行わなければならない。なお、使用者は当該労働者との労働契約書等を少なくとも2年間は保存する必要がある。

労働者が退職する場合、使用者は、労働契約の解除または終了と同時に離職証明書を作成する必要があります（労働契約法50条1項）。

離職証明書には、①労働契約期間、②労働契約の解除日または終了日、③退職した労働者の職務、④当社における勤務年数、⑤労働者が要求した場合には労働解除の原因を記載します（労働契約法実施条例24条、労働契約制度の実施における若干問題に関する通知15条）。

また、労働者が退職した後15日以内に社会保険の移転手続き等を行わなければなりません（労働契約法50条1項）。

なお、使用者は当該労働者との労働契約書等を少なくとも2年間は保存する必要があるため、すぐに書類を廃棄しないように注意してください（同条3項）。

2 未消化有給休暇の処理について教えてください。

Point

・退職する労働者に未消化の有給休暇がある場合、使用者は買い取る必要がある。もっとも、年の途中で退職する場合の未消化有給休暇日数の計算方法は法定されている。

退職する労働者に未消化の有給休暇がある場合、使用者は未消化分を買い取らなければなりません（企業従業員年次有給休暇実施弁法12条）。

では、年度の途中で退職する労働者の有給休暇日数はどのように計算するのでしょうか。

その計算方法について、企業従業員年次有給休暇実施弁法12条２項は次のように定めています。

未消化年次有給休暇日数算定方法

$$\left(\text{当年度における会社在籍日数} \div 365\text{日}\right) \times \text{退職する労働者の当年度における年次有給休暇日数} - \text{当年度における消化済日数}$$

例えば、累計勤務年数12年の労働者が７月31日付で退職する場合を考えてみます。

まず、当該労働者の当年度における会社在籍日数は１月１日から７月31日までの212日です（中国では年次有給休暇の計算にあたっては西暦を基準に１年を計算します（同法18条））。

次に、当該労働者の累計勤務年数は12年ですので、当年度における年次有給休暇日数は10日です。

当該労働者が当年度において、すでに３日間の年次有給休暇を取得していた場合、未消化日数は２日となります。具体的な計算方法は次のとおりです。なお、日数の計算において端数は切り捨てます（同法12条１項）。

（212日÷365日）×10日－３日＝2.8日＝２日

なお、上記の事例において、退職する労働者がすでに７日間の年次有給休暇を取得していた場合、未消化有給休暇の日数は－１日となります。この場合、使用者は、当該労働者が有給休暇を１日多く取っていたとしてその分の賃金を控除することは許されません（同条３項）。

3 経済補償金の支払い時期について教えてください。

> **Point**
> ・退職する労働者には約定に従い業務引き継ぎを行う義務があり、使用者は業務引き継ぎ終了後に経済補償金を支払えば足りる。

　労働者が退職する場合、退職事由に応じて使用者は経済補償金を支払わなければなりません（労働契約法46条）。もっとも、その支払い時期は、退職する労働者が業務引き継ぎを終了したときに支払うことになります（同法50条2項）。

　経済補償金の支払い時期は、退職する労働者から問い合わせを受けることが多い事項です。退職する労働者が業務引き継ぎを行う必要のある職務に従事していた場合、労働契約法50条を説明して、業務の引き継ぎを指示することが重要といえます。

4 経済補償金と所得税の関係について教えてください。

> **Point**
> ・経済補償金に対する所得税課税に関しては特別規定がある。
> ・支給額が会社所在地における前年度労働者平均年収の3倍以下の場合、所得税は免除される。

　労働契約終了時に支払われる経済補償金に対する所得税の取扱いは、「個人と雇用単位が労働関係を解除したときに得る一次性補償収入に対する個人所得税免除の問題に関する通知」及び「労働契約解除による経済補償金取得に対する個人所得税の徴収問題に関する通知」にて定められています。

　まず、支給額が会社所在地における前年度労働者平均年収の3倍以下の場

合、所得税は免除されます。

　次に、支給額が会社所在地における前年度労働者平均年収の３倍を超える場合、超過分に対して所得税が課税されます。具体的には、超過額を勤務年数（最大12年）で除した金額に対して、通常の月額賃金における所得税計算と同じ方法を用いて、所得税を算定します。

第1章 中国の労働法

Column 20 個人所得税の計算方法について

(1) 月次賃金に対する所得税について

中国における個人所得税の計算は、月次で行う点に特徴があります。毎月の賃金額に応じて、当月の税金額が決定する仕組みとなっております。個人所得税の具体的な計算方法は、以下のとおりです。

・課税所得＝賃金総額－社会保険料個人負担分－費用控除額
・個人所得税額＝課税所得×税率－速算控除額

※費用控除額は、中国人；3,500人民元、外国人；4,800人民元です。なお、中国政府より「中国人の費用控除額を5,000人民元」とする旨の報道も出ております。動向については注視が必要です。

※税率および速算控除額は次のとおりです。

課税所得金額	税率	速算控除額
1,500人民元以下	3％	0人民元
1,500人民元超　～　4,500人民元以下	10％	105人民元
4,500人民元超　～　9,000人民元以下	20％	555人民元
9,000人民元超　～　35,000人民元以下	25％	1,005人民元
35,000人民元超　～　55,000人民元以下	30％	2,755人民元
55,000人民元超　～　80,000人民元以下	35％	5,505人民元
80,000人民元超	45％	13,505人民元

※上記賃金総額は、日本国内で支払われる金額も合算します。また、原則的には、日本本社が日本で支払う社会保険料会社負担分も含まれます。

※外国人の場合、以下の手当は原則として賃金総額に含まれません。

・実費精算方式で得た住宅手当、食事手当、転勤費用及びクリーニング費用
・合理的な範囲内の中国内外出張手当
・語学研修費、子女教育費、親族訪問費用等

（3）賞与について

　中国は月次課税が原則であることから、賞与支給月においては、月給＋賞与額を当該月の合計賃金として、上記個人所得税の計算式に当てはめて計算することが原則となります。この場合、賞与支給月の所得税が非常に高額になってしまいます。

　そこで、中国においては賞与に関する特別な規定が存在します。

　具体的には、支給する賞与が、中国で定める「年間一括賞与」に該当する場合には、

　以下のような特別な計算方法を用いることが可能であるとされております。

手順①：賞与に適用する超過累進税率、速算控除額の確定作業
賞与額÷12の金額を基準として、上記表によって算出される課税率、速算控除額

手順②：賞与に対する個人所得税額の確定作業
個人所得税＝賞与額×（手順①にて求めた税率）－手順①にて求めた速算控除額

　上記方法により、賞与支給月の月額賃金に対する税金計算とは別に、賞与に対しても税金額を別途計算し、その合計額を当月分の個人所得税として納税することになります。

　なお、使用者が支給する賞与が「年間一括賞与」に該当する場合に限り、上記の計算方式を用いることができるという点に注意が必要です。

　中国で定める「年間一括賞与」とは、企業の年間の企業で働く個人の年間の業務成績を総合的に考慮して、企業から一括して支給される賃金と考えられております。以上より、例えば四半期や半期の業績等により支給される賞与については上記計算方式を用いることができなくなってしまいます。この場合、賞与支給月においては、原則どおり、【月給＋賞与額】を当該月の賃金として、上記個人所得税の計算式に当てはめて計算することになってしまいます。

第1章 中国の労働法

第7節 固定期間労働契約社員

Q50 固定期間労働契約を締結する場合、契約期間に関して注意すべきことはありますか？

1　労働契約期間と試用期間について教えてください。

Point

・試用期間は労働契約期間に応じて法律で上限が定められており、最大でも6カ月である。

中国では試用期間に関して詳細に規定されています。労働契約法19条1項において、試用期間の上限は**図表1－24**のように定められています。

図表1－24　試用期間に関する規定

労働契約期間	試用期間の上限
3カ月未満	試用期間設定不可
3カ月以上1年未満	1カ月以内
1年以上3年未満	2カ月以内
3年以上または無固定期間	6カ月以内

なお、法定の上限に違反して、試用期間を設定した場合、超過した期間は正式に雇用された労働者として扱わなければなりません。したがって、超過期間に本採用拒否はできず、また超過期間中の賃金は通常通り支給しなければなりません。超過期間における通常賃金との差額の外に賠償金も支払う必要があります（労働契約法83条）。

2 外国人を雇用する場合の労働契約期間について教えてください。

> **Point**
> ・外国人と労働契約を締結する場合、その期間は5年を超えることができない。

　外国人と労働契約を締結する場合、労働契約法だけでなく、外国人の就業管理に関する法律が適用されます。そして、外国人在中国就業管理規定18条によれば、外国人と労働契約を締結する場合の契約期間は最長で5年を超えてはならないと定められています。もっとも、契約を更新し続けることは可能です。なお、外国人が中国で就業するためには、労働契約期間の問題とは別に就業許可手続きが必要になります（詳細はＱ４を参照）。

Q51　固定期間労働契約を締結する場合、契約更新に関して注意すべきことはありますか？

1 労働契約の無固定化について教えてください。

> **Point**
> ・中国では固定期間労働契約が一定回数更新される等の法定の要件を満たす場合、労働契約が無固定期間労働契約に転換する制度がある。
> ・中国では日本に先駆けて労働契約が無固定となる場合を法律で規定し、労働契約無固定化の要件を定めている。

　中国では固定期間労働契約が一定回数更新される等、法定の要件を満たす場合、その労働者との労働契約が無固定期間労働契約に転換する制度が定め

られています。すなわち、次の3要件を満たす場合、労働契約の期間は無固定となります（労働契約法14条2項）。

① 次の各号に掲げる事由のいずれか1つに該当すること
　・ 労働者の当該使用者における勤務年数が満10年以上である場合
　・ 固定期間労働契約を連続して2回締結し、かつ、労働者に労働契約法39条または40条1号・2号に定める事由がなく、労働契約を更新する場合
② 労働者が労働契約更新若しくは締結を申し出たこと、またはこれらに同意したこと
③ 労働者が固定期間労働契約を申し出ていないこと

なお、使用者が雇用開始日から満1年以上労働契約書を作成していない場合、無固定期間労働契約を締結したものとみなされてしまいます（労働契約法14条3項）。

2 労働契約の更新回数と無固定化の要件について教えてください。

> **Point**
> ・使用者が無固定期間労働契約の締結義務を負うタイミングは地方によって異なる。上海市では「固定期間労働契約を2回連続で締結した後、労使間の協議により3回目の労働契約を締結した場合」、北京市その他の地域では「固定期間労働契約を2回連続で締結した後、労働者が契約更新を望む場合」である。

1　上海市における労働契約更新の実務

上海市では、固定期間労働契約を2回連続して締結した場合、2度目の労働契約は原則として契約期間満了によって終了すると考えられています。

しかし、労使間の協議により3回目の労働契約を締結する場合、労働契約の期間は原則として無固定となります。

上海市の運用は、労働契約を更新するか否かという問題と労働契約が更新

された場合に契約期間が無固定化するか否かという問題を区別しています。

　固定期間労働契約を2回連続で契約した場合でも労働者の一方的な意思表示によって3度目の労働契約締結が強制されることはありません(「労働契約法」の適用における若干の問題に関する意見〈上海市高級人民法院2009年3月3日公布〉4条2項・4項)。

　したがって、労働契約が無固定化するのは、固定期間労働契約を2回連続で締結した後、さらに当事者双方の合意によって「労働契約を更新する場合」です。なお、この場合でも双方の合意により、固定期間労働契約を締結することは可能です。

2　北京市その他多くの地域の運用実態

　北京市その他多くの地域では上海市とは異なる運用がされています(以下、代表して北京市の運用を紹介します)。

　まず、「固定期間労働契約を2回連続して締結した場合」、その後、使用者は当該労働契約の終了または更新を選択する権利を有しないと考えられています。したがって、2度目の労働契約が期間満了となるときに労働者が契約更新を望む場合、使用者はこれを拒否することはできず、3度目の労働契約を締結することが強制されてしまいます。

　さらに、その契約更新に際しては、労働者が固定期間労働契約の締結を申し出た場合を除き、無固定期間労働契約を締結しなければなりません。

　したがって、北京市では、上海市と異なり、「固定期間労働契約を2回連続して締結した場合」、労働者の一方的な意思表示によって、労働契約の更新及び無固定化の義務が生じることになります。

　以上より、北京市では、「固定期間労働契約を2回連続して締結した場合」に労働者がさらなる契約更新を申し出たとき、原則として無固定期間労働契約が締結され、労働者が固定期間労働契約の締結を希望する場合に限って固定期間労働契約を締結することができます(北京市高級人民法院、北京市労働争議仲裁委員会の労働争議案件法律適用問題に関する研究会の会議紀要〈2〉34条)。

3　江蘇省における注意点

　労働契約の無固定化に関する江蘇省の運用は、基本的には北京市と同様です。しかし、江蘇省の場合、使用者は、労働者が労働契約無固定化の要件を満たした場合、2度目の労働契約期間の満了30日前までに、当該労働者に対して無固定期間労働契約を締結することができる旨を書面で告知する義務があります（江蘇省労働契約条例18条）。

③ 労働契約無固定化の拒否事由について教えてください。

> **Point**
> ・労働契約法39条または同法40条1号・2号のいずれかに該当する場合、労働契約は無固定化しない。また、労働者が固定期間労働契約の締結を望む場合にも無固定化しない。

1　労働者が固定期間労働契約を望む場合

　労働者が固定期間労働契約の締結を望む場合、契約更新回数に関係なく、使用者は常に固定期間労働契約を締結することができます。この場合、労働者から固定期間労働契約の締結を望む旨が記載された要望書を提出してもらうことが実務では一般的です（注意点についてはコラム21参照）。

2　労働者が労働契約法39条または同法40条1号・2号のいずれかに該当する場合

　北京市その他多くの地域の運用では「固定期間労働契約を2回連続で締結した後、労働者が契約更新を望む場合」、原則として労働契約が無固定に転換します。しかし、次の事由のいずれか1つに該当する場合、労働契約は期間満了によって終了させることができます（労働契約法14条2項）。
　①労働者が労働契約法39条に該当する場合
　　労働契約法39条は即時解雇について規定した条文です。具体的な事由は以下のとおりです。

- 試用期間において採用条件を満たさないことが証明された場合
- 使用者の規則制度に著しく違反した場合
- 著しく職務を怠慢し、私利のために不正を行い、使用者に重大な損害を与えた場合
- 同時に他の使用者と労働契約関係を確立し、本使用者の業務完成に重大な影響を与えた場合、または本使用者が是正を求めてもこれを拒否した場合

②労働者が労働契約法40条1号または2号に該当する場合

労働契約法40条1号・2号は普通解雇について規定した条文です。具体的な事由は以下のとおりです。
- 私傷病による法定の医療期間満了後に元の業務に従事できず、使用者が手配した他の業務にも従事できない場合
- 業務に堪えることができず、研修または職務調整を経ても、なお業務に堪えることができない場合

Column 21 契約更新時に労働者から提出してもらう書面の注意点

　固定期間労働契約の無固定化を回避するために、労働者から要望書の提出を求める使用者が散見されます。このような運用に関しては、以下の２点に注意をする必要があります。

① 　要望書の記載文言は「固定期間労働契約の締結を申し出る」旨とすることが望ましいといえます。法律上は「労働者が固定期間労働契約の締結を申し出たとき」に例外的に固定期間労働契約を締結することができると規定されています。したがって、労働者が固定期間労働契約の締結を申し出ることが条件となります。仮に労働者から「無固定期間労働契約の締結を求めない」という書面の提出を求めた場合、労働者が「労働者が固定期間労働契約の締結を申し出たとき」に該当するとはいえません。労働者は無固定期間労働契約の締結を望まないと伝えただけで、固定期間労働契約の締結を望んだとは言い切れないからです。文言の細かい違いですが、結果が大きく異なってくる可能性があります。

② 　労働者の要望は、使用者から強制されたものではなく、自らの真意に基づくものであることが求められます。

Q52 妊娠期間中の女性労働者や医療期間中の労働者との労働契約を期間満了で終了させることはできますか？

1 妊娠中の女性労働者との労働契約を期間満了で終了させる場合の注意点を教えてください。

Point

・いわゆる三期（妊娠期間、出産期間、授乳期間）中の女性労働者は、その期間満了まで労働契約期間が延長される。

　中国では、いわゆる三期期間中の女性労働者に対して特別な保護が与えられています。ここでいう三期とは、妊娠期間、出産期間、授乳期間の総称です。授乳期間とは子供が満1歳になるまでを指し（女性労働者労働保護特別規定9条）、妊娠から起算して約1年10カ月程度が三期期間となります。

　そして、三期期間中の女性労働者の労働契約期間が満了する場合、その労働契約は三期期間満了まで自動的に延長されます（労働契約法45条）。したがって、三期期間中の女性労働者の労働契約を期間満了によって終了させることはできません。また、労働契約期間満了後に、女性労働者が労働契約期間中に妊娠していたことが発覚した場合も、女性労働者からの要求があれば、使用者は退職手続きを撤回して労働契約期間を延長させる必要があります。

　もっとも、労働契約の更新と労働契約期間の延長は別物です。三期期間中の女性労働者との労働契約はあくまで三期期間満了まで延長されただけであり、更新されたわけではありません。しかし、実務上、女性労働者のなかには労働契約が更新されたと勘違いするケースも散見されます。したがって、この女性労働者との労働契約を更新する予定がない場合、従来の労働契約期間満了前に、延長期間終了時に労働契約は終了する旨を明示しておくことが重要です。

2 医療期間中の労働者との労働契約が期間満了で終了となる場合の注意点を教えてください。

> **Point**
> ・医療期間中の労働者との労働契約期間が満了する場合、その労働契約は法定医療期間満了まで自動的に延長される。

　労働者が私傷病により休暇を取得する場合、中国では医療期間が定められており、この期間中は原則として雇用が保障されます（労働契約法42条、45条）。すなわち、医療期間中の労働者の労働契約期間が満了する場合、その労働契約は医療期間満了まで自動的に延長されます（同法45条）。したがって、医療期間中の労働者の労働契約を期間満了によって終了させることはできません。もっとも、労働契約期間の延長と契約の更新は別物です。医療期間中の労働者との労働契約はあくまで同期間満了まで延長されただけであり、更新されたわけではありません。したがって、この労働者との労働契約を更新する予定がない場合、従来の労働契約期間満了前に、延長期間終了時に労働契約が終了する旨を明示していくことが重要です。

　なお、ここでいう医療期間とは、労働者保護の観点から使用者が労働契約を解除できない期間であり、実際の治療に必要な期間ではありません（企業従業員の疾病または業務外の理由による負傷の療養期間についての規定2条）。

　具体的な医療期間は、労働者の実際の勤務年数に応じて以下のとおり計算することになります（同規定3条。医療期間の詳細はQ32参照）。

図表1−25 累計勤務年数に応じた医療期間

累計勤務年数 (前の使用者での勤務年数を含む)	現在の使用者における勤務年数	医療期間
10年以下	5年以下	3カ月
	5年以上	6カ月
10年以上	5年以下	6カ月
	5年以上10年以下	9カ月
	10年以上15年以下	12カ月
	15年以上20年以下	18カ月
	20年以上	24カ月

※地域により上記とは異なる医療期間を定めている場合があります(例えば、上海市では「企業従業員の疾病または業務外の負傷の医療期間基準に関する規定」があり、入社1年目に3カ月の医療期間が付与され、その後勤続満1年ごとに1カ月追加(最大で12カ月)されます)。

Column 22 内部告発対応について

　中国人スタッフからの内部告発対応に関するご相談が増えています。労働者の単なる悪口のこともあれば、不正行為が強く疑われる内容もあります。会社対応として、告発の時点で、告発対象者を解雇できるか検討し、解雇が難しいと判断する場合は調査を行わないと結論付ける例が多いようです。

　しかし、告発対象者の解雇は事実調査に基づく結果であり、内部告発対応の初動として適切ではありません。会社としては、本格的な社内調査の必要性を検討することが重要です。多くの場合、内部告発はメールで送られてきます。そこで、告発内容が具体的であり、調査をする必要性が感じられる場合、次のような初期調査が考えられます。

①箱口令を敷く
　（告発メールが他の労働者にも送信されている場合）
②告発内容に関する客観資料の精査
　（あくまで初期調査なので関係者へのヒアリングまでは行いません）
③告発者へのヒアリング
　（内部告発メールに返信する形で問い合わせるのが一般的です）

　初期調査の結果、告発内容の事実がさらに疑われる場合、本格的な調査を実施することになります。なお、このような調査にあたって、本人（告発対象者）へのヒアリングは原則として最後に行う点に注意すべきです。

第8節
派遣労働社員

Q53 派遣労働者を受け入れるにあたって注意点はありますか？

1 労働者派遣に対する規制について教えてください。

Point

・派遣労働者の受入れは臨時的、補助的または代替的な勤務部署に限定されている。また、派遣労働者数は、派遣先企業の労働者雇用総数（派遣労働者も含む）の10％を超えてはならない。

1 派遣事業に関する規制

　労働者派遣事業を経営するためには労働行政部門の許可を得なければなりません（労働契約法57条）。許可を得ていない企業または個人は労働者派遣事業を経営することができません（労務派遣行政許可実施弁法6条2項）。
　したがって、派遣労働者を受け入れるにあたって、派遣元企業が労働行政部門の許可を得ているか否かを確認する必要があります。

2 派遣労働者の派遣先業務に関する規制

　派遣労働者を受け入れるにあたって、受入れ先業務を検討する必要があります。なぜなら、中国では労働者派遣は正規雇用の補充形式であり、臨時的、補助的または代替的な勤務部署においてのみ実施することができる旨明確に規定されているからです（労働契約法66条）。
　臨時的な勤務部署とは、存続期間が6カ月を超えない部署を指します（同条2項、労務派遣暫定規定3条2項）。
　また、補助的な勤務部署とは、主要業務部署のために役務提供する非主要

業務部署を指します（労働契約法66条2項、労務派遣暫定規定3条2項）。派遣先企業が補助的勤務部署を設定する場合、労働者代表大会または労働者全体の討議を経て意見を提出し、工会または労働者代表と平等に協議の上、確定し、派遣先企業内で公示する必要があります（同規定3条3項）。派遣先企業がこの手続きを行わない場合、人力資源社会保障行政部門が是正を命じ警告するとともに、派遣労働者に対して損害を賠償しなければなりません（同規定22条）。

そして、代替的な勤務部署とは、派遣先企業の労働者が一時的に職場から離れて学習等を行うことにより労務を提供できない期間内において、他の労働者がその業務を代替することが可能な部署を指します（労働契約法66条2項、労務派遣暫定規定3条2項）。

ただし、外国企業常駐代表機構等が派遣労働者を使用する場合には、派遣先業務に関する規制はありません（同規定25条）。

3　派遣労働者の受入れ人数に関する規制

派遣先企業における派遣労働者の雇用総数は厳格に規制されています（労働契約法66条3項）。具体的には、派遣労働者は派遣先企業の労働者雇用総数（派遣労働者も含む）の10％を超えてはいけません（労務派遣暫定規定4条）。ただし、外国企業常駐代表機構等が派遣労働者を使用する場合には、受入れ人数の制限はありません（同規定25条）。

なお、労務派遣暫定規定の施行後、同規定の受入れ人数規制を回避するために、実質的には労働者派遣に類似しているにもかかわらず、業務委託契約若しくは請負契約を締結するケースが散見されます。これは日本でも社会問題となった偽装請負に該当する可能性が高く、このような契約締結を持ちかけてくる事業者への対応は慎重に検討する必要があります。

4　派遣労働者に対する同一労働同一賃金規制

中国では派遣労働者に対する同一労働同一賃金の原則が法定されており、受入れ先の勤務部署で働く正社員と同一の待遇を与える必要があります（労働契約法63条1項）。

また、派遣先企業は、派遣労働者に対して勤務部署と関連する福利待遇を提供しなければならず、派遣労働者を正規雇用の労働者と比較して差別することは許されません（労務派遣暫定規定9条）。

2 地区を跨いだ労働者派遣について教えてください。

> **Point**
> ・労働者派遣事業者の所在地外へ労働者を派遣する場合、最低賃金等の労働報酬や労働条件は派遣先企業の所在地を基準とする。

　派遣労働者を受け入れる際に、派遣先企業の所在地と労働者派遣事業者の所在地が異なる場合があります。労働者派遣事業者は、会社所在地外へも労働者を派遣することができます。しかし、中国では最低賃金等の労働報酬や労働条件に関する規定が地域によって異なるため、派遣先企業の所在地と労働者派遣事業者の所在地のいずれを基準とすべきかが問題となります。

　この点について労働契約法61条は、労働者派遣事業者の所在地外へ労働者を派遣する場合、当該派遣労働者が享受する労働報酬及び労働条件は、派遣先企業所在地の基準に従う旨を定めています。

　なお、この場合の社会保険加入の手続は、派遣先企業の所在地において行い、当地の規定に基づいて社会保険料を納付する必要があります（労務派遣暫定規定19条）。

Q54 労働者派遣事業者と労働者派遣契約を締結する場合の注意点はありますか？

1 労働者派遣契約の締結義務について教えてください。

> Point
> ・労働者派遣事業者から派遣労働者を受け入れる場合、労働者派遣契約を締結しなければならない。また同契約における約定事項も法律で定められている。これらの義務に違反する場合、過料等の処分を受ける可能性がある。

　派遣労働者の受入れにあたっては、労働者派遣契約を締結しなければならず（労働契約法59条1項）、その内容として、受入れ先の勤務部署、勤務地、勤務時間、労働者派遣者数、派遣期間、労働報酬、社会保険料の金額や支払い方法等を定めることが義務付けられています（労働契約法59条、労務派遣暫定規定7条）。

　これらの義務に違反する場合、労働行政部門が期限を定めて是正を命じ、期限を渡過しても是正されない場合には派遣労働者1人あたり5,000人民元以上1万人民元以下の過料が科されることになります（同法92条）。

2 労働者派遣契約締結時の注意点について教えてください。

> Point
> ・実務上、労働者派遣事業者は使用者としての責任を軽減するために、労働関連法令で使用者に対して義務付けられている内容を派遣先企業に転嫁する傾向にある。労働者派遣契約を締結する際には、法律上の義務以上の負担を課されていないか確認することが望ましい。

労働者派遣契約を締結するにあたり、派遣労働者の労働報酬に関して、中国では同一労働同一賃金の原則が既に確立しており、派遣先企業は、派遣労働者に対し、同一部署の労働者と同一の労働報酬分配規則を実施することが義務付けられているため注意が必要です（労働契約法63条）。

　また、労働者派遣契約書の内容を精査し、本来は派遣先企業が負担する必要のない義務を負わされていないかを確認することも重要です。特に、派遣契約の終了にあたって、派遣労働者を労働者派遣事業者に戻す場合や解雇する場合の労働者派遣事業者の責任（派遣労働者の業務がない期間の賃金の支払いや経済補償金の支払い義務等）を派遣先企業に転嫁する事例が散見されます。なお、労働者派遣事業者は派遣労働契約の修正を受け入れないことも実務上は多いことから、契約書の内容を精査した上で、法定以上の義務を負担してでも派遣労働者を受け入れる必要があるか否かについて慎重に検討することが実務的な対応であるといえます。

章末資料

中国の労働関係法令（一部抜粋）

◎労働法

第39条（Q22、Q23、Q24）
　　企業は、生産の特性により本法36条及び38条の規定を実施できない場合、労働行政部門の許可を経て、その他の労働時間及び休日・休暇方法を実施することができる。

第41条（Q22、Q25、Q26）
　　使用者は、生産経営の需要により、工会及び労働者と協議を経た後に労働時間を延長することができる。ただし、原則として1日につき1時間を超えてはならない。特殊な原因により労働時間を延長させる必要がある場合、労働者の身体の健康を保障することを条件に、1日につき3時間を超えない範囲で労働時間を延長することができる。ただし、1カ月につき36時間を超えてはならない。

第44条（Q12、Q22、Q26、Q27、コラム13）
　　以下の事由のいずれか1つに該当する場合、使用者は以下の基準に従って労働者の通常労働時間賃金より高い賃金報酬を支払わなければならない。
(1)労働者の労働時間延長を手配した場合、賃金の150％を下回らない賃金報酬を支払う。
(2)休日に労働者に労働を手配し、かつ代休を手配できない場合、賃金の200％を下回らない賃金報酬を支払う。
(3)法定休暇日に労働者に労働を手配した場合、賃金の300％を下回らない賃金報酬を支払う。

◎労働契約法

第10条（Q5）
　　労働関係を確立するにあたっては、書面による労働契約を締結しなければならない。
　　すでに労働関係を確立しているが、書面による労働契約を締結していない場

合、雇用開始日から１カ月以内に書面による労働契約を締結しなければならない。

使用者と労働者が雇用前に労働契約を締結した場合、労働関係は雇用開始日から確立する。

第14条（Q３、Q５、Q７、Q51）

無固定期間労働契約とは、使用者と労働者が終了時期を確定しないことを約定する労働契約をいう。

使用者と労働者は協議の上、合意することで、無固定期間労働契約を締結することができる。以下の事由のいずれか１つに該当する場合で、労働者が労働契約の更新、締結を申し出たときまたはこれらに同意したとき、労働者が固定期間労働契約の締結を申し出た場合を除き、無固定期間労働契約を締結しなければならない。
(1)労働者が当該使用者において満10年連続して勤務している場合
(2)使用者が初めて労働契約制度を実施するか、または国有企業が制度改正により新たに労働契約を締結する場合で、労働者が当該使用者において満10年連続して勤務し、かつ法定定年退職年齢まであと10年に満たないとき
(3)固定期間労働契約を連続して２回締結し、かつ、労働者に本法39条並びに40条１号及び２号に定める事由がなく、労働契約を更新する場合

使用者が雇用開始日から満１年以上にわたり労働者と書面による労働契約を締結していない場合、使用者と労働者はすでに無固定期間労働契約を締結しているものとみなす。

第26条（Q45）

以下の労働契約は無効または一部無効とする。
(1)詐欺、脅迫の手段または他人の危機に乗じて、相手方の真意に反する状況において労働契約を締結させ、または変更させた場合
(2)使用者が自らの法定責任を免れ、または労働者の権利を排除した場合
(3)法律、行政法規の強行規定に違反した場合

労働契約の無効または一部無効について紛争がある場合、労働争議仲裁機構または人民法院により判断する。

第36条（Q45、Q48）

使用者と労働者は協議による合意によって労働契約を解除することができる。

第37条（Q10、Q37、Q43、Q48）

労働者は、30日前までに書面により使用者に通知することで、労働契約を解除することができる。労働者は、試用期間内に、3日前までに使用者に通知することで、労働契約を解除することができる。

第38条（Q6、Q10、Q16、Q37、Q48）
　使用者が以下の事由のいずれか1つに該当する場合、労働者は労働契約を解除することができる。
(1)労働契約の約定どおりに労働保護または労働条件を提供しない場合
(2)期限どおりに労働報酬を満額支給しない場合
(3)法に従って労働者のために社会保険料を納付しない場合
(4)使用者の規則制度が法律、法規の規定に違反し、労働者の権益を損害した場合
(5)本法26条1項に定める事由により、労働契約が無効となった場合
(6)法律、行政法規に規定する労働者が労働契約を解除することができるその他の場合
　使用者が暴力、威嚇または違法に人身の自由を制限する手段により労働者に労働を強制した場合、または使用者が規則に違反した指示若しくは危険な作業の強要により労働者の人身の安全が脅かされたとき、労働者は直ちに労働契約を解除することができ、使用者に事前に告知する必要はない。

第39条（Q9、コラム9、失敗事例3、Q33、Q36、Q39、Q40、Q41、Q42、Q43、Q45、Q46、Q47、Q48、Q51）
　労働者が以下の事由のいずれか1つに該当する場合、使用者は労働契約を解除することができる。
(1)試用期間中に採用条件を満たしていないことが証明された場合
(2)使用者の規則制度に著しく違反した場合
(3)著しい職務怠慢、不正行為により使用者に重大な損害を与えた場合
(4)労働者が同時に他の使用者と労働関係を確立し、当該使用者の業務任務の完成に甚だしい影響を与えた場合または使用者が指摘しても是正を拒否した場合
(5)本法26条1項1号に定める事由により労働契約が無効となる場合
(6)法により刑事責任を追及された場合

第40条（Q9、Q17、Q18、Q19、Q20、失敗事例3、Q33、Q39、コラム18、Q40、Q41、Q45、Q46、Q47、Q48、Q51）
　以下の事由のいずれか1つに該当する場合、使用者は、30日前までに書面により労働者本人に通知するか、または労働者に対し1ヵ月の賃金を別途支払った後、労働契約を解除することができる。

(1)労働者が病気または業務外の負傷により、医療期間満了後、元の業務に従事することができず、使用者が別途手配した他の業務にも従事できない場合
(2)労働者が業務に堪えることができず、研修または職務調整を経てもなお業務に堪えることができない場合
(3)労働契約締結時に依拠した客観的な状況に重大な変化が発生したことによって、元の労働契約を履行できなくなり、使用者と労働者が協議を経ても労働契約の変更について合意に至らなかった場合

第41条（失敗事例3、Q33、Q39、Q40、Q44、Q45、Q46、Q47、Q48）

以下の事由のいずれか1つに該当し、削減人員が20人以上または20人未満だが企業従業員総数の10％以上である場合、使用者は、30日前までに工会または全従業員に状況を説明し、工会または従業員の意見を聴取後に、人員削減案を労働行政部門に報告したうえで人員削減を行うことができる。
(1)企業破産法の規定に従って会社再生を行う場合
(2)生産経営が極めて困難になった場合
(3)企業の生産転換、重大な技術革新または経営方式の調整により、労働契約変更後、依然として人員削減が必要な場合
(4)その他労働契約の締結時に依拠した客観的な経済状況に重大な変化が生じ、労働契約を履行できなくなった場合
人員削減にあたり、以下の人員を優先的に継続雇用しなければならない。
①当該使用者と比較的長期間の固定期間労働契約を締結している者
②当該使用者と無固定期間労働契約を締結している者
③家庭内に他に就業者がおらず、扶養を必要とする老人または未成年者を有する者
使用者が本条1項の規定に従って人員削減を行い、6カ月以内に新たに人員を採用する場合、削減された人員に通知し、かつ、同等の条件で削減された人員を優先的に採用しなければならない。

第42条（Q32、Q33、コラム18、Q45、Q46、Q47、Q52）

労働者が以下の事由のいずれか1つに該当する場合、使用者は、本法40条、41条の規定に従い労働契約を解除してはならない。
(1)職業病の危険を伴う作業に従事する労働者で、業務を離れる前に職業健康診断を行っていない場合、または職業病の疑いのある病人で診断中または医学的観察期間にある場合
(2)当該使用者における職業病のり患または業務上の負傷により、労働能力を喪失または一部喪失したことが確認された場合

(3)り病または業務外の負傷により規定の医療期間内にある場合
(4)女性労働者が妊娠期、出産期、授乳期にある場合
(5)当該使用者に満15年以上連続して勤務し、かつ法定退職年齢まであと５年未満の場合
(6)法律、行政法規が規定するその他の場合

第43条（Q９、Q39、コラム19）
　使用者は、労働契約を一方的に解除する場合、事前にその理由を工会に通知しなければならない。使用者が法律、行政法規の規定または労働契約の約定に違反した場合、工会は使用者に是正を要求する権利を有する。使用者は工会の意見を検討し、かつその処理結果を書面により工会に通知しなければならない。

第44条（Q５、Q43、Q48）
　以下の事由のいずれか１つに該当する場合、労働契約は終了する。
(1)労働契約期間が満了した場合
(2)労働者が法に従って基本養老保険待遇を受け始めた場合
(3)労働者が死亡した場合、または人民法院により死亡または失踪を宣告された場合
(4)使用者が法に従って破産を宣告された場合
(5)使用者が営業許可証を取り消され、閉鎖を命じられ、取り消された場合または使用者が解散を決定した場合
(6)法律、行政法規が規定するその他の場合

第45条（Q32、Q33、コラム18、Q45、Q46、Q52）
　労働契約期間が満了し、本法42条に定める事由のいずれか１つに該当する場合、労働契約は延長され、相応の事由が消滅する時に終了する。ただし、本法42条２号に定める労働能力を喪失または一部喪失した労働者の労働契約の終了については、国の労働災害保険に関する規定に照らして執行する。

第46条（Q９、Q16、失敗事例３、Q37、Q41、Q48、Q49）
　以下の事由のいずれか１つに該当する場合、使用者は労働者に経済補償金を支払わなければならない。
(1)労働者が本法38条の規定に従って労働契約を解除する場合
(2)使用者が本法36条の規定に従って労働者に労働契約の解除を申し出て、労働者と協議の上、労働契約の解除を合意する場合
(3)使用者が本法40条の規定に従って労働契約を解除する場合

(4)使用者が本法41条1項の規定に従って労働契約を解除する場合
(5)使用者が労働契約で約定した条件を維持するか引き上げて労働契約を更新した場合に労働者がこれに同意しないときを除き、本法44条1号の規定に従って固定期間労働契約を終了する場合
(6)本法44条4号、5号の規定に従って労働契約を終了する場合
(7)法律、行政法規で規定されているその他の場合

第47条（Q48）

経済補償金は労働者の当該使用者における勤務年数に照らし、満1年につき1カ月の賃金を基準として労働者に支払う。6カ月以上1年未満の場合、1年として計算する。6カ月未満の場合、労働者に半月分の経済補償金を支払う。

労働者の月額賃金が使用者の所在直轄市、区を設ける市級人民政府の公布する本地区の前年度平均月額賃金の3倍を上回る場合には、当該従業員に支払う経済補償金の基準は、当該平均賃金の3倍相当額とする。当該労働者に支払う経済補償金の支払い対象年数は最高12年を超えない。

本条における月額賃金とは、労働契約解除または終了前12カ月の平均賃金をいう。

第50条（Q49）

使用者は、労働契約の解除または終了時に、労働契約を解除または終了したことの証明を発行し、かつ15日以内に労働者の档案及び社会保険関係の移転手続きを行わなければならない。

労働者は双方の約定に従って、業務の引き継ぎをしなければならない。使用者は、本法の関連規定に従って労働者に経済補償金を支払わなければならない場合、業務引き継ぎ終了時に支払う。

使用者は、解除または終了した労働契約書を少なくとも2年以上保存し、調査に備えなければならない。

第81条（Q5）

使用者が提供する労働契約書に本法で定める必須条項が記載されていない、または使用者が労働契約書を労働者に交付していない場合、労働行政部門がその是正を命じる。労働者に損害を与えた場合、賠償責任を負わなければならない。

第82条（Q5）

使用者は雇用開始日から1カ月を超え1年未満の間に労働者と書面による労働契約を締結していない場合、労働者に毎月2倍の賃金を支払わなければならな

い。
　使用者が本法の規定に違反し、労働者と無固定期間労働契約を締結していない場合、無固定期間労働契約を締結すべき日から、労働者に毎月2倍の賃金を支払わなければならない。

第87条
　使用者は、本法の規定に違反して労働契約を解除または終了した場合、本法47条に定める経済補償金基準の2倍に相当する賠償金を労働者に支払わなければならない。

◎労働契約法実施条例

第15条（Q8）
　試用期間中の労働者の賃金は、当該使用者における同一職務の最低賃金レベルの80％を下回ってはならず、または労働契約に約定する賃金の80％を下回ってはならず、かつ会社所在地の最低賃金基準を下回ってはならない。

第21条（Q47、Q48）
　労働者が法定の定年退職年齢に達した場合、労働契約は終了する。

◎労働関係の確立に関する事項についての通知

第1条（Q3）
　使用者が労働者と書面による労働契約を締結しなかったが、同時に以下の事由に該当する場合、労働関係は成立する。
(1)使用者及び労働者が、法律及び法規に定める主体資格を有すること
(2)使用者が法律に基づいて制定した就業規則等、各規定が労働者に適用され、労働者が使用者の労働管理を受け、使用者の手配する報酬ある労働に従事すること
(3)労働者が提供する労務が使用者の業務の構成部分であること

第2条
　使用者が労働者と書面による労働契約を締結していない場合、労働関係が存在することを認定するにあたり、以下の証憑を参考にすることができる。

(1)給与支払い証憑または記録（従業員給与支給名簿）、各社会保険料の納付記録
(2)使用者が労働者に交付した「就業証」、「勤務証」等、身分を証明できる証書等
(3)労働者が記入した使用者の募集時の「登記表」、「申入書」等の採用記録
(4)勤務記録
(5)その他労働者の証言等
　そのうち、(1)、(3)、(4)項についての関係証憑は使用者が立証責任を負う。

◎「国務院の従業員の労働時間に関する規定」の撤廃に関する実施弁法

第6条
　いかなる使用者及び個人も、勝手に従業員の労働時間を延長してはならない。企業が生産経営の必要によって従業員の労働時間を延長する場合、労働法41条の規定に従って執行しなければならない。

◎企業の不定時労働時間制及び労働時間総合計算労働制実施に関する審査許可弁法

第3条
　企業は生産の特性により、労働法36条、38条の規定を実施できない場合、不定時労働時間制または労働時間総合計算労働制等その他の労働及び休日・休暇方法を実施することができる。

第4条（Q23）
　企業は、以下の条件のいずれか1つに該当する従業員に対し、不定時労働時間制を実施することができる。
(1)企業の高級管理職、外勤スタッフ、販売従事者、一部の当直勤務者及び標準労働時間に基づいて計算できない業務に従事する者
(2)企業の長距離運送人員及びタクシー運転手、鉄道、港及び倉庫の一部荷役従事者並びに業務の特性により臨機応変な作業に従事する者
(3)生産の特性、業務の特殊需要、または職責範囲の関係によって、不定時労働時間制の実施に適する従業員

第5条（コラム12）
　企業は、以下の条件のいずれか1つに該当する従業員に対し、労働時間総合計

算労働制を実施することができる。即ち、週、月、四半期、年を周期として総合的に労働時間を計算する。ただし、1日あたり平均労働時間及び1週あたり平均労働時間が法定標準労働時間と基本的に相当でなければならない。
(1)交通、鉄道、郵便・電信、海運、航空、漁業等、業務の特性によって継続的作業が必要とされる従業員
(2)地質及び資源探査、建築、製塩、製糖、観光等、季節及び自然条件の制限を受ける業種の一部の従業員
(3)労働時間総合計算労働制の実施に適する従業員

◎従業員年次有給休暇条例

第3条(Q28)
　従業員の累計勤務が満1年以上10年未満の場合、年次有給休暇は5日間とし、満10年以上20年未満の場合、年次有給休暇は10日間とし、満20年以上の場合、年次有給休暇は15日間とする。

第4条
　従業員は以下の状況のいずれかがある場合、当年の年次有給休暇を享受しない。
(1)従業員が法律に基づいて冬休みまたは夏休みを享受し、その休暇日数が年次有給休暇を上回る場合
(2)従業員が私用休暇を累積20日以上取って、かつ使用者が規定に基づいて賃金を減額しない場合
(3)累計勤務年数が満1年以上10年未満の従業員について、傷病休暇を累計2カ月以上取った場合
(4)累計勤務年数が満10以上年20年未満の従業員について、傷病休暇を累計3カ月以上取った場合
(5)累計勤務年数が満20年以上の従業員について、傷病休暇を累計4カ月以上取った場合

第5条(Q29、Q30、Q31)
　使用者は、生産、業務の具体的な状況に基づき、かつ従業員本人の意思を考慮し、従業員の年次有給休暇を統一して手配する。
　年次有給休暇は一年度内で集中的に手配し、または分割して手配することもできる。一般的に年度を越えて手配はしない。使用者が生産、作業の特徴により、

年度を越えて手配する必要がある場合、1つの年度を繰り越して手配することができる。

　使用者が仕事の需要により従業員に年次有給休暇を手配できない場合、従業員本人の承諾を経て、年次有給休暇を手配しないことができる。従業員が休むべきであるが休まなかった年次有給休暇日数につき、使用者は、当該従業員の1日の賃金収入の300％の年次有給休暇の賃金報酬を支払わなければならない。

◎企業従業員年次有給休暇実施弁法

第5条

　従業員が使用者に新規採用され、かつ本弁法3条の規定に合致する場合、当該年度の年次有給休暇の日数は、当該使用者における残りの西暦日数に応じて換算し、換算後1日未満の部分は、年次有給休暇を享受しないものとする。

　前項が規定する換算方法は次のとおりである。（当該年度に当該使用者における残りの西暦日数÷365日）×当該従業員本人の1年間において享受すべき年次有給休暇日数。

第8条

　従業員がすでに当年度の年次有給休暇を享受し、当年度内に条例4条の(2)、(3)、(4)、(5)号に定めるいずれか1つの事由に該当する場合、次年度の年次有給休暇を享受しない。

第9条（Q31）

　使用者は生産、勤務の具体的状況に基づき、かつ従業員本人の意思を考慮し、年次有給休暇を統一して手配する。使用者が業務の必要により従業員の年次有給休暇を手配できない、また年度を繰り越して手配する場合、従業員本人の同意を得なければならない。

第10条（Q29、Q30）

　使用者が従業員の同意を得て年次有給休暇を手配しない、または従業員に手配する年次有給休暇日数が享受すべき年次有給休暇日数を下回る場合、本年度内において従業員の未取得年次有給休暇日数に対し、1日あたり賃金収入の300％を未取得年次有給休暇の賃金報酬として支払う。その中には使用者が従業員に支給する通常勤務期間の賃金収入が含まれる。

　使用者が従業員に年次有給休暇を手配したが、従業員本人の原因により、かつ

書面により年次有給休暇を取得しないと提出した場合、使用者はその通常勤務期間の賃金収入のみを支払うことができる。

第12条（Q30、Q49）
　使用者が従業員との労働契約を解除または終了する際に、当年度に享受すべき年次有給休暇の全てを手配できなかった場合、従業員の当年度における勤務日数に基づいて未取得年次有給休暇日数を換算し、かつ、未取得年次有給休暇の賃金報酬を支払わなければならない。ただし、換算後1日未満の部分は、未取得年次有給休暇の賃金報酬を支払わないものとする。
　前項で規定する換算方法は次のとおりである。（当年度の当該使用者のもとで勤務した西暦日数÷365日）×従業員本人の1年間に享受すべき年次有給休暇日数－同年度にすでに取得した年次有給休暇日数。
　使用者が当年度の有給休暇を全て従業員に手配していた場合、その日数が換算された取得すべき年次有給休暇日数を超えた部分の賃金を控除しない。

第18条（Q49）
　本弁法における「年度」とは、西暦の年度を指す。

◎女性労働者労働保護特別規定

第5条（Q33）
　使用者は、女性労働者の妊娠、出産、授乳を原因にその賃金を引き下げ、解雇し、労働契約または雇用契約を解除してはならない。

第6条
　女性労働者が妊娠期間において元の業務に従事できない場合、使用者は医療機関の証明に基づいて、業務量を減らし、またはその他の適切な業務を手配しなければならない。
　妊娠7カ月以上の女性労働者に対し、使用者は労働時間を延長し、または夜勤業務を手配してはならない。かつ、労働時間内に一定の休憩時間を手配しなければならない。
　妊娠中の女性労働者が労働時間内に出産前の検査を受ける場合、それに必要とする時間は労働時間に参入する。

第7条（Q33）

女性労働者は98日の産休を享受する。そのうち出産前に15日の産休を取得できる。難産の場合、産休日数を15日追加する。双子以上の場合、1人につき15日の産休日数を追加する。

　女性労働者が妊娠4カ月未満で流産した場合、15日の産休を享受する。妊娠満4カ月以降で流産した場合、42日の産休を享受する。

第8条（Q33）

　女性労働者の産休中の生育手当は、すでに生育保険に加入している場合、使用者の前年度の従業員平均賃金を基準に生育保険基金から支払われる。生育保険に加入していない場合、女性労働者の産休前の賃金を基準に使用者が支払う。

　女性労働者の出産または流産の医療費用は、生育保険が規定する項目及び基準に従って、すでに生育保険に加入している場合、生育保険基金から支払われる。生育保険に加入していない場合、使用者が支払う。

◎労働紛争調停仲裁法

第27条（Q2、Q4、Q11、Q13）

　労働紛争仲裁の申請時効期間は1年とする。仲裁時効期間は、当事者がその権利が侵害されたことを知ったあるいは知り得べき日から起算する。

　前項に規定する仲裁時効は、一方当事者が相手方当事者に対して権利を主張したとき、または関連部門に権利救済を申し出たとき、あるいは相手側当事者が義務の履行に同意したときに中断する。仲裁時効期間は中断した時より最初から計算される。

　不可抗力、またはその他の正当な理由により、当事者が本条1項に規定する仲裁時効期間内に仲裁を申請することができない場合、仲裁時効は停止する。時効中止の原因が消滅した日から仲裁時効期間が継続計算される。

　労働関係存続期間に労働報酬の支払い遅延により紛争が発生した場合、労働者は本条1項に規定する仲裁時効期間の制限を受けない。ただし、労働関係が終了した場合は、労働関係終了日から1年以内に申請しなければならない。

第2章

タイの労働法
(タイ王国／ราชอาณาจักรไทย)

第1節 労働法制の紹介

Q1 タイの人事労務関連の基本的な法律について教えてください。

Point

・タイの人事労務について定めた法律として、民商法典第3部第6章「雇用」及び1998年労働者保護法がある。
・労働紛争に関しては1975年労働関係法、労働裁判については1979年労働裁判所設置及び労働訴訟法が規定している。

　タイにおける人事労務関連について定めている基本的な法律は、タイの民法、商法、及び会社法を規定したタイ民商法典の第3部第6章「雇用」の575条～586条（以下、「民商法典」という）です。これらの規定をベースとして、労働者保護の観点から補正を加えた「1998年（B.E.2541年）労働者保護法」（以下、「労働者保護法」という）が定められています。日常の人事労務に関しては、この労働者保護法が根拠法律となる事柄がほとんどです。

　労働社会福祉省の雇用局から、各種法令の解釈運用等について通達が出されることも多くありますが、合法・違法の最終判断は裁判所に従うことになります。最高裁判所の判例は、最高裁判所のウェブサイトで閲覧することができ（ただしタイ語）、また最高裁判所判例集も出版されています。

　労使紛争及び労働組合については「1975年労働関係法」（以下、「労働関係法」という）が、労働裁判所の構成及び労働裁判の手続き等については「1979年労働裁判所設置及び労働訴訟法」（以下、「労働訴訟法」という）が定められています。この他、日本人を含めた外国人の就労については、「2008年外国人就労法」（以下、「外国人就労法」という）、社会保険については「1990年社会保険法」（以下、「社会保険法」という）、労働災害については「1994年労働

災害補償法」（以下、「労災法」という）などが定められています。

　ほとんどの法律が、英語や日本語の翻訳でも出版されていますが、オフィシャル版はあくまでタイ語となっています。誤訳も散見されますので、最終的にはタイ人スタッフや弁護士を交えて、タイ語原文でご確認ください。

Column 1

タイにおける人件費の上昇と雇用情勢

　タイの失業率は、ここ数年間、0.7％前後で推移しています。0.7％という数字は国際的に見ても驚異的に低い数字で、ほぼ完全雇用といえるものです。この驚異的な失業率は、タイでも少子高齢化が進行しており、労働力が絶対的に不足しつつあることも要因ですが、タイ人の働き方もその一因となっているのではないかと思います。

　タイの小売店やレストランでは、その多くが、過剰ともいえるような数の店員を置いており、中には客より店員が多くスタンバイしており、店員が手持無沙汰にスマホをいじっているような場面に出くわすこともあります。日本では３人もいれば足りるであろう規模の店舗に、倍の６人程度が配置されているのです。

　ブルーカラーの労働者賃金がさほど高くないタイでは、従業員数を抑えて固定費を抑制するという発想があまり沸かないのかも知れませんが、私はむしろ、一つの職をできるだけ多くの従業員で分け合うワークシェアの理念によるものが大きいのではないかと思います。ブルーカラーのみならず、私の勤務していた法律事務所でも、せいぜい１日１～２時間のみ残業すれば仕事が回るよう、多くの事務員及び弁護士が雇用されていました。

　タイの最低賃金は、各県別に定められており、2018年４月１日現在、もっとも安い地域で１日308バーツ、もっとも高い地域で１日330バーツとされています（労働者保護法79条１項３号、88条）。もっとも、首都バンコクでは、2012年にはすでに最低賃金が300バーツと定められていましたので、現在では最低賃金では、なかなか人が集まらない状況にあります。

タイに進出している日系企業は、そのほとんどがタイの比較的安価な人件費に期待して進出していますから、現在のこのような人手不足・賃金上昇傾向は、在タイ日系企業にとっては好ましくないといえるのでしょう。実際、外国人1人につきタイ人4人の雇用が必要という外国人就労の要件（外国人の就労手続きの詳細はQ6参照）を満たしたくても、なかなかタイ人の応募がなく困っている日系企業が多くいらっしゃいます。

このまま低失業率が続く場合には、日系企業をはじめとした外資企業がタイに進出するメリットが薄れてしまいかねない事態であり、外国人1人につきタイ人4人の雇用を必要とする外国人就労要件の緩和など、何らかの抜本的対策が期待されるところです。

(田畑　智砂)

Column

タイの労働者

　タイ人従業員とのコミュニケーションに悩んでいらっしゃる日系企業の人事担当者の方は多いのではないでしょうか。私は、タイ人のおよそ95％が仏教徒であるという事実を念頭に置くことが、彼らを理解する上で重要なファクターになるのではないかと思います。

　タイの仏教は、日本とは異なる上座部仏教（小乗仏教）で、タイ人には信仰の厚い人も多く、彼らはタンブン＝徳を積むことにより自らが救済されると信じています。道端に立っている托鉢僧に寄付すること、親孝行すること、嘘をつかないこと等がタンブンにあたります。このためか、信仰の厚いタイ人仏教徒は、仕事の場面でも誠実かつ真面目で、一見おおらかな印象があります。

　タイは「ほほえみの国」と呼ばれ、初対面の人間に対しても微笑んで会釈し、日本人に対しては日本の文化習慣に合わせてお辞儀で礼を尽くすタイ人の国民性は、日本人にとってとても好印象です。

　しかしながら、彼らはとてもプライドが高く、自分の仕事に誇りを持っています。人前でタイ人従業員をしかるなど、プライドを傷つける行為は厳禁で

す。業務について問題点を指摘する場合には、必ずほかの従業員がいない場所で行うよう、心配りをすべきです。

　日本人マネージャーが、タイ人従業員との付き合いで気をつけたい点が2点あります。1点目は、割り勘厳禁です。タイでは、会社などの会合でレストランに行った際には、目上の人が目下の人の分をすべて支払うのが常識となっています。日本人マネージャーが連れて行ったレストランでタイ人従業員に割り勘を求めるのは非常識な行為に当たるので要注意です。

　2点目は、たとえタイ人従業員を飲みに誘って断られてしまったとしても、機嫌を損ねないことです。社内の懇親を深めようとタイ人従業員を誘ったところ、「私は行きません」などというストレートな断りの返事が返ってくることがあります。日本では、上司や客先の誘いには行くのが礼儀であるという考え方があり、どうしても断らなければならない場合でも、「予定が入っていますので申し訳ありません。また今度ぜひ誘ってください」などとフォローするのが通常です。

　しかし、タイでは、飲みに行くか行かないかは本人次第であり、その時予定があろうがなかろうが選択できるのが当たり前という考え方が一般的です。誘いを断ったタイ人従業員にはまったく悪気はありませんので、「行きません」とそっけなく言われても怒らずに、次回も懲りずに誘ってあげてください。あるいは、「日本人の上司や客先から飲みに誘われて、断る場合には、『ごめんなさい。また次回誘ってください』と言っておくと人間関係がうまくいくよ」等とアドバイスをしておくのもよいでしょう。

(田畑　智砂)

Q2 タイの労働紛争解決手段について教えてください。

Point

- タイの労働紛争解決手段については、労働関係法が詳細に定めている。
- 労働関係法の定める手順に従わないストライキは違法であり、違法なストライキは解雇理由となり得る。

　タイでも、給料・賞与や福利厚生の改善を求めて、労働紛争が起きることがあります。もっとも、ストライキにまでいたることは稀で、毎年１桁台にとどまっています。

　タイにおける労働紛争解決手段については労働関係法が詳細に定めており、この手順に従わないストライキやロックアウトは違法となります。労働紛争解決の手順は以下のとおりです。

図表２－１　タイにおける労働紛争解決手段

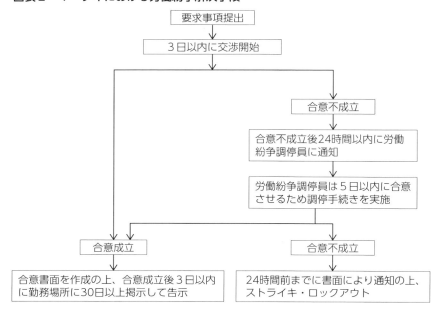

第 1 節　労働法制の紹介

1　要求事項提出

まず、労働者側または使用者側から、相手方に要求事項を提出します。労働者側から提出する場合には、労働者総数の15％以上の労働者の氏名及び署名が必要となります。この際、7名以下の交渉代理人を選任し、要求事項に記載する必要があります（労働関係法13条3項）。労働者総数の20％以上が加盟する労働組合は、労働者に代わって使用者に通知することができます（労働関係法15条1項）。20％の人数に満たないことが疑われる場合には、使用者、使用者協会または労働組合は、労働紛争調停員に対して調査及び証明を要求することができます（同条3項）。

2　交渉

両者は、要求事項受領後3日以内に交渉を開始しなければなりません（労働関係法16条）。3日以内に交渉が行われなかった場合、または交渉によっても合意に至らなかった場合には、要求事項提出側が、合意不成立後24時間以内に労働紛争調停員に書面で通知しなければなりません（労働関係法21条）。

3　調停

労働紛争調停員は、書類受理後5日以内に合意させるための調停手続きを実施します（労働関係法22条1項）。

4　ストライキ、ロックアウト

調停によっても合意に至らなかった場合、合意不可能な労働紛争が発生したとみなされ、労働者側及び使用者側は、相手側と労働紛争調停員に24時間前までに書面により通知した上で、労働者側はストライキ、使用者側はロックアウトを行うことができます（労働関係法22条3項）。

このように、タイでは日本とは異なり、必ず調停を経なければストライキまたはロックアウトを行うことができないことになっています。これらの手続きが一つでも欠けた場合、当該ストライキまたはロックアウトは違法となる点に注意が必要です（同法34条）。まれに手続きを遵守しないストライキが行われることがありますが、これらは違法となりますので、当該労働者の

解雇事由になり得ます。最高裁判所の判決にも、24時間前までの書面による通知を行わずストライキを行った社員らを解雇したケースについて、不当解雇ではないと判旨しているものがあります（最高裁判所判決第1764－1797／2556号）。

5　合意

一方、交渉または調停により合意に至った場合には、合意書面を作成の上、合意後3日以内に勤務場所に掲示して告示する必要があります。当該掲示期間は30日以上と定められています（労働関係法18条1項）。また、この合意書は、合意後15日以内に雇用局に提出し、登記しなければなりません（同条2項）。

第2節 社員の採用

第1項 就業規則及び労働契約書の作成

Q3 タイに現地法人を設立しました。現地で日本人を含む外国人を自由に採用することはできますか？ タイへの進出形態による違いはありますか？

> **Point**
> ・タイでは、外国人の就労が認められていない職種がある。
> ・外国人を雇用するには、原則として、外国人1人につき200万バーツの払込資本金とタイ人4人の雇用が必要となる。
> ・BOI事業、IEAT管轄の工業団地に事業所を所有している企業については要件が緩和されている。

1 禁止業種

外国人は、すべての職種で就労が可能となっているものではなく、以下の39業種において就労が認められていません（外国人職業規制法）。肉体労働等の単純労働は認められておらず、また、タイの伝統工芸品の製作等についても、外国人には許容されていません。

　①肉体労働
　②農業・畜産業・林業・漁業への従事（ただし、特殊技能業種、農業管理、海洋漁業船舶における単純肉体労働を除く）
　③レンガ職人、大工その他の関連建設業者
　④木彫品製造

⑤自動車などの運転や運搬具の操縦（ただし、国際線のパイロットを除く）
⑥店員
⑦競売業
⑧会計業としての監査役務の提供（ただし、臨時的な内部監査を除く）
⑨貴石類の切削や研磨
⑩理容師、美容師
⑪織物製造
⑫アシ、藤、麻、竹を原料とするマットやその他の製品の製造
⑬手すき紙製造
⑭漆器製造
⑮タイ特産楽器製造
⑯黒象眼細工
⑰金・銀その他の貴金属製品の製造
⑱石工
⑲タイ特産玩具の製造
⑳マットレス、上掛け毛布類の製造
㉑托鉢用鉢の製造
㉒絹手工芸品の製造
㉓仏像製造
㉔ナイフ製造
㉕紙製・布製の傘製造
㉖靴製造
㉗帽子製造
㉘仲介業、代理店業（ただし、国際貿易業務を除く）
㉙建設、木工に関し、企画、計算、組織、分析、計画、検査、監督助言をする業務（ただし、特殊技能を必要とする業務を除く）
㉚建設業における設計、図面引き、コスト計算、助言をする業務
㉛服仕立業
㉜陶磁器類の製造
㉝手巻きタバコ

㉞観光案内人及び観光案内業
㉟行商・露店業
㊱タイ字のタイプ
㊲絹を手で紡ぐ業務
㊳事務員，秘書
㊴法律・訴訟に関する業務

2　ビザとワークパーミット（就業許可）

　日本人を含む外国人のタイにおける就労は、上記の禁止業種にあたらない場合でも、1979年移民法（以下、「移民法」という）及び外国人就労法の規制を受けることになります。

　タイで就労するために入国する外国人は、まず、タイ国外のタイ領事館で、ノン・イミグラントビザを取得してからタイに入国する必要があります。タイに入国後は、遅滞なく就労許可（ワークパーミット）の取得を申請し、取得しなければなりません（移民法37条1項）。

3　進出形態による違い

　外国人労働者を雇用しようとする株式会社がワークパーミットを取得するには、外国人1人につき200万バーツの払込資本金が必要となります。また、外国人1人につきタイ人4人を雇用していることが、ノン・イミグラントビザ延長の条件となります。

　なお、BOI取得事業及びIEAT管轄の工業団地に事業所を所有している企業には当該規制は適用されず、要件が緩和されています。

4　最低賃金

　外国人には、タイ人と異なった最低賃金が定められていることにも注意が必要です。現在、日本人の最低賃金は、西ヨーロッパ諸国、オーストラリア、カナダ、アメリカ人と並んで月額50,000バーツとなっています。

Q4 就業規則、労働契約書、労働条件協約の作成は必要でしょうか？

Point

- 10人以上の労働者を雇用する会社は、タイ語で就業規則を作成しなければならない。
- タイは契約社会であるので、後々のトラブル回避のためにも労働契約書を作成すべきである。

1　就業規則の作成

10人以上の労働者を雇用する会社は、タイ語で就業規則を作成する義務があります（労働者保護法108条1項）。

就業規則は、労働者が10人以上になった日から15日以内に施行しなければなりません（同条2項）。また、就業規則は、労働者が容易に読めるよう、事業所内の公の場所に掲示しておかなければなりません（同条4項）。

就業規則において、必ず記載しておかなければならない事項は以下のとおりです。

①労働日、通常労働時間及び休憩時間
②休日及び休暇取得のルール
③時間外労働及び休日労働のルール
④賃金、時間外労働手当、休日労働手当及び休日時間外労働手当の支払い期限及び支給場所
⑤休暇日及び休暇取得のルール
⑥服務規律及び懲戒処分
⑦苦情申立て
⑧解雇、解雇補償金及び特別解雇補償金

また、⑦苦情申立てについては、以下の内容を含まなければなりません（同法109条）。

①苦情の範囲及び意味

②苦情申立ての方法及び手順
③苦情の調査及び解析
④苦情の解決手続き
⑤苦情申立人及び関係者の保護

　なお、以前は、雇用局に就業規則のコピーを提出しなければなりませんでしたが、2017年４月の労働者保護法改正により、この義務はなくなっております。ただし、就業規則の作成義務や掲示義務等は引き続き存在しますのでご注意ください。

2　雇用契約書の作成

　雇用契約書については、法律上の作成義務はありません。しかし、タイは契約社会ですので、後々のトラブル防止のためにも、労働者ごとに労働契約書を作成しておくことをお勧めします。雇用契約書には、少なくとも労働条件及び日付を明記し、労働者の署名をとっておくことが肝要です。

3　労働条件協約の作成

　労働者を20人以上雇用する事業所は、労働者の代表と交渉して雇用条件協約を書面で締結することが義務付けられています（労働関係法10条１項、２項）。労働条件協約がない場合には、就業規則が労働条件協約とみなされます（同条３項）。雇用条件協約で定めなければならないのは以下の事項となります（同法11条）。

①雇用または雇用条件
②勤務日及び勤務時間
③賃金
④福利厚生
⑤解雇
⑥労働者の苦情申立て手続
⑦雇用条件協約の修正または更新

　雇用条件協約が締結されると、協約で定めた内容より労働者に不利益な雇用契約は無効となります（同法20条）。また労働条件協約の締結や変更には、

書面による要求事項の提出、労働者との交渉及び合意といった労働関係法所定の手続きが必要となります（同法13条、労働紛争解決方法の詳細はＱ２参照）。このように、労働条件の不利益変更は、厳格な労働関係法所定の手続きによらなければ許されませんので、注意が必要です。

Column 3　就業規則の作成にあたって気を付けること

　タイの法律事務所で駐在勤務していた時、日系企業様から就業規則の作成・変更のご依頼が度々ありました。ご依頼内容としてよくあったのは、日本の本社の就業規則をお持ちになり、「これをもとにタイの会社の就業規則を作成してほしい」との内容でした。

　日本の就業規則は、日本の法律に基づいて定めなければなりませんが、タイの就業規則は、タイの法律に基づかなければなりません。両者は似ている面もありますが、中にはまったく違う制度や規定も存在しています。就業規則は、基本となるその国の法律をもとに、一貫したポリシーをもって作成すべきものです。しかし、日本の就業規則をもとに、タイの法律に従ってタイの現地会社の就業規則を作成すると、制度を切り貼りした一貫性のないものになってしまいます。タイの会社の就業規則を作成する際には、あくまでタイの法制度を基本に作成していただき、本社の就業規則については、まったく違う別会社のものとして参考程度にお考えいただくべきと思います。

　また、就業規則はタイ語で作成する必要がありますが、日本語で作成したものをタイ語に翻訳する場合、翻訳ミス及び誤解の危険性がありますので、十分注意してください。就業規則は、最終版となるタイ語で作成して頂き、日本人担当者の理解のためには、タイ語版の原本を英語または日本語に翻訳する形で確認いただいたほうが誤解や誤訳によるリスク回避の点からベターです。

　なお、タイには日本のような「退職金」という考え方はありません。私が担当させていただいた日系企業様のなかには、日本語で「退職金」と規定したものをタイ語に翻訳して就業規則を作成していたところ、タイで法定されている「解雇補償金」と同じものとは解されないため、退職の際に双方を支払わなけ

> ればならなくなくなる可能性があると懸念されたケースがありました。翻訳する際にも、必ず当該法律の制度趣旨を踏まえて記載し、似通った文言でも別制度である場合には注釈をつけておくなどの注意が必要となります。
>
> （田畑　智砂）

Q5　年少労働者を雇用する際に気を付けるべきことについて教えてください。

Point

・タイでは、15歳未満の者を雇用してはならない。
・18歳以下の年少労働者を、危険・有害な業務に従事させることや、夜間に就労させることは禁止されており、その他、届出義務等、年少労働者保護のための特別な規制が設けられている。

1　年少労働者の雇用

　タイでは、15歳未満の者を雇用することは禁止されています（労働者保護法44条）。このため、労働者が15歳以上であることを確認するために、雇用の際、IDカードとタビアンバーン（居住証明書）のコピーを提出させる必要があります。

　15歳から18歳までの年少労働者について、労働者保護法は1章を設けてその保護を目的とした規制を設けています。

　年少労働者を雇用する際には、勤務開始日より15日以内に労働監督官への報告が義務付けられており、解雇する場合にも、解雇日より7日以内の報告が必要です（同法45条）。

2　就業時間

　22時から6時までの間については、原則として年少労働者の就労が禁止さ

れています（労働者保護法47条）。年少労働者に時間外労働や、休日労働させることも禁止されています（労働者保護法48条）。休憩時間は、連続して4時間勤務する前に、1日に連続した1時間以上を設けることを要します（同法46条）。

3 危険・有害労働の禁止

(1) 年少労働者を下記の危険な業務に従事させることは禁止されています（労働者保護法49条、1998年労働者保護法に基づく労働・社会福祉省令6号）。

⑴ 以下の、危険な高温、低温、振動、騒音に関係する労働。
①摂氏45度を超える労働環境内での労働。
②冷凍食品の生産または保存業における冷凍庫内での労働。
③振動式掘削機を使う労働。
④1日8時間の労働において、労働者が連続的に75デシベル（A）を超える騒音下に置かれる労働。

⑵ 以下の危険化学物質、毒物、爆発物または可燃物に関係する労働。
①本省令末尾表記載の、発がん性物質を製造または運搬する労働。
②シアン化合物に関連する労働。
③爆竹、花火、またはその他の爆発物を製造または運搬する労働。
④給油所内での労働を除く、燃料油またはガスの探査、掘削、精製、充填、または積み下ろし作業。

⑶ 以下のウィルス、バクテリア、カビ、またはその他の菌で毒性を持つ微生物に関する労働。
①病気検査室での労働。
②感染症に関する法律に基づく感染症患者の看護。
③医療機関における患者の使用器具及び衣類の清掃洗濯。
④医療機関における廃棄物または汚物の収集、運搬、処理。

⑷ どのような性質の運転または操作行動であるかを問わず、エンジンまたは電力を使用するフォークリフトまたはクレーンの運転または操作。

(5)　すべての種類の放射線に関係する労働。

（2）　また、下記の場所における勤務も、年少者の健全な心身の発達に有害であるとして禁止されています（労働者保護法50条）。
　　①屠殺場
　　②賭博場
　　③娯楽場に関する法律に基づく娯楽場
　　④省令に規定されたその他の場所

4　保証金要求の禁止、賃金の第三者への支払いの禁止

　年少労働者については、いかなる場合にも保証金を要求することができません（労働者保護法51条1項）。また、年少労働者の賃金を、保護者を含めた第三者へ支払うことは禁止されており、これに反して事前に保護者等の第三者に支払った場合には、賃金の支払いが行われなかったとみなされることになりますので注意が必要です（同条2項）。

5　有給の研修休暇

　また、年少労働者については、年間30日まで、一定の研修のために取得する休暇が有給と定められています。年少労働者が研修休暇を取得する際には、雇用者に対し事前に証拠と共に研修休暇を取得する旨通知しなければなりません（労働者保護法52条、研修休暇の詳細はQ27参照）。

Q6　日本人がタイで働く際に必要な手続きを教えてください。

Point

・日本人がタイで働くには、日本国内にあるタイ領事館（東京、大阪）でノン・イミグラントBビザを取得の上、タイに入国し、入国後はすみやかにワークパーミットを取得する。

第2章　タイの労働法

1　ノンイミグラントビザの取得

　日本人がタイで働くためには、まず、在日のタイ領事館で、ノン・イミグラントBビザを取得の上、タイに入国する必要があります。ノン・イミグラントBビザは、就労目的でタイに入国するためのビザです。90日の有効期間内にタイに入国する必要があり、入国後も90日間の滞在が可能です。必要書類については、在日タイ領事館のウェブページ等に記載がありますのでご参照ください。東京のタイ領事館では、ノン・イミグラントBビザは、基本的に申請した翌営業日には取得できますが、不足書類があると追完するまで発行されませんし、ビザ申請に必要な書類のなかには、タイの会社から送ってもらわなければならない書類など取得に多少時間がかかるものもあります。申請の際には必ず時間的余裕をもって手続きしてください。

2　ワークパーミットの取得

　タイに入国した後は、すみやかに労働許可証（ワークパーミット）を取得する必要があります。職種によっては、ワークパーミット取得のために大学の英文卒業証明書等の学歴を証明する書類を提出する必要がありますので、日本であらかじめ取得して持参すると時間と手間が省けます。ワークパーミットが取得されると、1年間の長期ビザを取得することができます。ワークパーミットなしでの就業は高額な罰金の対象となりますので注意が必要です。

　なお、従来であれば、タイで働くにはたとえ1日でもワークパーミットの取得が必要とされていたのですが、2015年の労働福祉省通達により、短期間の会議や商談への参加等、以下についてはワークパーミットの取得が不要とされました。

　①会議・セミナーへの参加
　②展覧会・展示会の見学
　③事業の立ち上げを目的としない企業視察・商談
　④特別講義・学術講義の聴講
　⑤技術研修セミナー・講義の聴講
　⑥展示会での商品購買
　⑦自社役員会への出席

また、15日以内の緊急かつ必要な業務については、雇用局又はワンストップサービスに届出をすることにより、ワークパーミットなしで行うことができます。

3　90日レポート

タイに90日以上継続して滞在する外国人は、90日ごとにイミグレーションに居住地の報告をする必要があります。違反した場合には空港で出国する際、2,000バーツの罰金が科されることがありますので、注意が必要です。なお、90日レポートは、2回目以降は郵送やウェブサイトからの提出が可能です。

Q7　タイで働く日本人には、日本の労働法とタイの労働法のいずれが適用されますか？

Point

- タイで働く日本人には、基本的にはタイの労働法が適用される。
- 雇用契約書で日本法を準拠法とする旨合意していても、残業代や解雇などの強行法規については、タイの法律が適用される可能性がある。

1　タイで働く日本人に適用される法律

タイで働く日本人の雇用については、基本的には、「法の適用に関する通則法」7条により、雇用契約書等で、労働契約の際に雇用者と労働者が合意した法律が適用されることになります（法の適用に関する通則法7条）。労働契約の際に適用する法律について合意がない場合には、労務を提供すべき地の法律、すなわちタイの法律が適用されることになります（同法8条1項、12条2項）。もっとも、労働契約の際に日本法を選択する旨合意していたとしても、タイの労働法上、例えば時間外労働手当の支払いや解雇などの公序良俗に関する規定は、タイ法上の強行法規と解されていますので、これらについてタイの労働法より労働者に不利な内容の契約については、タイの裁判所に

よりタイの法律が適用される可能性があります。

2 出向契約の締結

　日本の会社と労働契約を結んでいる社員が、日本の会社との労働契約を残したまま、タイの現地会社に出向する際には、日本と労働条件が異なることとなることが考えられますので、あらかじめ出向契約等を締結し、条件を明確化した上で労働者の合意を得ておく必要があります。なお、日本の労働法上、いわゆる在籍出向を命じる場合には、当該出向者の事前の包括的同意が必要と解されており、意に反した一方的命令を下すことはできません（《日本》労働契約法14条）。

第2項　試用期間

Q8　タイで労働者を雇用する場合、試用期間を自由に定めることはできますか？

Point

- 試用期間が120日未満であれば、試用期間満了時に解雇する場合の解雇補償金の支払いは不要となる。
- もっとも、試用期間満了時の解雇についても、一賃金支払い日より前に、書面による事前解雇通知が必要。

1　試用期間の上限

　タイの労働法上、試用期間について特に上限は定められていません。例えば、雇用契約書で、試用期間を3カ月として合意し、その後必要に応じて延長することができると定めることもできます。もっとも、タイの法律は、勤続120日以上の労働者を解雇する際には、解雇補償金を支払わなければならない旨定めています（労働者保護法118条1項1号、解雇補償金の詳細はQ39参照）。したがって、試用期間中と言えども、勤続120日を過ぎた労働者を解雇する際には、法律の定める金額以上の解雇補償金を支払う必要があります。このため、タイでは、試用期間中の解雇において解雇補償金の支払いを不要とするため、試用期間を120日未満としている会社が多くみられます。試用期間の上限が120日未満である旨説明している解説等も散見されますが、厳密に言えば間違いです。

2　試用期間中の解雇

　試用期間中は、使用者が労働者の能力に満足しないことを理由として解雇することが可能と解されています。最高裁判所の判例にも、試用勤務を合格

しなかった社員を解雇したことには、適切かつ十分な解雇理由があるといえるので、不当解雇にはあたらない旨判示したものがあります（最高裁判所判決第13896／2555号）。

また、試用期間は「雇用期間の定めのない契約」とみなされています（労働者保護法17条2項）ので、試用期間終了時に解雇する場合、雇用期間の定めのない契約についての解雇と同様に、次の給料支払日に雇用を終了させるためには、1回前の給料支払い日前までに書面による事前解雇通知が必要となり、これを欠く場合には、解雇通告による契約終了日までの賃金支払いが必要となります。すなわち試用期間の最終日に解雇を言い渡すと事前通知義務違反となり、即時解雇とするために2回分の給与の支払いが必要となりますので注意が必要です（事前解雇通知の詳細はQ40参照）。

Q9 採用予定者から試用期間中の給与について質問がありました。タイでは試用期間中の給与について何か規定はありますか？

Point
・試用期間中であっても、法定最低賃金を下回る給料とすることはできず、雇用契約で定められたとおりの給料を支払わなければならない。
・試用期間中の外国人についても、ビザと労働許可証が必要。

タイの法律には、試用期間について定めた規定は特に存在しません。すなわち、試用期間中といえども、本採用時と同様に、雇用契約書で定めたとおりの給与を支払う必要があります。給料が法定最低賃金を下回ることはもちろんできませんし、残業代の支払いや休暇についても、すべて本採用時と同じ規制が適用されます。社会保険への加入義務もあります。

現地採用の日本人などの外国人労働者について、「試用期間中はワークパーミット（労働許可証）がいらない」等の誤った解釈をしている例が見受けられますが、タイで1日でも働く外国人は、ビザ及びワークパーミットの取得

が必要となっています。従いまして、試用期間中の外国人についても、ワークパーミットの取得が必要となります。また、試用期間中であっても、労働省の定める国籍別月額最低賃金を下回ることはできません（国籍別月額最低給料の詳細はＱ３、Q11参照）。

Q10 試用期間中の労働者を解雇することはできますか？　試用期間中の解雇について注意点を教えてください。

> Point
> ・試用期間中は、労働者の能力不足を理由とした解雇も可能。
> ・試用期間中の解雇であっても、原則として２給料日をはさむ事前の解雇通知が必要。

　タイの労働法では、試用期間の長さについて定めた規定は存在しませんが、試用期間中であれば、労働者の能力不足を理由とした解雇は可能であると解されています。最高裁判所の判例も、試用勤務をパスしなかった労働者を解雇したことは、適切かつ十分な解雇理由であり、不当解雇にはあたらないと判事した例があります（最高裁判所判決13896／2555号）。雇用契約において試用期間を定めておき、試用期間中は当該従業員の能力不足など、雇用者のパフォーマンスが雇用者を満足させるに足りないとの理由で解雇することができる旨を合意して定めておけば、パフォーマンス不足を理由とした試用期間中の解雇は不当解雇とはなりません。この点、120日未満の試用期間であれば、解雇補償金の支払いも不要となります（解雇補償金の詳細はQ39参照）。

　もっとも、タイの法律上、試用期間についても、「雇用期間の定めのない契約とみなす」旨が規定されていますので、試用期間終了時に解雇する場合でも、事前の解雇通知が必要となります（労働者保護法17条２項）。すなわち、通常の解雇と同様に、次の給与支払い日に雇用を終了させるためには、１賃金支払い日前またはそれ以前に、書面にて事前に解雇を通知することが必要

となります(同項)。

　例えば毎月月末が給料日である場合に3月末日の給料日をもって解雇するためには、2月末日の給料日またはそれ以前に、書面で解雇を通知することが必要という意味です。3月末日の給料日をもって解雇するためには、3月末日の給料日より前に事前通知をすればよいと誤解されている方も多いようですのでご注意ください。

　なお、事前通知を欠く場合でも、事前通知に代えて、本来解雇できるはずの日にちまでの給与相当額を支払うことで、即時解雇することができます(同条3項)。また、懲戒解雇の場合には事前通知は必要ありません(同条4項、民商法583条)。

　試用期間中の解雇といえども、書面による解雇通知を発する必要があります。この際、後々労働者とトラブルになることを回避するために、解雇通知に、解雇日及び解雇理由を明確に記載しておくべきです。労働者が急に来なくなり、そのままやむなく解雇する場合でも、解雇通知を自宅に書留で送っておく等証拠化しておくことで、後からトラブルとなる等の問題を回避することができます。

第3節 賃金・社会保険・職場調整

第1項　賃金制度・社会保険制度

Q11　タイの最低賃金について教えてください。

Point

- タイには、地域別最低賃金と、技能別最低賃金が定められている。
- 地域別最低賃金は、現在のところ全国一律に日額300バーツ。
- 外国人労働者には、ワークパーミット及びビザ更新の条件として、国籍別最低給料が定められている。

1　地域別最低賃金

　タイの最低賃金制度には、地域別最低賃金制度と、技能別最低賃金制度があります。地域別最低賃金は、地域・県ごとに規定されるもので、賃金委員会が、内閣と協議の上閣議決定を経て、地域別最低賃金を告示するものとされています（労働者保護法79条1項3号）。この地域別最低賃金は、国家公務員、地方公務員、農業労働者、在宅労働者・個人事業主には適用されません。

2　技能別最低賃金

　これに対し、技能別最低賃金とは、政府が実施する試験に合格し技能認定を受けた労働者に適用される最低賃金となっています。地域別最低賃金と同様に、賃金委員会が内閣と協議の上閣議決定を経て、技能別最低賃金を告示します（労働者保護法79条1項4号）。自動車塗装工、板金工、マッサージ師

など、それぞれレベルに応じた最低賃金が定められています。

　賃金委員会による最低賃金の告示は、労働省ホームページ（http://www.mol.go.th/anonymouse/home）で閲覧することができます。

3　外国人の国籍別最低給料

　一方で、日本人を含む外国人労働者については、移民局がワークパーミット及びビザ更新に必要な条件として、国籍別に月額最低給料を定めており、これによれば、日本人の最低月額給与は、欧米人と並んで月額5万バーツと最高額に設定されています。なお、この最低月額給与は、実際に労働者に対して支払われたことを要せず、あくまで当該月額最低給料に応じた社会保険料と個人所得税を納めていれば足りる制度となっています。時々、現地採用の日本人の方が、「うちの会社の給料は移民局の規定する最低賃金を満たしていないから違法だ」とおっしゃっているのを目にしますが、当該規定は外国人に対する最低給与を保証することを目的とした制度ではないので、外国人労働者が給料の増額を主張する際に当該規定を根拠とすることはできません。

Q12　タイの給与支払いに関する諸原則について、注意すべき点を教えてください。

> **Point**
> ・賃金全額払いの原則、直接払いの原則、保証金預かりの禁止、同一労働同一賃金の原則、月1回以上の支払い原則、タイ通貨払いの原則などが定められている。
> ・給料から社会保険料等を控除する場合には、雇用契約書等であらかじめ労働者の同意を得て、署名をもらっておく必要がある。

1　賃金全額払いの原則

　タイでは、日本と同様に、賃金等全額払いの原則が法定されており、原則として雇用者は、賃金、時間外労働手当、休日労働手当、休日時間外労働手当から、税金や社会保険料等を除いて控除することはできません（労働者保護法76条1項）。例外的に控除が可能となっているのは、下記の5項目となっていますが、そのうち②から⑤の項目については、控除対象となる労働者の書面による事前の同意がない限り、1回につき受給額の10％以下、合計で20％以下でなければなりません（同条2項）。

■控除できる項目

①所得税その他法律の規定に基づく支払い
②労働組合規約に基づく労働組合費の支払い
③貯蓄共同組合または貯蓄共同組合と同様の組合に対する負担金の支払い、労働者のみの利益となる福利厚生のための負担金の支払い
④労働者保護法10条に基づく保証金、または従業員の故意または重過失により使用者が被った損害に対する損害賠償金
⑤労働者との合意に基づく積立基金（プロビデントファンド）への積立金。

　これらすべての控除については、労働者の書面による事前の同意が必要とされており、同意があったことを明確にするために、必ず労働者の署名が必要とされていることに注意が必要です（同法77条）。

2　直接払いの原則

　タイの労働法上、賃金及び手当は、原則として労働者の勤務場所で支払わなければならないと定められています（労働者保護法55条）。この規定の文言によれば、銀行振込みは「勤務場所での支払い」にはあたらないことになりますので、雇用契約を締結する際、雇用契約書に銀行振込みとする旨を記載の上、従業員の同意をもらっておくべきです。銀行振込払いに関する同意についても、必ず書面により、従業員の署名が必要となります（同法77条）。

3　保証金預かりの禁止

　会計など、雇用者の金銭や資産を管理する労働者以外からは、保証金を預

かり、または保証人を立てることを要求することはできません（労働者保護法10条）。

4　同一労働同一賃金の原則

タイの労働者保護法は、業務の内容及び質が同一で業務量も同一である場合には、性別にかかわらず同等の賃金、時間外労働手当、休日労働手当、及び休日時間外労働手当を支払わなければならない旨法定しています（労働者保護法53条）。

なお、2008年の労働者保護法改正により、直接雇用の労働者と同一形態の業務を行う派遣労働者については、差別なく恩典及び福利厚生を提供しなければならないと規定されました（同法11／1条2項）。

5　月1回以上の支払い原則

雇用者は、最低でも月に1回以上、賃金、時間外労働手当、休日労働手当及び休日時間外労働手当を、期限に従い支払わなければなりません（労働者保護法70条1項）。諸般の理由により支払いが遅延した場合には、年利15％の利息を付さなければなりません（同法9条1項）。

6　タイ通貨払いの原則

その他、労働者への賃金、時間外労働手当、休日労働手当、休日時間外労働手当の支払いは、すべて基本的にタイ通貨によることが定められています（労働者保護法54条）。外貨で支払う場合にはあらかじめ労働者の同意を得ていることが必要となりますので、外貨で支払う場合には、雇用契約書にその旨記載し、当該労働者の署名を得ておくべきです。

Q13　残業代は、どのように計算すればよいのですか？

> **Point**
> ・残業代は、時間あたり賃金の1.5倍以上。
> ・休日残業代は、時間あたり賃金の3倍以上。
> ・時間あたり賃金＝（月給＋諸手当）÷30÷所定労働時間

1　賃金とは

　残業代、すなわち時間外労働手当の計算は、時間あたり賃金を基礎に行います。このため、まず、「賃金」にはどこまでが含まれるかを検討する必要があります。

　タイの労働者保護法では、時間外労働手当計算の基礎となる「賃金」の定義を、「雇用契約に基づく通常労働時間における労働の対価として支払われる金銭」と定義しています（労働者保護法5条10号）。

　したがって、ボーナスや残業代は「賃金」には含まれません。よく問題となるのは、各種手当等が「賃金」か「福利厚生」かという点です。賃金は残業代計算の基礎となりますので、どこまでが残業代の基礎に含まれるかが問題となってきます。

　この点、最高裁判所は、「精勤手当」や「住宅手当」については、当該社員が他県で勤務しなければならない間の個人的費用及び家賃補助の目的で支払われている旨明確に定められており、「雇用契約に基づく通常勤務時間における労働の対価とすること」を目的にしていないといえるので、当該「精勤手当」及び「住宅手当」は、福利厚生であって賃金ではない旨判示しています（最高裁判所判例2660／2556号）。一方で、最高裁判所は、顧客から回収した売上額の1％をコミッションとして社員に支払うことを合意していたケースについて、「雇用契約に基づく労働の対価として支払うことに合意した金銭」であるので、「賃金」にあたる旨判示しています（最高裁判所判決6533－6534／2556号）。また、これは消滅時効に関する判例ですが、労働者が立て替え払いしていたガソリン代及び顧客補償金について、支払い時に領収証をもらっ

ていたものの、これらは会社が毎月一定額を支払っているため、賃金にあたるとして、民商法193／34条（9）により2年の消滅時効にかかると判断したものがあります（最高裁判所判決第7780－7782／2556号）。

　上記判例の考え方によれば、労働の対価として毎月一定額を支払うものとされている金銭、例えば役職手当等の各種手当は、「雇用契約に基づく通常労働時間における労働の対価」にあたると考えられますので、時間外労働手当計算の基礎となる「賃金」に含まれることになります。

　いずれにしても、手当の内容や定め方によって考え方が異なりうる部分ですので、個別のケースについては専門家に相談することをお勧めします。

2　計算方法

■時間あたり賃金の計算

　まず、時間あたり賃金を計算します。タイでは、休日も原則として有給としてカウントされていますので（労働者保護法56条）、この時間あたりの賃金は、1カ月の労働日数を一律30日として計算することが定められています（同法68条）。日本のように、休日を除いた営業日で割る仕組みにはなっていませんので注意してください。そして、この30日×1日あたりの労働時間で、賃金を除した値が、時間あたり賃金となります。以下は、賃金が月額1万5,000バーツ、1日あたりの労働時間が8時間の計算例です。この労働者の時間あたり賃金は、62.5バーツとなります。

時間あたりの賃金計算例

月給1万5,000バーツ、1日あたりの労働時間8時間の場合

　　1万5,000バーツ　÷　（30日×8時間）　＝　62.5バーツ

■時間外労働手当の計算

　月給制の労働者については、時間外労働手当（残業代）は通常賃金の1.5倍以上（労働者保護法61条）、休日労働手当は1倍以上（同法62条）、休日時間外労働手当は3倍以上（同法63条）の割増手当を支払わなければならない旨

が規定されています。この割増係数は、労働者保護法で定める以上の数字を、あらかじめ就業規則において定めておく必要があります（同法108条1項3号）。就業規則がない場合には、労働者保護法の規定が適用されます。なお、日本とは異なり、深夜手当に関する規定は存在しません。

例えば時間外労働手当の計算は、上記で計算した時間あたり賃金に就業規則等で定めた1.5倍以上の係数を乗じ、実際に労働した残業時間を乗じて計算することになります。

上記の労働者の例で計算すると、以下のとおりとなります。

時間外労働手当・休日労働手当等の計算例

時間外労働手当が時間あたり賃金の1.5倍で、時間外労働を10時間した場合の時間外労働手当

　　時間あたり賃金62.5バーツ　×　1.5　×　10時間　＝　937.5バーツ

休日労働手当が時間あたり賃金の1倍で、休日労働を5時間した場合の休日労働手当

　　時間あたり賃金62.5バーツ　×　1　×　5時間＝312.5バーツ

休日時間外労働手当が時間あたり賃金の3倍で、休日時間外労働を5時間した場合の休日時間外労働手当

　　時間あたり賃金62.5バーツ　×　3　×　5時間　＝　937.5バーツ

Q14 従業員から5年前の給料未払いを指摘されました。タイでは、賃金支払いに「時効」はないのでしょうか？

Point

・タイでは、未払い賃金は2年間の時効にかかる。
・消滅時効は、当該債権を行使できるようになった日から進行するので、未使用の有給休暇についても、買取請求権に転化した日から2年間の時効にかかる。

　タイの最高裁判所は、労働賃金について、タイ民商法193／34条（9）に基づき、2年間の消滅時効にかかると判断しています（最高裁判所判決第7780－7782／2556号）。従いまして、雇用者側は、2年を経過した時間外労働手当を含む未払い給与の請求に対して、消滅時効を援用して支払いを拒むことができます。

　なお、消滅時効は、当該債権を行使できるようになった時から進行します。この点、最高裁判所の判例によれば、繰り越しが認められなかった未使用有給休暇については、雇用者が買取義務を負うことになりますので、未使用有給休暇の繰り越しが認められずに賃金債権に転化した時から消滅時効が進行することになります。従いまして、繰り越されなかった未使用の有給休暇の買取請求権は、当該有給休暇を取得できなくなった日から2年間で消滅時効にかかることになります。

Q15 従業員から傷病休暇の申請がありました。休暇中も給与を支払わないといけないのでしょうか？

Point

・年間30日までの傷病休暇は、有給。
・3労働日以上連続しての傷病休暇については、診断書の提出を命じることができる。

　タイの法律上、年間30日以内の傷病休暇は、有給と定められています（労働者保護法57条1項）。傷病を理由に休むことは、労働者の当然の権利と考えられており、かつ、年間30日間すなわち月あたり2.5日の傷病休暇取得が可能ということになりますので、日本と比べると労働者が比較的簡単に傷病を理由に休むことができることになります。もっとも、3労働日以上連続しての傷病休暇については、使用者は医師による診断書の提出を命じることができ、労働者が診断書を提出できない場合には使用者への説明を求めることができます（同法32条1項）。なお、業務上の負傷・疾病については、この傷病休暇30日間にカウントされず（同条3項）、労災保険基金から補償金が支払われることになります。

Q16 タイの社会保険制度はどうなっているのですか？

Point

・社会保険は、強制加入。
・指定病院をあらかじめ登録する必要があるが、指定病院での保険診療は無料。

　タイの社会保険制度は、社会保障法により定められています。社会保険は、

15歳以上60歳未満のすべての民間労働者が強制加入となっており、当該労働者が60歳を過ぎても雇用継続されている時は、被保険者であるとみなされます（社会保障法33条）。社会保険の財源は、労使折半で賃金の10％を保険料として負担し、政府が賃金の2.75％を拠出しています。日本と異なり、給付対象は被保険者本人に限られ、家族は対象となりません。

傷病給付は、社会保険加入の際にあらかじめ診療を受ける指定病院を一つ選択し登録する必要があり、当該病院以外での保険診療は受けられません。また、保険診療は労働とは無関係の疾病について、医療サービスを受ける前の15カ月に被保険者が3カ月以上拠出金を納付している必要があります。指定病院での診療・投薬は無料ですが、指定病院はたいてい混雑しており、タイ語以外通じないことがほとんどなので、日本人を含めた外国人労働者はあまり利用していないのが実情です。

傷病給付以外の給付には、障害給付、出産給付、死亡給付、児童手当給付、老齢年金給付、失業保険給付があります。

Q17　タイの労災補償制度について教えてください。

Point

- 労働者が業務上の事由により負傷し、疾病にり患し、または死亡した場合には、補償金を支払わなければならない。
- 雇用者は労働災害補償金基金に加入し、拠出金を納付することが義務づけられている。

1　労災補償

労働者が業務上の事由により負傷し、疾病にかかった場合、使用者は治療費、装具等の費用、リハビリ費用、及び葬儀費用を負担しなければなりません（労災法13条1項、15条、16条）。

また、使用者は、負傷しまたは疾病にり患した労働者に対し、補償金を支

払わなければなりません（同法18条）。補償金は、労働不能となった期間や器官喪失、障害の有無等に応じて、毎月の給料の60％を、3日から15年までの間支払わなければならないことが定められています。

「負傷」は、使用者のための業務遂行、使用者の利益保全のため、または使用者の指令に基づく業務に起因する必要があり、「疾病」は業務の性質または状況により生じたものである必要があります（労災法5条4号、5号）。労働者が泥酔し、または薬物中毒により負傷した場合には、使用者は労働災害補償金を支払う必要はありません（同法22条）。

2　労災補償基金制度

上述した労働災害補償金の支払いを担保するために、労働災害補償金基金制度が定められており、現在、労働者1名以上を雇用する使用者は、産業別に定められた産業リスク分類及び事故記録に基づいて、拠出金を支払わなければならない旨定められています（労災法44条）。使用者が労働災害補償金基金に加入している場合には、補償金は基金から支払われることになります（同法25条）。

第2項　職場調整

Q18　労働者を配置転換することはできますか？　配置転換の際の注意点を教えてください。

Point

・雇用契約書に職務配置が規定されている場合には、これを変更するには労働者の合意が必要。

　雇用契約書に職務配置が規定されており、契約内容の一部となっている場合、当該規定された以外の職務配置に変更する場合には、労働者の同意が必要となります。配置転換は契約内容の変更となりますので、使用者が労働者の合意なく勝手に変更することはできません。

　配置転換をスムーズに行えるようにするには、雇用契約書に職務配置を規定しておくとともに、配置転換があり得ることについて記載し、これに労働者が事前に同意する旨の記載をしておくことが肝要です。

Q19　機械の導入により、労働者数を削減する必要が生じました。どのような手続きが必要ですか？

Point

・機械の導入等により、労働者を削減する場合には、通常の解雇手続きとは違う手続きが必要となる。
・60日以上前の書面による事前解雇通知、解雇補償金の支払いが必要となり、勤続6年以上の労働者に対しては、さらに特別補償金の支払いも必要となる。

機械の導入や技術導入により労働者数を削減する必要が生じた場合には、通常の解雇手続きを適用することはできず、労働者保護法の規定する特別の規定によらなければなりません。

まず、解雇予定日の60日以上前に、当該労働者に対し、事前通知をすることを要します。事前通知をしなかった場合には、通知に代えて賃金60日分と同額の特別補償金を支払うことを要します。解雇補償金の支払いも別途必要となります（労働者保護法121条）。

加えて、6年以上連続して勤務している労働者に対しては、勤務期間1年につき賃金15日分以上（最大360日分）の特別補償金を支払う必要があります（同法122条）。

Q20 業績の悪化により一時休業を検討しています。どのような手続きが必要ですか？

Point

・一時休業は、使用者が通常の業務運営が困難なほどの重大な事由によることが必要である。
・使用者は、一時休業の3日前までに労働者及び労働監査官に書面によって通知を行う必要がある。

経済危機や急激な物価変動等の重大な事由により使用者の事業が悪影響を受け、通常の業務運営が困難になった場合には、使用者は全部または一部の事業を休止することができます（労働者保護法75条1項）。例えば数カ所ある工場のうち一つを休業する等、柔軟な対応をすることも認められます。なお、天変地異等の不可抗力による場合には、使用者は労働者に対し労務の場を提供する義務を免れるため、この「重大な事由」には該当しません。

一時休業をしようとする使用者は、3日以上前に労働者及び労働監督官に書面で通知しなければなりません（同条2項）。

一時休業の間、使用者は労働者に対し従前支払っていた賃金の75％以上を支払う必要があります。この「賃金」とは、「雇用契約に基づく通常の勤務時間における勤務の対価」を意味しますので、役員手当、食事手当等の支給をすべて含まなければならない点に注意が必要です（「賃金」の詳細はQ13参照）。

第4節
労働時間・休日・休暇

第1項　労働時間

Q21　労働時間、休憩に関する原則を教えてください。

Point

・労働時間は原則として1日8時間、1週間48時間まで。
・労働時間が連続して5時間を超過する前に、休憩時間を設定しなければならない。

1　労働時間

　労働時間は、省令で別途定められた危険業務を除き、原則として1日8時間以下、1週間の労働時間は48時間以下でなければならない旨定められています（労働者保護法23条1項）。使用者は、労働開始時間及び終了時間を定め、労働者に告示しなければなりません。定めた労働時間以外における就業は、時間外労働となります。
　省令で定められた危険業務については、1日の労働時間は7時間以下、1週間の労働時間は42時間以下でなければなりません（同項）。省令で定められた危険業務は、以下のとおりとなります（1998年労働者保護法に基づく労働・社会福祉省令2号）。なお、これらの業務について、使用者は労働者を時間外労働または休日労働に従事させることはできません（労働者保護法31条）。
　①地下、水中、又は狭所での作業。
　②放射能に関係する作業。

③金属溶接作業。
④危険物運搬作業。
⑤危険な化学物質の製造。
⑥危険な可能性のある振動を伴う道具または機械を使わなければならない作業。
⑦危険な可能性のある高温または低温環境での作業。

2 休憩時間

休憩時間は、原則として1日のうち1時間以上と規定されており、連続して5時間以上労働させる前に必ず休憩時間を入れなければなりません（労働者保護法27条1項）。また、2時間以上の時間外労働を行う場合には、時間外労働を開始する前に20分以上の休憩時間を設定する必要があります（同条4項）。

Q22　従業員に残業を命じることはできますか？

> **Point**
> ・タイで従業員に残業を命じるには、その都度、各労働者の事前の合意を得る必要がある。
> ・連続した作業を要する業務で停止すると業務に損害が生じる場合や緊急の場合等は、労働者の事前の合意は不要。

タイには、日本のいわゆる36協定のような、時間外労働に関する労使の包括的合意は存在せず、残業を命じる際には、原則として、その都度、各労働者の事前の同意を得る必要があります（労働者保護法24条1項）。もっとも、連続した作業を要する業務で、停止すると業務に損害が生じる場合や緊急の場合などについては、使用者は、労働者の事前の合意なく労働者を残業させることができます（労働者保護法24条2項）。

通常の労働時間後に、2時間以上の時間外労働を行わせる場合には、時間外労働を始める前に、20分以上の休憩時間を設定しなければならない旨が規定されています（同法27条4項）。

なお、18歳未満の年少労働者については、時間外労働または休日労働させることが禁止されています(同法48条)。18歳未満の年少労働者の22時から6時までの就労については、労働局の許可が必要となっていますのでご注意ください（同法47条1項）。

Q23 マネージャー以上については、一律残業代を支払わないと定めることはできますか？

Point

・名ばかりで権限のないマネージャーについて、一律時間外労働手当を支払わないとすることは違法。
・使用者に代わって雇用し、賞与を授与し、解雇する権限を有している者は、残業代を受け取る権利を有しない。

日本で「名ばかり管理職」に時間外労働手当を支払わないことが違法と解されているのと同様、タイでも、肩書きが「マネージャー」だからといって一律に残業代を支払わないことは違法となります。

タイ労働者保護法は、「使用者の代理として雇用、賞与の授与または解雇を行う権限を有する労働者」については、時間外労働手当及び休日労働手当を受け取る権利を有しないと規定しています（労働者保護法65条1項1号）。すなわち、時間外労働手当を支払わないこととするには、当該マネージャーが実際に、使用者に代わって雇用したり、賞与を授与したり解雇する権限を有している必要があります。通常、このような権限を有する者に該当するのは、一つの会社内でトップに近い数名に限られることになるでしょう。

Q24 固定残業代を定めることはできますか？

> **Point**
> ・固定残業代制度は基本的に認められておらず、現実の残業時間に従い残業代を支払う必要がある。
> ・固定残業代が賃金の一部とみなされ、かえって支払うべき時間外労働手当が高くなる可能性がある。

　日本では、残業時間の過少にかかわらず、毎月一定の時間外労働手当として、固定残業代を支給している会社も多く見られます。この固定残業代ですが、現実の労働時間により発生する割増賃金が固定残業代を超えた場合にはその差額を支払っており、かつ就業規則に明確な定めがある等の要件を満たせば、日本では合法と解されています。

　しかし、タイでは、時間外労働手当は「労働時間に従い」支払うべきものと定められており（労働者保護法61条）、時間外労働手当は実際の労働時間に応じて支払われることが原則とされていますので、固定残業代という運用は基本的に認められていません。その上、最高裁判所は、時間外労働手当の計算の基礎となる「賃金」について、「雇用契約に基づく通常勤務時間における勤務の対価として支払うことに合意した金銭」と定義付けているため（最高裁判所判決2126／2555号等）、時間外労働手当の請求をめぐって労働裁判所で争われた場合には、毎月定額支払われる固定残業代は、残業代の計算の基礎となる「賃金」の一部である旨判断される可能性があるといえます。この場合には、かえって、労働裁判所が認定する時間外労働手当が高くなるリスクがありますので、固定残業代制度にはよらず、時間外労働手当は実働時間に応じて支払っていただくことをお勧めします。

第4節 労働時間・休日・休暇

Q25　残業時間の限度について規定はありますか？

> **Point**
> ・タイでは、時間外労働時間及び休日労働時間は、合わせて1週間に36時間以下と定められている。
> ・通常時間後に2時間以上の時間外労働を行わせる場合には、必ず20分以上の休憩を入れなければならない。

　時間外労働時間及び休日労働時間は、合わせて1週間に36時間以下と定められており、これを超えて残業させることは違法となります（労働者保護法26条、1998年労働者保護法に基づく労働・社会福祉省令3号）。また通常労働時間後に2時間以上の時間外労働を行う場合、必ず20分以上の休憩時間を設定しなければなりません（労働者保護法27条4項）。

　この他、陸上運輸業については、超過勤務は1日あたり2時間までと定められており、安全面への配慮から特別の規定があります（1998年労働者保護法に基づく労働・社会福祉省令12号3項）。

第2項　休日

Q26　タイでは、どのような休日が定められていますか？

> **Point**
> ・1週間に1日以上の週休日を設定しなければならない。
> ・毎年、メーデーを含めて年間13日以上の休日を事前に定めなければならない。

1　休日

休日とは、週休日、慣習による休日、または年次有給休暇として、使用者が定めた日を意味すると定義付けられています（労働者保護法5条8号）。使用者は、原則として労働者を休日労働に勤務させてはなりません。例外的に、連続して作業しなければ損害が生じる場合や緊急な場合、その他ホテルや劇場など一定の事業について、休日に労働させることが可能となっています（同法25条）。

2　週休日

週休日は、原則として1週間に1日以上設定しなければならないと定められています。週休日から週休日までの間隔は、6日以下である必要があります（労働者保護法28条1項）。ホテル業や運輸業その他の業種については、使用者と労働者の事前の合意により、週休日を蓄積し後日まとめて取得することができます（同条2項）。

3　慣習による休日

タイでは、メーデーを含めて年間13日以上の休日を毎年定め、労働者に通知しなければなりません（労働者保護法29条）。

メーデー以外の祝祭日は会社ごと地域ごとに少しずつ異なりますが、多くの会社では、銀行休業日や官公庁の定める休日を参考にして、その会社の1年間の休日を決定しています。例えば、日系の会社は年末年始を休日とする会社が多くみられますが、中国系の会社はチャイニーズニューイヤーを休日とするなど、本国の本社と合わせた休日設定をしている会社も多くみられます。

　タイの休日は王室由来のものと仏教由来のものが多く、王室由来の休日が飛び石連休になる場合には、政府が突然、追加的に休日とするよう告示することもあります。

Column 4

タイの休日（その1）

　私が勤務しているバンコクの法律事務所の2018年の休日は、以下のとおり16日間です。100％タイ資本の会社ですので、日本のように年末年始の休みを長くとったり、チャイニーズニューイヤーを休日にするといった事はしていません。

2018年の休日

- 1月1日　　ニューイヤーズデイ
- 1月2日　　ニューイヤーズデイ振替休日
- 3月1日　　万仏節
- 4月6日　　チャクリー王朝記念日
- 4月13日　ソンクラン
- 4月16日　ソンクラン
- 5月1日　　メーデー
- 5月29日　仏誕節
- 7月27日　三宝節
- 7月30日　ワチラロンコン国王誕生日振替休日
- 8月13日　母の日（シリキット前国王王妃誕生日）振替休日
- 10月15日　ラーマ9世記念日振替休日
- 10月23日　チュラロンコーン大王記念日
- 12月5日　ラーマ9世誕生日
- 12月10日　憲法記念日
- 12月31日　大晦日

（藤井　嘉子）

Column 5

タイの休日（その２）

　タイでは、各事業者が、休日を年間13日以上定めなければならない旨法定されています。日本の「国民の祝日」（2016年度は16日）と比べ、数字だけを見ると若干少ないように思えます。しかし、タイではその他の休暇制度が充実しており、それぞれの労働者が個別に休暇を取って休んでいる日数を比較すると、タイの労働者の方が多く休暇及び休日により休みを取っています。日本のように、国民の祝日を定めてみなが一斉に休むという仕組みにはなっておらず、それぞれが好きな時に休みを取って休むという考え方が身に付いているように感じられます。

　一斉に休みを取らないことの利点は、飛行機のチケットや宿泊施設などが一時期に集中して込み合うという現象が避けられることでしょう。混雑が集中しないということは、利用者についてはもちろん、宿泊施設や交通機関にとってもメリットがあることですので、休日のあり方については、もう少し日本もタイのような個人主義を取り入れるべきではないかと思います。

　タイの休日のなかで、一番盛り上がるのは４月のソンクランです。ソンクランの時期は、皆が休日に合わせて長期の休暇を取ってそれぞれバカンスを楽しんでいます。ソンクランはいわばタイのお正月で、水かけ祭りとしても有名です。このソンクランの時期に、一歩街に繰り出すと、いたるところからバケツやウォーターガンで水かけ攻撃を受けることになります。スーツを着ていようが荷物を持っていようがお構いなしです。

　水かけ祭りは、もともと仏像や仏塔に水をかけてお浄めするという仏教的な風習が始まりだったのだそうですが、今では通りを歩いている人同士が水をかけ合う祭りに発展しました。近年は放水車の出動や、通行人への有無を言わせない水かけなど、加熱しすぎではないかと議論されたりもしています。

　タイの４～５月はもっとも暑い時期にあたり、日中の気温は連日40度近くまで上がるので、少々水をかけられてもすぐに乾きますが、この時期外を出歩く際には、スマートフォン等水に濡れてはいけないものは、ビニール袋に入れて出かけるべきです。

　タイで、アルコールが好きな人が気を付けたいのが、仏教由来の休日です。

タイには仏教由来の休日が多くありますが、仏教由来の休日には、酒類の販売が禁止されています。スーパーに買いに行っても売ってくれませんし、レストランでも提供していません（なかには違法に提供しているところもありますが）。平日でもアルコールに関しては販売時間が11〜14時と17〜24時と法定されており、選挙日なども禁酒日となるお国柄です。アルコールが好きな方は、仏教由来の休日の前には、アルコールをまとめ買いしておくことをおすすめします。

（田畑　智砂）

第3項　休暇

Q27　タイでは、どのような休暇が定められていますか？

> **Point**
> ・タイでは、年間30日まで傷病休暇を、有給で取得することができる。
> ・法律上、出産休暇、避妊手術休暇、用事休暇、兵役休暇、研修休暇などが定められており、これとは別に出家休暇を認めている会社も多い。

　タイでは、法律上、有給休暇のほかに、傷病休暇、出産休暇、避妊手術休暇、用事休暇、兵役休暇、研修休暇など、日本にはない休暇制度が多数定められています。

1　年次有給休暇（労働者保護法30条）

　労働者保護法は、勤続1年以上の労働者について、年間6労働日以上の年次有給休暇を取得する権利を有すると定めており、翌年以降は、6労働日を超える日数を年次有給休暇日数とすることができるとのみ規定しています。もっとも、人手不足のタイで、社員のモチベーションをキープし少しでも会社に長くいてもらうために、多くの会社で、年間6労働日以上の年次有給休暇を与え、かつ勤続年数に応じて年次有給休暇日数が増えていく制度を取り入れているのが実情です。勤続1年未満の労働者については、比率計算によって年次有給休暇を与えることが「できる」と規定されていますが、多くの会社で1年未満でも一定程度の年次有給休暇取得を認めています。

　実のところ、この労働者保護法30条の解釈の仕方については争いがあり、労働省の見解では、「勤続1年を過ぎると6労働日の有給休暇を取得する権利が生じるので、2年目の6労働日と合わせて、12労働日の取得権限がある」となっています。このため年次有給休暇の取得をめぐる無用な争いを避ける

261

ためにも、1年目から一定程度の年次有給休暇取得を認めておくことをお勧めしています。

　年次有給休暇の取得については、法律上、使用者が事前に規定するか、あるいは労使合意に基づき規定すると定められています。通常は、年次有給休暇取得の数日前までに取得許可申請を提出しなければならない等、就業規則で定めておくのが一般的です。

　未消化の年次有給休暇は、翌年以降に繰り越すことができる旨を使用者と労働者で合意することができます。なお、日本では禁止されている未使用の年次有給休暇の買取についても、タイでは合法と解されており、就業規則で、未使用の年次有給休暇を年度末に買い取る旨定めておくこともできます。

　また、解雇の際には未使用の年次有給休暇を買い取る義務が生じます（解雇時の年次有給休暇買取の詳細はQ40、Q54参照）。

2　傷病休暇（労働者保護法32条、57条1項）

　傷病休暇は、年間30日まで有給となりますが、3労働日以上連続しての傷病休暇取得に際しては、労働者に対し、医師または公立医療機関の診断書の提出を求めることができます。傷病休暇の取得については、年次有給休暇と異なり勤続期間の定めは特に設けられていませんので、入社してすぐであっても、傷病の事実があれば、年間30日以内の傷病休暇取得を認めなければなりません。

3　出産休暇（労働者保護法41条、59条）

　出産休暇は、年間90日まで（ただし、休日を含めて算定）が取得可能とされ、うち45日が有給と規定されています。残り45日については、社会保障基金により原則として所得保障されています。タイの法律上、育児休業制度は特にありませんが、タイでは、祖父母が孫の面倒をみたり、ベビーシッターを雇う等して対応する文化習慣がありますので、育児による退職はほとんどありません（出産休暇の詳細はQ32参照）。

4　避妊手術休暇（労働者保護法33条、57条2項）

　日本にない休暇の一つに、避妊手術休暇があります。避妊手術休暇とは、文字どおり避妊手術を受けるための休暇です。誤解されがちですが、不妊治療を受けるための休暇ではなく、バースコントロールをするための休暇となっています。避妊手術休暇の取得には、第一級現代医師の診断が必要となっており、この医師の診断に従った期間は有給となります。

5　用事休暇（労働者保護法34条）

　用事休暇とは、例えば週末では窓口業務をやっていない役所に行かなければならない用事や、慶弔の用事等をこなすための休暇となっています※。

6　兵役休暇（労働者保護法35条、58条）

　タイには、徴兵制度があり、男性は、くじ引きにより兵役に行かなければならない可能性があります。このため、労働者保護法は、軍事訓練及び兵役のための休暇として、年間60日まで有給としなければならない旨定めています。

7　研修休暇（労働者保護法36条、1998年労働者保護法に基づく労働・社会福祉省令5号）

　研修休暇とは、教育及び能力開発のための休暇です。研修休暇を取得するには、7日以上前に関連する証拠と共に雇用者に通知することが必要とされています。官公庁による試験以外の研修は、プログラムまたはカリキュラムがなければならず、明確な期間の定めがなければなりません。使用者は、当該休暇の取得が使用者の事業に損害または影響を与えることを説明して、休暇の取得を許可しないこともできます。

　一般労働者については有給としなければならない定めはありませんが、年少労働者については年間30日まで有給としなければなりません（労働者保護

※ 本稿執筆現在、法律上は有給とはされておらず、「就業規則の定めに基づいて」取得できるとされています。ただし、この点については近々年3日の用事休暇を有給での休暇とする内容の改正が予定されています。

法52条）。

　各休暇の年間取得可能日数、及びうち有給となる日数は**図表２－２**のとおりです。なお、労働者保護法は、労働者保護のために最低限の保障を定めた法律ですので、法律以上に労働者に手厚い保障をすることは、もちろん合法です。この他、タイでは出家のための休暇（出家休暇）を取得する例も多くみられることから、就業規則で別途出家休暇について定めている会社も多くみられます。休暇取得の事前申請については、研修休暇以外は特に法令による定めはありませんが、通常は数日前から１週間前までの事前申請を義務付けている例が多く、不合理な期間でなければ合法と考えられています。

図表２－２　タイにおける各休暇の年間取得可能日数

休暇	年間取得可能日数	うち有給
有給休暇	６日以上	すべて
傷病休暇	必要な日数（３労働日以上連続して取得する場合は診断書の提出を求めることが可能）	30日以内
避妊手術休暇	医師が定めた期間（診断書の提出要）	すべて
用事休暇	必要な日数（証拠の提出を求めることが可能）	無給
兵役休暇	必要な日数（証拠の提出を求めることが可能）	60日以内
研修休暇	必要な日数（証拠の提出が必要）	青年労働者は無給 年少労働者は30日以内有給
出産休暇	90日以内	45日以内

Q28 中途採用したタイ人が入社すぐに年次有給休暇の取得を申請してきました。タイでは、年次有給休暇の日数について、どのように定められていますか？

Point

・タイ法上、使用者には、勤続満1年未満の労働者に対して、年次有給休暇を与える義務はない。

年次有給休暇について、詳細はQ27を参照してください。タイの法律上は、勤続満1年に満たない労働者に年次有給休暇を付与することは義務付けられておらず、使用者が比率計算によって年次有給休暇取得を認めることができる旨規定されているのみです（労働者保護法30条4項）。もっとも、実務上は、勤続1年未満の労働者についても、就業規則で、一定程度の年次有給休暇取得を認めている会社が多くみられます。失業率が低く、ジョブホッピングも盛んなタイでは、年次有給休暇取得やその他福利厚生の手厚さなどで差別化し、労働者に少しでも長く在籍してもらう工夫を施している会社も多いです。

なお、傷病休暇の取得については、勤続期間の定めは特に設けられていませんので、入社してすぐであっても、傷病の事実に基づく場合には、年間30日以内の傷病休暇を与える必要があります（傷病休暇の詳細はQ27参照）。

Q29 従業員から突然に「明日年次有給休暇を取得したい」と言われました。拒否することはできないのでしょうか？ タイでは、年次有給休暇の取得についてどのように定められていますか？

> **Point**
> ・法律上は、何日前までに年次有給休暇取得申請を提出しなければならない等の規定はない。
> ・突然の休暇取得による業務への影響を避けるためにも、年次有給休暇の取得については、3日以上前に書面で申請しなければならない等、就業規則であらかじめ定めておくべきである。

　タイの法律上、年次有給休暇の取得に際し、特に何日前までに雇用者に事前申請をしなければならない等の規定は定められていません。もっとも、労働社会福祉省が推奨している「就業規則作成の手引き（Work Rule Principle making for work rule)」では、年次有給休暇を取得するために事前の申請を要する就業規則の作成が推奨されていることから、このような事前申請の規定は合法であると考えられています。実際に多くの会社が、3日前～1週間前までの書面による年次有給休暇取得申請を就業規則に規定し、義務付けています。直前の年次有給休暇取得による業務の停滞・混乱を防止するためにも、期間を定めて事前申請を要する旨、あらかじめ就業規則に規定しておくべきです。

　労働者の申請した期間に休まれてしまうと使用者の業務に支障が出るなど悪影響が見込まれる場合には、就業規則の定めに従って年次有給休暇の取得を許可せず、または別日に変更するよう指示することができます。

第4節　労働時間・休日・休暇

Q30　従業員から、未消化の年次有給休暇を買い取るように要求されました。タイでは、年次有給休暇の買取について、どのように定められていますか？

> **Point**
> ・法律上、年度終了ごとに未消化の年次有給休暇を買い取らなければならないという定めはない。
> ・労働者を普通解雇する際には、未消化の年次有給休暇を買い取らなければならず、さらに、未消化の年次有給休暇の蓄積を認めている場合には、自主退職の場合でも、買い取らなければならない。

　タイの法律上、労働者が懲戒解雇によらずに解雇される際には、雇用者は未消化の年次有給休暇を買い取らなければならないと規定されています（労働者保護法67条1項）。この買い取らなければならない未消化の年次有給休暇は、解雇する年度の年次有給休暇に限られます。これに対し、就業規則等において、未消化の年次有給休暇を次年度に繰り越すことができる旨定めている場合には、懲戒解雇の場合であっても、または労働者側からの自主退職の場合であっても、未消化の蓄積した年次有給休暇を買い取る義務が生じます（同法67条2項、30条3項）。

　労働者が離職する場合以外について、例えば年度終了ごとに未消化の年次有給休暇を買い取るべきことについては、法律上の定めはありません。実際上は、多くの会社で、年度ごとに未消化となった有給休暇を買い取る旨就業規則で定め、買取を行っているようです。日本では、法定された年次有給休暇日数について買取を行うことは、労働者を休ませないことにつながりますので違法となりますが、タイでは、就業規則等で年度ごとに未消化の年次有給休暇を買い取るべきことを定めておくことは、労働者に特に不利益がないので合法だと解されています。

Q31　タイでは、未消化の年次有給休暇を繰り越すことはできますか？

> **Point**
> ・使用者と労働者の事前の合意があれば、未消化の年次有給休暇を次年度に繰り越すことができる。
> ・年次有給休暇の繰越しを認める場合には、必ず労働契約書に明記しておくべきである。

　タイでは、使用者と労働者の事前の合意により、未消化の年次有給休暇を次年度に繰り越すと定めることができます（労働者保護法30条3項）。この場合、合意を明確に労働契約書または就業規則に記載しておくべきです。未消化の年次有給休暇を次年度に繰り越すことができる旨合意している場合には、当該労働者が自主的に退職する場合でも、たとえ懲戒解雇の場合でも、労働者が退職する際には、当該蓄積した未消化の年次有給休暇を買い取る義務が生じることになります（同法67条2項）。
　一方で、年次有給休暇を繰り越すことができる旨の合意がない場合には、未消化の年次有給休暇の繰り越しを認める必要はありません。

第4節　労働時間・休日・休暇

Q32　従業員から産休の申請がありました。タイでは、産休・育休はどのように定められているのでしょうか？

> **Point**
> ・産休は、産前産後合わせて90日まで。そのうち45日までは有給としなければならない。
> ・タイでは、育休は制度化されていない。

　タイの女性労働者は、一回の妊娠につき産前産後合わせて90日間（ただし、休暇中の休日を含む）の産休を取ることができると定められています（労働者保護法41条）。産休のうち年間45日までは有給として、同額の賃金を支払われなければなりません（同法59条）。残りの45日については、社会保障基金により原則として所得保障がされています[※]。

　一方で、育休については法律がなく、何ら制度化されていない状況です。これは、タイではナニーさん（ベビーシッター）や祖父母に子どもを見てもらうのが一般的で、育休を取るという文化習慣がないためであると考えられます。タイでは女性の社会進出が進んでおり、女性が育児を理由として退職するということはほとんどありません。

　なお、女性労働者については、妊娠の前後において通常の業務に従事することができない場合には、医師の診断書の提出と共に業務変更を申し出る権利が認められています（同法42条）。また、妊娠を理由として女性労働者を解雇することはできません（同法43条）。

　余談ですが、タイはすでに少子高齢化社会に突入しており、合計特殊出生率は1.4％台となっているという問題を抱えています。特に首都バンコクでは顕著で、高学歴の女性ほど結婚出産を望まないケースが増えているのだそうです。

[※] 従来のタイ労働者保護法では妊娠検査のための休暇が出産休暇に含まれるのか否かが条文上不明瞭でしたので、現在、妊娠検査のための休暇を「出産休暇」に含むとする法改正案が作成されています。

第5節
職場規律・懲戒

Q33 タイではどのような懲戒処分がありますか？

Point

- 懲戒処分の内容を具体的に定めた法令はない。
- 就業規則において、非違行為の軽重に応じて、①口頭による警告、②書面による警告、③停職処分、④解雇補償金を伴う解雇処分、⑤懲戒解雇処分を定めている例が一般的である。

　タイでは、懲戒処分の内容について、具体的に定めた法律はありません。それぞれの会社において、いかなる行為がいかなる懲戒処分の対象となるか、就業規則上に服務規律を定めているのが一般的です。

　懲戒処分の方法としては、非違行為の軽い順から、①口頭による警告、②書面による警告、③停職処分、④解雇補償金を伴う解雇処分（普通解雇）、⑤懲戒解雇処分などがあります。この他、減給処分を定めている会社も見受けられますが、減給処分は給料全額払いの原則を定めた労働契約法76条違反であるとの意見もあり、労働裁判所により違法と判断されるリスクがあるため避けるべきです。減給処分の代わりに、不昇給処分を定めている会社も見かけます。

　また、①口頭による警告は証拠化されないため、後日、警告の有無について争われた場合には立証のしようがなく、警告内容が不明確になるという欠点があります。そのためやはり警告を出す場合には、警告対象となった行為（年月日、時間、場所、内容、状況）、警告の根拠（服務規律の何条違反か）、警告の内容（同じ行為を2度繰り返すと解雇処分になる等）を明確に定めた書面によることをお勧めします。

なお、③停職処分に関していえば、就業規則等で事前に合意していない限り、当該非違行為についての取り調べ期間中の停職処分は禁止されていますので注意が必要です（労働者保護法116条1項）。

以上から、懲戒処分の内容としては、軽微な場合については①警告書による警告処分、労働者保護法119条所定の行為等重大な違反については②懲戒解雇処分と定め、警告書が2回ないし3回以上発せられた場合にも、懲戒解雇処分となる旨規定しておくことをお勧めします。

Q34 タイでは、どのような場合に従業員を懲戒解雇することができますか？

Point

・懲戒解雇は、労働者保護法119条が定める行為についてのみ行うことができる。
・解雇通知書に解雇理由を記載していない場合、後から当該理由を主張できなくなる。

1　懲戒解雇理由

タイの法律上、懲戒解雇が可能なのは、労働者保護法119条が定める行為に限られています。119条が定める懲戒対象行為は以下のとおりです。

①業務上の不正を働き、または故意に使用者に対して犯罪を犯した場合。
②故意に使用者に損害を与えた場合。
③過失により使用者に重大な損害を与えた場合。
④就業規則、規律または合法的で正当な使用者の命令に違反し、使用者から書面による警告が与えられた場合。ただし重大な違反の場合には、使用者は警告を与える必要はない。警告書は、労働者が違反を犯した日から1年間まで有効である。
⑤間に休みを挟むか否かを問わず、正当な理由なく連続して3労働日欠勤

した場合。
⑥裁判所の終局判決により懲役刑を宣告された場合（過失による場合または軽微なものである場合には、使用者が損害を被ったことが必要）。

2　警告書について

あらかじめ就業規則に職務規律を設けておき、これに対する違反行為があった場合には警告書により警告します。就業規則に、2回または3回以上警告書が発せられた場合には懲戒解雇対象となる旨、定めておくのが通常です。当該警告書は違反日から1年間有効となります（労働者保護法119条1項4号）。警告書について詳細に定めた規定はありませんが、後日争いとなった場合の証拠とするため、発行日、労働者名、違反行為（年月日、時間、場所、行為の内容、違反対象となる規律）を記載の上、サイン権者が署名を施して発行します。

3　解雇通知書

懲戒解雇は、当該労働者に重大な影響を与える処分ですから、その非違行為の事実の有無については、必ず確実な証拠に基づいて判断すべきです。

また解雇通知書には、解雇処分の対象となった行為を明確かつ網羅的に記載してください。解雇通知書に解雇理由を記載していない場合には、後日、裁判で争われた場合にも、使用者は当該解雇理由を主張することができなくなる点に注意が必要です（労働者保護法119条3項）。

4　懲戒解雇に関する判例

タイの労働裁判は、時間及び費用両面で使用者にとって負担となる上、労働者に比較的に有利な判断が下される傾向にあります。懲戒解雇について後日労働裁判所で争われることを極力避けるべく、判断は慎重に行うべきです。懲戒解雇を行う際には事前に弁護士の個別相談を受けることをお勧めします。

以下、懲戒解雇の可否について、最高裁判所で争われたケースをいくつか抜粋して記載します。

第5節　職場規律・懲戒

■競業行為
　就業規則に会社との競業を禁止する記載がなくとも、労働者が使用者と同事業を行っていた場合には、労働者保護法119条1項2号の「故意に使用者に損害を与えた場合」に該当するので、懲戒解雇処分は適法とした（最高裁判所判決第11096／2556号）。

■運転手の飲酒
　就業規則上、運転手が商品配送待機中に飲酒することを禁止する規定がなくても、運転手は、会社の適法かつ公平な規則に対する重大な違反を犯したものといえるので、労働者保護法119条1項4号により解雇補償金を支払わずに解雇できるとした（懲戒解雇処分は適法）（最高裁判所判決第13581／2556号）。

■セクハラ行為
　部下に対するセクハラ行為は、労働者保護法16条違反であり同法147条により刑事罰が科される行為なので、解雇補償金を支払わずに解雇できる（懲戒解雇処分は適法）とした（最高裁判所判決第3560／2556号）。

■2日連続での職務放棄
　就業規則に基づく休暇届を提出せずに2日連続で職務を放棄した労働者を懲戒解雇処分としたケースについて、解雇そのものは有効（解雇は正当）であるが、労働者保護法119条違反ではなく、重大な就業規則違反にもあたらないので、解雇に際しては解雇補償金を払う必要がある（懲戒解雇処分は違法）と判断した（最高裁判所判決第8244／2555号）。

■就業中のケンカ
　ベルトコンベアでの作業中、2時間近く他の社員と喧嘩をし、監督者が注意しても聞き入れなかったケースについて、目標生産数の半分しか生産できず、そのうち半数近くが不良となったとしても、当該労働者は故意に使用者に損害を与えたものでもなく、重大な命令違反にもあたらないので、当該労働者の解雇には解雇補償金を支払う必要がある（懲戒解雇処分は違法）が、事前通告補償金を支払う必要はないと判断した（解雇は正当）（最高裁判所判決第13811／2555号）。

■送金の遅延

顧客から受け取った保険金の会社への送金を、会社決議に反して遅延させ、虚偽の報告をした労働者を懲戒解雇した件について、当該懲戒解雇には適切かつ十分な理由があると判断した（最高裁判所判決4754／2556号）。

■刃物持ち込み

事業所内に刃物を持ち込み喧嘩し、刑事事件を起こした労働者について重大な就業規則違反であり、労働者保護法119条1項4号の「重大な違反」に該当するとした（懲戒解雇は適法）（最高裁判所判決第13894／2555号）。

■事務所内におけるインスタントラーメンの販売

勤務時間中に同僚にインスタントラーメンやドライフード等を販売していた労働者について、会社の就業規則違反であるかもしれないが、重大な違反とは言えないとして、解雇する場合には解雇補償金を支払わなければならないと判断した（懲戒解雇は違法）（最高裁判所判決15077／2555号）。

Q35 勤務中に会社のパソコンで株の取引をしている従業員がいます。懲戒することはできますか？

> **Point**
> ・就業規則違反の行為は、懲戒処分の対象となる。
> ・懲戒解雇処分については、個別具体的な事情を踏まえ、慎重な判断が必要である。

1 懲戒処分

懲戒処分の対象となるのは、基本的には、就業規則違反の行為に限られます。そこで、タイの会社では、就業規則にあらかじめ詳細な服務規律を設け、どんな行為が服務規律違反となり、どのような懲戒処分の対象となるのかを明確に示しておくのが通常です。就業規則に記載のない行為を懲戒処分の対象とすることは、基本的にはできませんので、どんな行為が禁止されている

か従業員に示し理解してもらうためにも、具体的かつ詳細に服務規程を定めておくことをお勧めします。例えば以下のような内容です。

①従業員は、会社の適法な命令に従わなければならない。
②従業員は、誠実かつ真摯に業務を行わなければならない。
③従業員は、会社の設備及び備品を大切に使わなければならない。
④従業員は、会社内の整理整頓を心がけなければならない。
⑤従業員は、就業時間中に他の従業員または第三者と喧嘩をし、または暴力を働いてはならない。
⑥従業員は、会社の敷地内で飲酒してはならない。
⑦従業員は、会社の財産を私用で使ってはならない。
⑧従業員は、会社の敷地内で賭博をしてはならない。
⑨従業員は、副業をしてはならない。　など

私が拝見した中には、細部にいたるまで40項目を超える服務規程を設けている会社様もいらっしゃいました。

服務規律違反に対する懲戒処分の内容についても、あらかじめ就業規則で定めておく必要があります。軽微な違反に対しては、当該違反行為の日時、場所、内容を明確に記載し、当該労働者に同様の行為を禁じる警告書を発するものとするのが一般的です。警告書が3枚累積した場合には、懲戒解雇処分となる等、就業規則で定めておきます。警告書は、違反を犯した日から1年間有効です（労働者保護法119条1項4号）。

2　懲戒解雇処分

会社のパソコンで株取引を行っていた労働者を懲戒解雇処分とすることができるかについては、当該行為が行われたのが就業時間内であるのか、頻度、回数、また過去にも同様の行為で警告を受けたことがあるか等、個別具体的な事情を踏まえ、慎重な判断が必要です。

この点、勤務時間中にインターネットでチャットしていた従業員を事前通告なしに解雇した事案で、当該労働者が不当解雇である旨訴えた裁判について、最高裁判所は、当該労働者が、「会社に損害を与えた」ものとして正当な解雇であり、民商法583条により事前通告なしに解雇できると判断しまし

た（最高裁判所判決2564／2557）。もっとも、この従業員は、ほぼ毎日のように、勤務時間中にインターネットでチャットを繰り返しており、多い時には日に1時間も私的なチャットをしていたという事情があるようです。当該労働者が経理担当であり慎重さが求められる職種であったことも加味されています。

　このケースは試用期間中であったことから、懲戒解雇について争われたものではありませんが、「会社に損害を与えたか」というこの判例の規範に照らせば、会社で株取引を行っていたという本件についても、どの程度の長時間、回数行われていたのかによって、「会社に損害を与えた」と言い得る場合には、解雇処分の対象となり得るものと考えられます。懲戒解雇処分の対象となるかについては、上記事情に加え、過去に注意・警告を無視したような事実はあるか、会社の被った損害は重大か等、個別具体的な事情を分析・検討した上で、具体的証拠を踏まえさらに慎重な判断をすべきでしょう。

　労働者は、就業時間中は職務に専念しなければならない職務専念義務を負っています。就業時間中に労働者が業務以外のことを行っていれば、会社に一定程度の損害が発生していることが想定されます。しかしながら、就業時間中の株取引が就業規則の服務規程違反に該当していても、たった一回短時間だけで懲戒解雇処分が可能かといえば、その行為により「会社に損害を与えた」とまでは言い切れないでしょう。比較的短時間であったり、軽微な対応の違反については、服務規程違反行為として、当該労働者に対して警告書を発布する等の懲戒処分が妥当といえます。それでもなお当該労働者が就業中の株取引をやめない場合には、労働者保護法119条1項4号の「就業規則に違反し、警告書を出した場合」に当たり、同条により懲戒解雇も可能となり得ます。

第5節　職場規律・懲戒

Q36　不正行為が疑われる従業員の調査期間中、当該従業員に停職を命ずることはできますか？

> **Point**
> ・就業規則または雇用契約書で合意していない限り、従業員の取り調べ期間中に停職処分を命じることはできない。

　不正行為の調査期間中に停職処分を命ずることは、あらかじめ就業規則または雇用契約書で合意していない限り、禁止されています（労働者保護法116条1項）。
　就業規則上または雇用契約書上、停職処分とすることができる場合であっても、雇用者は、違反の内容及び7日以下の停職期間を記載した命令書を発行し、停職開始前に労働者に通知しなければなりません。
　なお、停職期間中も、雇用者は労働者に対し、停職命令を受ける前の賃金の50％以上を支払わなければなりません。取り調べが終了して、当該労働者が違反していないことが判明した場合には、従前の労働日賃金との不足額に15％の利息を付して支払わなければならないことになります（同法117条）。

Q37　運転手が会社の車を休日に私用で乗り回していたことがわかりました。懲戒することはできますか？

> **Point**
> ・就業規則で定められた服務規程違反の行為は、懲戒処分の対象となる。

　懲戒処分とは、従業員として果たすべき義務や規律に違反したことを理由とする制裁です。タイでは、懲戒処分の対象となるのは、基本的には就業規則違反の行為のみとなっています。このため、何が従業員として果たすべき

義務や規律にあたるのかについて、あらかじめ就業規則に詳細に服務規定として定めておくことが肝要です（服務規定の詳細はQ33参照）。

　本ケースでは、服務規程に「運転手は、会社の業務以外に社用車を私用に使ってはならない」等の定めがあれば、休日における社用車の私的利用は明確な服務規程違反の行為であり、懲戒処分の対象となり得ることになります。また、もう少し幅広く「従業員は、会社の財産を私的に使ってはならない」等の規定でも、従前の会社の運用によっては、懲戒処分の対象行為とすることができるでしょう。タイの会社の中には、運転手が休日に会社の車を私用で使うことが許されている会社もあります。会社の就業規則に「会社の財産を私用で使ってはならない」旨の規定があっても、従業員が社用車を私用で使うことを明示的または黙示的に認めていた場合には、懲戒処分の対象とすることはできません。

　タイと日本では、文化も常識も異なります。日本人労務担当者が常識と思っていることでも、タイ人労働者にとってはそうではないかも知れません。「言わずもがな」の阿吽の呼吸は通用しません。したがって、使用者が労働者に対して禁止したい項目については、あらかじめ就業規則の服務規程において、個別具体的に明確に禁止しておくことをお勧めします。「そんな行為をやってはいけないのは当たり前だろう」は通用しないと考えるべきです。

　タイの会社は、就業規則の中に服務規程を詳細に設け、労働者が守るべき義務や規律を個別具体的に定めています。特に日系企業様は文化の違いもありますので、トラブル防止のため、網羅的かつ詳細な服務規程をあらかじめ定めておくことをお勧めします。

Q38 不正行為を防止するために、何かとっておくべき手段はありますか？

> **Point**
> ・経理担当者、会計担当者が入社する際に、あらかじめ保証金を預かり、または保証人を立ててもらうことができる。
> ・就業規則違反の行為は、懲戒処分の対象とすることができる。

1 経理会計担当者について

経理担当者、会計担当者など、会社の金銭または財産を預かる業務を行う従業員を雇用する際には、あらかじめ保証金を預かり、または保証人を立ててもらうことができます（労働者保護法10条1項）。会社の財産を預かる業務は、不正行為があれば会社の資産に重大な影響を与え得るため、例外的に保証金を預かりまたは保証人を立てることを認めた規定となっています。この保証金または保証人が抑止力となり、会社の資産に重大な影響を与え得る経理担当者等の不正行為を防止することが一定程度見込めるといえます。

なお、預かった保証金については、当該従業員が解雇され、または辞職した場合、解雇または辞職から7日以内に返還しなければならないと規定されています（同条2項）。

2 経理会計担当以外の者について

一方で、経理会計担当者等会社の金銭または財産を預かる業務以外の者から、保証金を預かったり保証人を立ててもらうことは、明文で禁止されています。

3 服務規程

この他、就業規則にあらかじめ服務規程を詳細に設け、服務規程違反があった場合には懲戒処分の対象となる旨記載し、告知しておくことで、一定程度不正行為を予防できるものと考えられます（服務規定の詳細はQ33参照）。

第6節 解雇・退職

Q39 タイでは、解雇補償金を支払えば理由なく労働者を解雇することができるのでしょうか？ 解雇補償金とはどのような制度でしょうか？

Point

- 労働者を解雇するには「正当性」が必要である。
- 解雇補償金とは、雇用者が、労働者を解雇する場合に支払わなければならない金員であり、労働者保護法により、勤続年数に応じて法定されている。
- 期限の定めのある雇用契約、辞職、及び懲戒解雇の場合には、解雇補償金を支払う必要はない。

1 正当性

　タイでは、解雇には正当性が必要とされており、当該解雇が不当なものであると裁判所が判断した場合、裁判所は、当該労働者を同一の賃金で継続雇用するよう命令を下すことができます。裁判所が、当該労働者を継続して雇用することができないと判断した場合、裁判所は解雇補償金の額を定め、会社に対し、当該労働者に解雇補償金を支払うよう命ずることになります（労働訴訟法49条）。いかなる場合が不当な解雇であるのかについては、法律上明確に規定されていませんので、蓄積された最高裁判所の判例が目安となっています。

2 解雇補償金

　解雇補償金とは、雇用者が、労働者を解雇するために支払わなければなら

ない金員をいいます。法律上、勤続年数に応じた解雇補償金が定められています（労働者保護法118条1項）。

解雇補償金は、期間の定めのある雇用契約において、当該期間満了により解雇する場合には支払う必要がありません（同条4項）。また、労働者が自ら辞職する場合にも支払う必要はありません。さらに、労働者保護法119条規定の懲戒解雇の場合にも、解雇補償金を支払う必要はありません。

法律で定められている解雇補償金の額は、**図表2－3**のとおりです。

図表2－3　解雇補償金の額[※]

勤続120日未満	なし
勤続120日以上1年未満	最終賃金の30日分以上
勤続1年以上3年未満	最終賃金の90日分以上
勤続3年以上6年未満	最終賃金の180日分以上
勤続6年以上10年未満	最終賃金の240日分以上
勤続10年以上	最終賃金の300日分以上

3　懲戒解雇

一方で、労働者保護法119条が規定する懲戒解雇の場合には、解雇補償金を支払う必要がありません。もっとも、懲戒解雇をめぐって後日元従業員との間で争いが生じるケースがままありますので、懲戒解雇該当性の判断には慎重に慎重を重ね、必ず弁護士等に事前に相談するべきです。

懲戒解雇の際には、解雇通知書に必ず解雇理由を明確に記載し、当該従業員に渡したことを証するため、署名をもらっておく必要があります。この点、解雇通知書に記載していなかった解雇理由については、後から追加主張することはできません（労働者保護法119条3項）。すなわち、後日、当該従業員が懲戒解雇の有効性について裁判で争った場合、「解雇通知書に記載されている事実だけでなく、もっとこんなにひどいことをしているんです」等と会社側が後から主張することはできなくなるということです。日本人は争いごと

[※] 解雇補償金制度について近々法改正が予定されています。詳しくは法改正に関するコラムをご参照ください。

を嫌う傾向にあるためか、詳細かつ具体的な懲戒対象行為の記載を避ける傾向にありますので、この点特にご注意ください。

なお、懲戒理由の記載がない場合に後からこれを主張できなくなるのは、懲戒解雇の正当性に関してのみであり、不当解雇による損害賠償（労働訴訟法49条）については、記載のない解雇理由についても主張することができます（最高裁判所判決2562／2555号等）。

失敗事例1　日本の就業規則をタイ語訳することの問題点

　タイの日系企業では、日本人の人事労務担当者の方が、日本の本社の就業規則を参考にまず日本語でタイの会社の就業規則を作成し、それを従業員または翻訳業者にタイ語翻訳してもらうというケースが散見されます。しかしながらこれには二つ大きな危険が潜んでいるといえます。一つは法制度の違いによる危険、もう一つは翻訳そのものによる危険です。制度の違いを無視した「単なる翻訳」は、重大なミスを犯す場合があることに注意が必要です。

　例えば、前述した「解雇補償金」については、誤解が多くみられるように思います。私が拝見した就業規則の中には、日本人の人事労務担当者の方が、日本の本社の就業規則を参考に、「解雇補償金」と「退職金」を同一のものだと考えてそのまま「退職金」と記載し、それがタイ語訳されてしまっていたケースがありました。日本でいう「退職金」とは、たとえ従業員の方が自ら辞職する場合であっても、雇用関係が終了する際に会社が従業員に対し支払うべき金員であると考えられています。

　その上、日本における「退職金」は法定された制度ではなく、終身雇用を基調とする日本でいわば永年勤続を奨励するために設けられた習慣であり、したがって会社がこの「退職金」制度を設けなくても特に違法とはなりません。

　一方で、タイの「解雇補償金」は法定された制度であり、従業員が自ら辞職する場合や懲戒解雇の場合を除いて、従業員を解雇する場合には、必ず法定された金額以上を支払わなければ違法となるのです。労働者保護法に規定されている解雇補償金制度は、雇用者が最低限度守らなければならない強行規定であ

ると解されていますので、就業規則に「解雇補償金」制度の定めがない場合でも、雇用者には、労働者保護法が規定する解雇補償金以上の支払い義務が生じることになります。私が拝見したお客様の就業規則には、日本式の「退職金」が定められていたのですが、上述したように「退職金」は「解雇補償金」とは制度趣旨も内容も異なるものです。

このため、解雇した従業員に対し、当該就業規則に基づき「退職金」のみを支払った場合、後に労働裁判所から別途「解雇補償金」を支払う義務があると認定される可能性があるのです。このお客様には、就業規則に記載している「退職金」とは、労働者保護法上の「解雇補償金」と同一のものである旨を就業規則に追記して頂き、従業員の合意を得ることで何とかリスクを回避することができました。

その他、翻訳ミスに関していえば、タイ語の原文就業規則と日本語訳の間に齟齬があり、日本人マネージャーと従業員との間で翻訳ミスによるトラブルが生じた例は後を絶ちません。

このため、就業規則を作成の際には、はじめから現地の弁護士に依頼していただくのが最良の方法です。弁護士に会社の希望を伝えた上、必ず原文はタイ語で作成の上、邦訳または英訳作成についても労働法または法律用語に精通している翻訳者に依頼するのがベストだと思います。通常、英語または日本語対応可能な法律事務所に就業規則の作成を依頼すれば、邦訳及び英訳はこれに付随して弁護士自身が作成してくれます。

法律用語は難解ですので、普段ビジネス用語のみしか扱っていない翻訳者ですと、翻訳ミスが生じる可能性があり得ます。また、作成を弁護士に依頼する際には、なぜそのような規定が必要なのか、日本の制度とはどのように違うのか等、じっくり質問して理解しておくといいでしょう。いざ就業規則を適用する場面で、制度趣旨に対する理解が乏しかったために適用方法を間違えてしまうことは避けたいものです。

(田畑　智砂)

Q40 従業員を解雇する予定です。本日付で本人をいきなり解雇することはできますか？ タイで労働者を解雇する場合の手続きについて教えてください。

> Point
> ・労働者を解雇するには、基本的に、書面による事前の解雇通知が必要。
> ・直ちに解雇の効力を生じさせるには、解雇日までの給与を支払う必要がある。

1 事前解雇通知

　従業員を普通解雇する場合、期間の定めのない雇用契約については、書面による事前通知が必要です（労働者保護法17条2項）。この事前通知がいつまでに必要かですが、ごくシンプルにいえば、解雇日までに2回の給料支払いがあることを要します。

　この点、最高裁判所は、毎月25日が賃金支給日の会社について、7月11日に解雇を通告した場合について、8月25日をもって解雇した場合、すなわち解雇通知日から解雇日までの間に7月25日と8月25日の2回の給与支払いがあれば、適法な解雇となる旨判示しています（最高裁判所判決2983－2989／2555号）。

　例えば、毎月月末が給料日で、12月の給料日をもって解雇する場合には、11月30日の給料日またはそれより前に通知が必要となります（11月30日と12月31日の2回の給与支払い日がある）。この条文の解釈については、労働者保護法の規定がやや難解なため、一回の給料支払い日を挟めばよいと誤解されていらっしゃる人事担当者様が多いようですのでご注意ください。

　直ちに解雇の効力を生じさせるためには、解雇日までに支払われるべき給料のすべて、二回分の給料を支払う必要があります（労働者保護法17条3項）。

　なお、故意に雇用者の適法な命令に背いた場合、習慣的に命令を無視した場合、職務放棄、重過失、または自己の責務に反し職務を誠実に行わなかった場合には、裁判所により事前通知なしに解雇できると判断される場合があ

第6節　解雇・退職

ります（民商法583条）。

2　解雇補償金の支払い

労働者を普通解雇する場合には、解雇補償金の支払いが必要となります。（解雇補償金の詳細はQ39参照）。

なお、解雇には正当性が必要であり、不当な解雇であると裁判所に判断された場合には、当該従業員を同一賃金で雇用継続するよう命ぜられることがあります（解雇の正当性の詳細はQ39参照）。

3　年次有給休暇の買取

この他、普通解雇の場合には、当該従業員が取得することができた当該年度の年次有給休暇を、買い取る必要があります（労働者保護法67条1項）。懲戒解雇及び従業員の自主退職の場合には、未消化年次有給休暇の買取は不要です。

また、事前に雇用契約書または就業規則で、使わなかった年次有給休暇の繰り越し蓄積を認めている場合には、当該蓄積した年次有給休暇をも買い取る必要があります（同条2項）。この蓄積分の買取は懲戒解雇や辞職の場合にも必要となります。

Q41　能力不足の従業員を解雇することはできますか？　注意点について教えてください。

> **Point**
> ・試用期間中における、能力不足を理由とした解雇は認められている。
> ・試用期間経過後であっても、能力不足の内容・程度によっては、解雇が正当であるといえる場合がある。

1　試用期間

労働者保護法は、試用期間について詳細な規定を設けてはいませんが、雇用者は、就業規則または雇用契約において労働者との間で試用期間及び試用勤務条件を定めることができると解されています。

試用期間の上限についても特に定められておらず、合意により120日以上の期間を定めることもできますが、119日を超えると、試用期間中といえども解雇補償金を支払う義務が生じます（労働者保護法118条1項）。このため、試用期間を119日までとしている会社がほとんどです。

2　試用期間中の解雇

試用期間中は、能力不足を理由とした解雇も認められており、最高裁判所は、試用期間中の従業員が試用勤務に合格しなかったことは、適切かつ十分な解雇理由であり、不当解雇ではないと判示しています（最高裁判所判決13896／2555号等）。

3　試用期間経過後の能力不足を理由とする解雇

試用期間経過後の解雇は、当該解雇に正当性があるかの判断となります（労働訴訟法49条）。タイ人は、あまり一つの会社に固執しないので、解雇の有効性が争われることはあまり多くないのですが、それでも一定程度、労働裁判となってしまうケースがあります。タイの労働裁判は、労働者に有利な上、時間、労力及び資金面で、雇用者に大きな負担となり得ますので、解雇には慎重な判断が必要です。試用期間経過後の能力不足を理由とする解雇は、能力不足の内容や程度、雇用期間等に応じて、ケースバイケースであると考えられます。やむを得ず解雇する場合には、事後的な争いにならないように、能力不足を裏付ける客観的証拠を残した上、解雇通知に、具体的な解雇理由を記載しておいてください。

なお、能力不足を理由とする解雇は、懲戒解雇（労働者保護法119条）には該当しませんので、解雇に際しては、解雇補償金の支払い及び有給休暇の買取が必要となります（同条1項、67条）。

第6節 解雇・退職

Q42 会社の取引先から不正にリベートをもらっていた従業員を解雇することはできますか？

Point
- 取引先からリベートをもらい、これにより使用者に損害を与えた場合には、懲戒解雇の対象となる。
- 使用者に損害が発生してない場合であっても、重大な就業規則違反といい得る場合には、懲戒解雇の対象となる。

1 懲戒解雇処分とする場合

　解雇補償金を支払わない解雇、すなわち懲戒解雇とする場合には、労働者保護法119条所定の場合に該当する必要があります。

　使用者の取引に際し取引先からリベートを受け取り、これにより使用者に損害を与えた場合には、「故意に使用者に損害を与えた場合」として、同条1項2号の懲戒解雇対象になる可能性があります。使用者に損害が発生していない場合、あるいは損害が発生したといえるか微妙な場合であっても、就業規則の定める服務規程違反に当たる場合で、これが重大な違反といい得る場合には、同様に懲戒解雇とすることが可能です（同項4号）。違反が重大とまでいえない場合には、警告書を発行し、再度の違反があれば懲戒処分とすることが可能です（同項4号）。

　懲戒処分とする場合には、後日、当該労働者から懲戒処分の有効性を争われることを避けるため、明白かつ具体的な証拠に基づいて処分を行うことが必要です。また、解雇通知書には必ず解雇理由を明確に記載する必要があります。

2 普通解雇

　懲戒解雇に該当しない場合であっても、雇用者の管理運営上、当該従業員を解雇すべきと判断される場合には、解雇補償金を支払って普通解雇とすることが考えられます。普通解雇とするには、当該解雇に正当性が必要となり

ますが（労働訴訟法49条）、当該社員が取引先から不正にリベートをもらっていたことは、解雇の正当な理由になり得ます。普通解雇とする場合でも、後に解雇の正当性を争われることを避けるために、解雇処分はリベート受領の具体的な証拠に基づいて行い、解雇通知書には解雇理由を明確に記載することが肝要です（普通解雇の場合の手続きの詳細はQ40参照）。

Q43　会社のお金を横領していた従業員を解雇することはできますか？

Point
- 横領の十分な証拠に基づいて、適正な手続きを行えば、横領していた従業員を懲戒解雇処分とすることができる。
- 別途、損害の回復のため、警察への被害届の提出や、民事訴訟の提起も視野に入れるべきである。

1　懲戒解雇処分

　横領は犯罪行為に当たります。従いまして、会社のお金を横領していた従業員は、労働者保護法119条1項1号の「使用者に対して故意に犯罪行為を犯した場合」に該当し、懲戒解雇処分に処することができます。もっとも、後日懲戒解雇の有効性を争われることのないよう、懲戒解雇にあたっては、横領の十分な証拠を保持し、慎重に判断するべきです。

　懲戒解雇処分とするには、具体的かつ詳細な解雇理由を記載した解雇通知書の発布が必要であり、これを欠く場合、または具体的な解雇事由を記載しなかった場合には、後日、裁判となった場合であっても、当該記載していない理由を主張することはできなくなることに注意が必要です（労働者保護法119条3項）。

　日本人は、悪事をつまびらかにすることを好まない傾向にあり、または従業員に対する温情から、解雇通知書への詳細な具体的事実の記載を遠慮して

しまうことも散見されますが、これは絶対に避けてください。解雇通知書には必ず日付、労働者名、解雇処分となった行為（年月日、時間、場所、状況、被害金額等の詳細）を特定の上、サイン権者がサインし、当該労働者から必ず受領した旨のサインをもらっておくようにしてください。

　懲戒解雇の場合には、解雇補償金の支払い及び有給休暇の買取は不要となります（労働者保護法119条１項、67条１項）。もっとも雇用者と労働者で、未使用有給休暇の次年度への繰り越しに合意している場合には、懲戒解雇の場合であっても、当該蓄積した年次有給休暇を買い取る必要があります（同法67条２項、30条３項）。

２　損害賠償請求

　従業員の横領行為が疑われる場合には、行為の態様や金額の多寡によって、警察への届出や、民事訴訟の提起を考えるべき場合もあります。

　当該従業員への温情から、刑事事件化することを避ける判断をする場合でも、金額によっては民事損害賠償を提起すべき場合もあるでしょう。しかし、民事訴訟を提起して勝訴判決をもらっても、支払い能力のない従業員に対しては、当該判決が絵に描いた餅のように実効性に乏しい場合も考えられます。この点、タイの刑法及び刑事訴訟法によれば、横領等の事案についても示談が可能ですので、警察への届出後、刑事手続きの途中で、十分に損害を賠償してもらえる旨の示談ができれば、告訴を取り消すという選択も可能となります。会社として、このような行為は許さないのだというコンプライアンス重視の姿勢を他の従業員に提示するという意味では、何もしないより刑事告訴をしたり、場合によっては民事訴訟を提起することには一定程度の効果があるといえるでしょう。

Q44 従業員が音信不通となりました。解雇することはできますか？

Point

・正当な理由なく連続して3日間職務を放棄した場合には、懲戒解雇処分とすることができる。

　労働者保護法は、正当な理由なく連続して3日間職務を放棄した場合には、当該従業員を懲戒解雇することができる旨規定しています（労働者保護法119条1項5号）。したがって、従業員が音信不通となり、正当な理由なく3日間職場に現れない場合には、当該従業員を懲戒解雇処分にすることも可能です。

　音信不通となっているからといって、そのまま放置しておくだけではいつまで経っても解雇の効果は生じません。使用者から、解雇の意思表示を示すため、解雇通知を発しておくことが必要です。音信不通となっている従業員に対し、解雇通知書を発するためには、当該従業員の自宅宛に書留郵便で送りつける等が考えられるでしょう。解雇通知書には、通知日、労働者名、解雇理由として具体的な職務放棄の期間、正当な理由がないこと等を記載の上、サイン権者が署名してください。

　なお、最高裁判所は、年次有給休暇の申請があり、当該期間が会社の業務に支障があるため不許可とした場合に、当該期間、命令に違反して勝手に休んだ場合にも、労働者保護法119条1項5号、民商法583条に基づき、正当な理由がない職務放棄とみなす旨判断しています（最高裁判所判決13823／2555号）。

第6節　解雇・退職

Q45 タイ現地法人の業績が悪化し、整理解雇を検討しています。注意点について教えてください。

> **Point**
> ・タイには、整理解雇について定めた法律はなく、整理解雇の要件は判例の蓄積による。
> ・整理解雇については、日本の4要件を参考に、弁護士の指導の下に慎重に行うべきである。

　タイの労働者保護法は、業績悪化に伴う整理解雇について特に規定はなく、整理解雇についても、普通解雇と同様に、解雇の正当性があるか否かにより判断されます（労働訴訟法49条）。整理解雇の正当性に関する判断は、最高裁判所の判例が蓄積されています。

　この点、最高裁判所は、組織の効率改善を理由に社員を解雇した会社について、「**事業を継続させるために従業員数を削減する必要があるほど経済的に困難な問題に直面していないにもかかわらず**」当該社員を解雇したとして、当該解雇を不当解雇と判断したものがあります（最高裁判所判決6099／2556号）。当該判決から裏読みすれば、事業を継続させるために従業員を削減する必要があるほど経済的に困難な問題に直面していることは、解雇の正当性を裏付ける理由となると考えられます。

　また、最高裁判所は、運営構造の改善のため従業員を解雇した事案において、**当該従業員が差別なく解雇された**ことをもって、不当解雇ではないと判断しています（最高裁判所判決2124／2555号）。この判決からは、解雇者の選定が差別なく行われたことも整理解雇の要件となっていることが伺えます。その他、**解雇以外の方法による事業の継続努力をしたか**について検討している判例もあります（最高裁判所判決17887／2555号）。

　なお、日本における整理解雇の有効要件は、最高裁判所の判例により、①人員整理の必要性があること、②解雇回避のための努力義務が履行されたこと、③被解雇者の選定に合理性があり公平であること、④解雇手続きが妥当

であることを要件としています。上述したタイの最高裁判所判例は、日本とほぼ同じ基準を採っていることが伺えます。整理解雇の必要性がある場合には、この日本の4要件を参考にし、弁護士の相談の下に行っていただくことをお勧めします。

なお、労働者保護法上規定のない整理解雇については、普通解雇の一種と解されることになりますので、普通解雇手続きと同様に事前解雇通知、解雇補償金の支払い及び未消化の有給休暇の買取手続きが必要となりますことにご注意ください（普通解雇手続きの詳細はQ40参照）。

Q46 事業の合理化のため、人員を削減することになりました。事業の合理化による従業員の解雇について教えてください。

> **Point**
> ・機械の導入や技術革新などの事業の合理化に伴う解雇は、通常解雇と違う手続きを踏む必要がある。

機械の導入や技術革新など、事業の合理化により、人員を削減する必要が生じた場合については、労働者保護法が定める通常の解雇規定を適用することはできず、特別の規定による手続きを踏むことになります。事業の合理化に伴う解雇の場合には、通常解雇とは異なり、解雇日の60日前までに、解雇日、解雇理由及び解雇する労働者名簿リストを、対象の労働者のみならず、労働監督官に対しても通知しなければなりません（労働者保護法121条1項）。この通知を怠った場合には、解雇補償金の他に、特別補償金として、最終賃金の60日分と同額を支払う必要が生じます（同条第2項、3項）。

また、通常解雇における解雇補償金の支払いに加えて、解雇する労働者が勤続年数6年以上である場合には、勤続年数1年につき最終賃金の15日分以上の特別補償金を、最終賃金の360日分を限度として支払わなければなりません（同法122条）。

事業の合理化に伴う解雇についても、解雇の対象者を選ぶにあたっては慎重な検討が必要であり、当該人選に合理性がないと判断されると、不当解雇と判断される可能性がありますので注意が必要です。

図表2-4　普通解雇と事業の合理化に伴う解雇の違い

	普通解雇（整理解雇を含む）	事業の合理化に伴う解雇
解雇通知	解雇日まで2回の給料日を含む日までに対象従業員に対し通知 または 解雇日までに支払うべき給料と同額の支払い	解雇日の60日前までに、対象従業員及び労働監督官に通知 または 最終賃金の60日分の特別補償金の支払い
解雇補償金及び特別補償金	労働者保護法118条規定の解雇補償金	労働者保護法118条規定の解雇補償金 に加えて 勤続年数6年以上の労働者には勤続年数1年につき最終賃金15日分以上の特別補償金

Q47　事務所を移転することになったのですが、これを不服として辞めたいと言っている従業員がいます。どうすればよいですか？

Point

・事務所の移転が労働者またはその家族の生活に重大な影響を与える場合には、当該労働者は辞職する権利がある。
・事務所の移転が労働者またはその家族の生活に重大な影響を与えるとして労働者が辞職する場合、雇用者は解雇補償金以上の額の特別補償金を当該労働者に対し支払わなければならない。

雇用者が事業所を移転することになり、例えば元の事業所から新事業所が

遠く、通勤が困難になるなどの理由により、労働者またはその家族の生活に重大な影響を与えることになる場合、雇用者は、新営業所への移転日の30日前までに、労働者に対し移転を通知する必要があります。この事前通知を怠った場合、雇用者は最終賃金の30日分の事前通知に代わる特別補償金を支払う必要があります。

　これに対し、新事業所で働くことを望まない労働者は、移転通知のあった日または移転日から30日以内に、辞職する権利を有します。この場合、当該労働者に対し、雇用者は、解雇補償金の金額以上の特別補償金を支払わなければならないことが義務付けられています（労働者保護法120条1項、2項）。雇用者は、当該労働者への特別補償金を、当該労働者による辞任通知から7日以内に支払わなければなりません（同条3項）。

　労働者側からの辞職申し出は、本来であれば解雇補償金の支払いが不要ですが（同法118条）、事業所の移転という雇用者の都合による辞職であることに鑑み、事務所移転に伴う労働者の辞職について手厚い保護規定を置き解雇補償金と同額以上の支払いを義務付けています。

Q48　妊娠期間中の女性従業員を解雇することはできますか？　注意点を教えてください。

Point

・妊娠を理由とした女性労働者の解雇は禁止されている。
・女性労働者を妊娠以外の理由で解雇することは可能だが、慎重な手続きを行うべきである。

　タイの労働法は、明文で、妊娠を理由とした解雇を禁止しています（労働者保護法第43条）。もっとも、当該規定は「妊娠を理由」にした解雇を禁止しているのみで、女性従業員が妊娠しているからといって、他の理由により解雇することまで禁止しているわけではありません。

ただし、妊娠を理由とした解雇であることが疑われるような事案については、後に解雇の正当性が争われる可能性があります。妊娠以外の理由で妊娠した女性労働者を解雇する場合には、通常の解雇より慎重な判断が必要となる可能性がありますので、弁護士の指導の下、慎重な手続きを行ってください。

　なお、妊娠を理由としたもののほか、解雇が禁じられているのは、労働組合員であることを理由とした解雇（労働関係法121条1号、2号）、労働者委員会委員の活動を理由とした解雇（同法52条）などがあります。

Q49　業務上災害疾病にり患した従業員を解雇することができますか？　注意点を教えてください。

Point

・タイの法律上、労働災害疾病にり患した労働者の解雇に関する特別な規定は存在しないので、通常解雇と同様に正当性の判断となる。

　日本の労働基準法は、業務上の傷病を理由にそれが回復しない間に当該労働者を解雇することを禁止する規定を置いています（《日本》労働基準法19条1項）。これに対し、タイの法律には、業務上災害疾病にり患した労働者の解雇について、現在のところ特別な規定はありません。すなわち、当該労働者を解雇する場合には、通常解雇の場合と同様に、解雇に正当性が認められるかが問題となります（通常解雇の正当性の詳細はQ39参照）。

Q50 来年定年退職となる従業員から定年退職以降も働きたいと言われました。労働契約を延長することはできますか？

> **Point**
> ・定年に達する労働者と、合意により労働契約を延長することができる。
> ・タイでは、定年退職の場合も解雇補償金の支払いが必要である。

　雇用契約または就業規則等で定年を定めていても、雇用者と労働者の合意により、労働契約を延長することができます。

　なお、タイでは、定年退職についても、雇用者側の都合による解雇に当たると考えられているため、労働者保護法118条が定める解雇補償金を支払う必要があります（解雇補償金の詳細はQ39参照）。

　両者の合意により雇用期間が延長された場合には、解雇補償金を計算する際、起算日は入社日のままで、勤続期間が延びることになります。例えば、就業規則または雇用契約書で定年を60歳と規定している場合において、25歳で入社した労働者が60歳で雇用延長せず定年退職する場合、当該労働者は35年間勤務しており勤続10年以上に該当しますので、労働者保護法上、最終賃金の300日分以上の解雇補償金を支払う必要があることになります（労働者保護法118条1項5号）。

　これに対し、定年退職に際し、当該労働者が2年間の雇用延長を希望し、使用者がこれに合意した場合で、当該労働者が2年間の雇用期間延長後に定年退職する場合、当該労働者は37年間勤務したことになりますが勤続10年以上に該当することは変わりませんから、2年間雇用延長した場合に使用者が支払わなければならない解雇補償金は雇用延長しなかった場合と同様に最終賃金の300日分以上となります。雇用延長せず定年退職した場合であっても、2年間雇用延長した場合であっても、使用者が支払うべき解雇補償金は変わらないのです。

　一方で、労働者がいったん定年に達した際に定年退職し、使用者が当該労働者を再雇用したという形をとると、定年退職の際に一度「勤続10年以上」

として最終賃金の300日分以上の解雇補償金を支払い、さらに再雇用の2年間終了後に「勤続1年以上3年未満」として最終賃金の90日分以上の解雇補償金を支払う必要が生じることになります。すなわち、支払うべき解雇補償金の総額からすれば、雇用延長契約を締結する方が会社側にとって有利です。

　もっとも、雇用延長契約は、従前の雇用契約内容をそのまま引き継ぐことが前提となっています。労働契約の内容を大きく変更したい場合には、一度定年退職の上、新たに雇用契約を締結することも検討しなければなりません。

　いずれの場合でも、後日の争いを避けるため、雇用延長契約書または再雇用契約書を作成し、具体的な延長期間または再雇用期間を明確に定めておくべきです。

　なお、雇用契約延長後に、再延長を認めず定年を理由に解雇できるかについて、最高裁判所は、60歳定年に際し1年間の雇用延長契約を結んだ労働者について、再度の延長を許可しなかった事案において、「会社は、就業規則の定める満60歳定年による資格欠落」の行使を放棄していないので、再度の期間延長を認めずに解雇した行為は、不当解雇には当たらないと判示しています（最高裁判所判決4750／2556号）。

　なお、定年退職は「期限の定めのある契約」（労働者保護法118条4項）には該当せず、タイ法上は「解雇」と解されていることから、所定の事前解雇通知が必要となることにも注意が必要です。定年退職であっても定年に達した日に自動的に退職となるわけではなく、必ず事前の解雇通知が必要となります（同法17条、事前解雇通知の詳細はQ40参照）。

Q51 従業員が自ら辞職する場合にも解雇補償金の支払いが必要ですか？

Point

- 使用者は、自ら辞職する従業員に対しては、事業所の移転を理由とする場合以外、解雇補償金を支払う必要がない。

　タイの解雇補償金制度は、文字どおり、使用者が労働者を「解雇」する際に、労働者に対して解雇に対する手当として支払われるべきものとなっていますので、自ら辞職する従業員に対しては、解雇補償金を支払う必要はありません。もっとも使用者が事業所を移転することになり、この移転により当該労働者または労働者の家族が生活を営むのに重大な影響を与えることを理由として辞職する労働者に対しては、使用者は、通常の解雇補償金以上の特別補償金を支払う義務があります（労働者保護法120条、事業所の移転による辞職の詳細はQ47参照）。

　なお、解雇補償金の支払いは不要でも、辞職する従業員に対し、蓄積した未使用有給休暇を買い取る必要がある場合がありますので注意が必要です。すなわち、年次有給休暇の繰り越しを認めていない会社では、当該辞職する年度の未使用有給休暇を買い取る必要はありませんが、有給休暇の繰り越しを認めている場合には、従業員が自ら辞職する場合であっても、蓄積された未使用年次有給休暇を買い取る必要があります（同法67条2項、有給休暇の買取の詳細はQ54参照）。

Q52 不正行為を行った社員を解雇しました。この場合にも解雇補償金の支払いが必要ですか？

> **Point**
> ・労働者保護法の規定する懲戒解雇事由に該当する行為を行った労働者は、解雇補償金を支払わずに解雇することができる。

1 懲戒解雇の対象となる行為

労働者保護法の規定する懲戒解雇事由に該当する行為を行った労働者については、解雇補償金を支払わずに解雇することができます（労働者保護法119条）。不正行為のすべてが、懲戒解雇の対象となるわけではありません。軽微な不正行為については、警告書の発布等、軽い懲戒処分とすることができるのみとなります。労働者保護法119条が定める懲戒解雇事由となっている行為は、以下のとおりです。

①業務上の不正を働き、または故意に使用者に対して犯罪を犯した場合
②故意に使用者に損害を与えた場合
③過失により使用者に重大な損害を与えた場合
④就業規則、規律または合法的で正当な使用者の命令に違反し、使用者から書面による警告が与えられた場合。ただし重大な違反の場合には、使用者は警告を与える必要はない。警告書は、労働者が違反を犯した日から1年間まで有効である。
⑤間に休みを挟むか否かを問わず、正当な理由なく連続して3労働日欠勤した場合
⑥裁判所の終局判決により懲役刑を宣告された場合

懲戒解雇の場合には、事前の解雇通知及び解雇補償金の支払いは不要となります（同法17条4項、119条）。

2 懲戒解雇処分を行う際に注意すべき点

一般に、タイの労働者はあまり一つの職場に固執しようとせず、特に若い

労働者は、次々に職場を変えることを厭わない傾向にあるといえます。とはいえ、一定程度の割合で、労働者から解雇処分を争う労働裁判が提起されているのも事実です。タイの労働裁判は、時間、労力及び資金面で、使用者に大きな負担となる上、比較的労働者に有利な判断が下されやすい傾向にあります。従って、後日、労働裁判となることを避けるため、やむを得ず懲戒解雇処分を行う際には、慎重な判断及び適正な手続きを行っていただく必要があります。労働者の不正行為を理由として懲戒解雇を検討する際には、必ず弁護士等の専門家の意見を仰いでください。

また、懲戒解雇を行う際には、解雇通知書に、解雇の対象となった行為をもれなく記載しておく必要がある点にご注意ください。解雇理由書に記載のない解雇理由については、後日裁判等で争われた場合に、後から裁判においても主張することができなくなるためです（労働者契約法119条3項）。

Q53 当社では退職金の支払い制度を定めています。退職金を支払った場合にも解雇補償金を支払う必要があるのでしょうか？

Point

・解雇する労働者に「退職金」を支払っていても、裁判所により「解雇補償金」の支払いがないと判断され、別途解雇補償金を支払わなければならなくなる可能性がある。

日本の「退職金」とは、一般に退職した労働者に対して支払われる給付をいいます。退職金を支給するか否か、いかなる基準で支給するかについて定める法律はなく、労働協約や就業規則、雇用契約の中で定められて初めて雇用者に支払い義務が生じるものとなります。制度の趣旨も、給与の後払いであったり、退職後の生活保障であったり、雇用によってまちまちなものとなっています。

タイには、この日本の「退職金」のような制度はありません。一方で、タ

イの労働者保護法は「解雇補償金」制度を定めています。タイにおけるこの「解雇補償金」制度は、労働者の権利を保護するため最低限度の保障を定めた強行規定であると解されており、使用者は、労働契約や就業規則等で「解雇補償金」を支払わないと定めることはできません。また、たとえ就業規則に「解雇補償金」の定めがない場合でも、使用者は、労働者保護法118条の規定する解雇補償金を支払うべき義務があるものとされます。

さて、それでは本件のように「退職金」の支払い制度を定めている場合でも、重ねて「解雇補償金」を支払う必要はあるのでしょうか。当該会社の定める「退職金」の内容次第によっては、裁判所に「解雇補償金」と同様の規定であり、重ねて支払う必要はないと判断される場合もあるでしょう。逆に、当該使用者の定める「退職金」は「解雇補償金」とは別の規定であり、当該会社が退職金とは別途解雇補償金を支払わなければならないと判断されるケースもあり得ると思われます。いずれにしても、タイにはない「退職金」制度を「解雇補償金」制度に代替するものとして規定することは、裁判となり争われるリスクがあるという点では同様です。重複して支払わなければならないと判断されるリスクがあることも考えると、就業規則に「退職金」規定を残しておくことは、あまりお勧めできません。弁護士と相談しながら、当該規定の改定または削除を検討すべきでしょう。

なお、前述したとおり労働者保護法の定める解雇補償金は最低限度の補償を定めた規定ですので、同一のものといえるか否かに関わらず、「退職金」名目で支払われた金員が、労働者保護法118条1項の定める解雇補償金額に満たない場合、少なくともその差額は支払う必要があることになります（解雇補償金額の詳細はQ39参照）。

Q54 タイでは、社員が辞職する場合、年次有給休暇の未消化分を買い取らないといけないのでしょうか？

Point

・労働者が自ら辞職する場合には、当該年度の年次有給休暇の未消化分を買い取る必要はない。
・就業規則等で事前に年次有給休暇の繰り越しを認めている場合には、自ら辞職する労働者についても、蓄積した年次有給休暇を買い取る必要がある。

労働者が自ら辞職する場合には、当該年度の年次有給休暇を買い取る必要はありません。ただしこの場合でも、就業規則等で事前に年次有給休暇の繰り越しを認めている場合には、当該繰り越され蓄積した有給休暇分を買い取る必要が生じます。これは、自主退職の場合のみならず、懲戒解雇の場合も同様です。

一方で、労働者を普通解雇する場合には、解雇日までの日数に応じて、当該年度の有給休暇を買い取らなければなりません。当該労働者が解雇日までに有給休暇を取得していた場合には、取得済みの日数が控除されることになります。

例えば、解雇される労働者が年間6日の有給休暇を有していて、当該年度にまだ1日も有給休暇を取得しないまま6月30日付で解雇された場合に、買い取るべき有給休暇は3日となります。

$$6日（有給休暇数） \times \frac{180日（解雇日までの日数）}{365日（当該年度の日数）} \fallingdotseq 3日$$

第6節　解雇・退職

Q55　傷病休暇中の従業員を解雇することは可能ですか？

> **Point**
> ・労働者保護法が定める30日間の傷病休暇は、労働者保護のために法定された休暇期間であるので、この傷病休暇取得を理由として労働者を解雇することは、不当解雇であり許されない。
> ・30日を超えてなお休暇を取得しており、復帰がその後も不可能と見込まれる等の事情があれば、解雇に正当性が認められ得る。

　労働者の解雇には正当性があることが求められており、裁判所が不当解雇であると判断した場合には、使用者に対し、当該労働者を同額の賃金で継続雇用するよう命ずることができます（労働訴訟法49条）。労働者保護法は最大で年間30日までの有給の傷病休暇を認めており（労働者保護法32条、57条）、この傷病休暇の取得は労働者が当然に有する権利と解されています。したがいまして、当該傷病休暇期間中に、傷病休暇取得を理由として解雇することには、正当性があるとはいえず不当解雇となります。一方で、労働者保護法の定める傷病休暇日数30日を超えて当該労働者が休暇を取得しており、仕事復帰がその後も一定期間不可能であると判断される場合等には、当該労働者を解雇することにも正当性が認められ得ることになります。この場合でも、傷病の程度や治癒に要する期間等、様々な事情が考えられますので、解雇を検討する際には事前に弁護士に相談することをお勧めします。なお、傷病を理由とした解雇は通常解雇となり懲戒解雇理由には該当しませんので、解雇補償金の支払い及び有給休暇の買取が必要となる点にはご注意下さい（同法118条、67条、解雇補償金の詳細はQ39、有給休暇の買取の詳細はQ54参照）。

第7節 有期契約社員

Q56 有期契約社員を雇用する場合、契約期間に関して注意するべきことはありますか？

Point

- 会社の通常の業務ではない特別のプロジェクトに関する雇用であり、かつ、始期と終期が確定しているか、季節業務である場合、2年以内に終了する業務であること、雇用開始時に書面で契約を締結することが必要である。
- その他の有期雇用契約においても、始期・終期が明確であることが要求される。

　有期雇用契約と期限の定めのない雇用契約との大きな違いは、雇用契約を終了させるにあたって事前通知が必要か否か（期間満了により当然に雇用契約が終了するか否か）という点にあります（労働者保護法17条1項）。

　ただし、有期雇用契約を締結していても、更新を前提とする契約ですと、実質的には期限の定めのない雇用契約とみなされる場合がありますのでご注意ください。

　また、タイでは、有期雇用契約のうち、雇用者の通常の事業または取引に該当しない特別のプロジェクトに関する雇用であって、始期及び終期が確定しているか、または季節業務であり、当該季節限定で雇用が行われる場合について特別な規定がおかれています（労働者保護法118条4項）。この場合の有期雇用契約の期間は2年以内となっており、雇用開始時に必ず書面により契約を締結することが義務付けられています。

　労働者保護法118条4項に定める有期雇用契約を締結している場合、解雇補

償金の支払いは不要とされています（同法118条３項）。

Q57 有期契約社員を雇用する場合、契約更新にあたって注意すべきことはありますか？

Point

- 労働者保護法118条４項が定める有期雇用契約は、契約の始期から２年を超えて更新することはできない。
- 有期雇用契約において、更新することを前提として有期雇用契約を締結している場合、裁判所から期間の定めのない雇用契約であると判断される場合がある。

　労働者保護法118条４項が定めるタイの有期雇用契約は、Q56で前述したとおり、会社の通常の業務ではない特別のプロジェクトに関する雇用であり、かつ、始期と終期が確定しているか、季節業務であることを要します。その上、当該期間は２年以内に終了することと規定されています（労働者保護法118条４項）。

　また、その他の有期雇用契約においても、契約期間が定まっていることが有期雇用契約の特徴です。

　したがって、有期雇用契約が当初から更新を想定している場合、当該契約は、裁判所から期間の定めのない雇用契約であると判断される可能性があります。実際に、最高裁判所の判例には、連続した雇用契約期間が２年を超えている契約や、契約期間中の契約解除権を与えている契約について、期間の定めのない契約とみなす旨判断したものがあります（最高裁判所判決6142－6144／2555号）。

Q58 妊娠期間中の女性従業員との雇用契約を期間満了で契約終了することは可能ですか？

Point

・妊娠期間中の女性従業員であっても、有期雇用契約の期間満了で契約終了とすることは可能である。

　有期雇用契約期間が満了した場合、事前の解雇通知を要することなく、雇用期間満了時に雇用契約が終了します（労働者契約法17条1項）。この規定は、たとえ対象者が妊娠期間中の女性従業員であっても変わりはありません。

　労働者保護法は、妊娠中の女性労働者を「妊娠を理由として」解雇してはならないと規定していますが（労働者保護法43条）、これはあくまで「妊娠を理由」とした解雇についてです。対象者が妊娠中の女性労働者であっても、有期雇用契約が締結され、その期間が満了した場合には、当該労働者を契約期間満了により解雇することには何ら問題はありません。

第8節
派遣社員

Q59 タイで派遣労働者を受け入れるにあたって注意する点はありますか？

Point

・派遣先の責任下にある生産過程等に従事する派遣労働者について、その雇用者は派遣先であるとみなされる。
・派遣先は、派遣労働者に対し、同一形態の業務を行う直接雇用の労働者と、差別のない福利厚生を与えなければならない。

　タイには、日本における労働者派遣法のような網羅的な特別法はありませんが、派遣労働者の増加に伴い、2008年の労働者保護法改正により、派遣労働者保護のための規定が追加されました。
　では、派遣労働者の使用者は、派遣元、派遣先いずれとなるのでしょうか。労働者保護法は、「使用者」を、「賃金を支払い労働者を雇用することに同意した者」と定義し、使用者が法人の場合には、法人代表者や使用者の代理人を含む旨規定しています（労働者保護法5条1号）。派遣労働者は派遣元と雇用契約関係にあり、派遣元から給料を支払われているため、労働者保護法5条の定義からいえば、派遣労働者の使用者は派遣元であると思えます。しかし、労働者保護法11／1条の追加により、派遣労働者の業務が、派遣先の責任下にある生産過程または事業の一部である場合には、派遣先が当該業務を管理しているか給料を支払っているか否かにかかわらず、派遣先が使用者とみなされることになりました（同法11／1条）。すなわち、例えば製造業において、派遣先会社が責任を負う生産ラインにおいて派遣労働者が業務を行う場合には、たとえ業務管理や給料の支払いを派遣元が行っていても、派遣先

の製造業者が当該派遣労働者の使用者であるとして責任を負うことになります。この点、最高裁判所は、事業者(派遣先)が、労働者保護法に基づく雇用者とみなされる場合には、事業者(派遣先)は、派遣会社(派遣元)と連帯して解雇補償金支払い等の責任を負わなければならない旨判事しています(最高裁判所判決3003－3004／2556号)。この判決に基づけば、派遣会社が派遣労働者に解雇補償金等の支払いを怠った場合、派遣先事業者は、当該解雇補償金等を、派遣労働者に対し連帯して支払う責任を負うことになります。

また、派遣先は、直接雇用の労働者と同一形態の業務を行う派遣労働者については、差別なく権利利益及び福利厚生を提供しなければならないと規定されている点に注意が必要です(労働者保護法11／1条2項)。すなわち、派遣労働者と直接雇用の労働者の業務が同一であるのに、福利厚生面等で派遣労働者を差別的に扱うことはできません。

Column 6

労働者保護法改正について

昨今、タイでは労働者保護法の改正が相次いでいます。

直近の改正の中で重要な項目としては、下記のような点が挙げられます。

まず、就業規則を当局に提出する義務がなくなりました(108条2項。2017年4月4日付国家平和秩序維持評議会布告21／2560)。ただし、就業規則の作成・掲示等の義務は引き続き存続していますので注意が必要です。

また、使用者と労働者の間での合意や特別な規定がない場合、定年退職を60歳とし、定年退職時には解雇補償金を支払わなければならない旨の明文規定が設けられました(118／1条)。さらに、60歳を超える年齢での定年退職を合意または規定している場合でも、60歳以上の労働者が定年退職を申し出たときは、使用者はその申し出を受け入れて定年退職を認めなければならないこと、その場合使用者は解雇補償金を支払わなければならないことも合わせて規定されています(2017年9月1日より施行)。

また、本稿執筆時点では改正法が施行されていませんが、用事休暇について、就業規則に記載していない場合でも年3日は有給で用事休暇を取得できる旨の改正（34条）、妊娠の検査が出産休暇に含まれる旨の明文化等が予定されています。さらに、勤続20年以上の労働者を通常解雇する場合の解雇補償金額を最終賃金の400日分とするといった改正も予定されています。

　これらの一連の改正は少子高齢化に対応したものと言えるでしょう。

　今後も改正が続く可能性がありますので、社内ルールの作成や適用の際には専門家にご相談ください。

(藤井　嘉子)

※本章の参考文献
　「タイ国労働判例集1（130選）」TJ Prannarai Recruitment Co,Ltd.

章末資料

タイの労働関係法令（一部抜粋）

◎労働者保護法

第5条（Q13、Q26、Q59）

第1号　「使用者」とは、賃金を支払って労働者を雇用することに同意する者を意味し、以下の者も含む。
(1)使用者の代理を委任された者
(2)使用者が法人の場合、法人代表者及び法人代表差から代理を委任された者

第8号　「休日」とは、労働者が週休日、慣習による休日または年次休暇を取る予定の日を意味する。

第10号　「賃金」とは、雇用契約に基づき、使用者と雇用者との間で、時間、日、週、月、またはその他の期間を単位として通常の労働時間における労働の対価として、または勤務日における通常の労働時間における労働成果として支払われることに合意した金銭を意味し、本法律に従い、労働者が権利を有する休日及び労働者が勤務しない休暇日に、使用者が労働者に対し支払う金銭を含む。

第9条（Q12）

第1項　使用者が、第10条第2項に基づく保証金を払い戻さなかった場合、もしくは第70に定められた期間内に賃金、賃金、時間外労働手当、休日労働手当および休日時間外労働手当を支払わなかった場合、または第118条に基づく解雇補償金、事前雇用通知に代わる特別解雇保証金、第120条、第121条、第122条に基づく特別解雇補償金の支払を怠った場合、当該不払期間中、使用者は、労働者に対し年利15％の割合で利息を支払わなければならない。

第10条（Q12、Q38）

第1項　使用者は、第51条第1項に基づき、金銭その他の財産、または人的保証に関わらず、労働者から業務に対する保証または業務上の損害に対する保証を要求し、または受領することはできない。ただし、労働者の業務の性質または形態が、使用者の金銭または財産に責任を負うものであり、使用者に損害を与える恐れのあるものについてはこの限りでない。使用者が労働者から保証を要求または受領することが許される業務の性質または形態、保証の種類、保証額および保管方法は、大臣が通知した規則及び手続に従うものとする。

第2項　使用者が労働者に保証を要求しまたは受領した場合、または労働者による損害賠償のための保証契約を締結した場合、使用者が労働者解雇し、または労働者が退職し、または保証契約が満了した際には、使用者は解雇、退職または保証契約満了の日から7日以内に、労働者に対し、利息があればこれとともに保証を返還しなければならない。

第11／1条（Q12、Q59）
第1項　事業者が、人材紹介業者ではない第三者に労働者の紹介を委託した場合において、当該労働者の行う業務が事業者の責任下にある製造プロセスまたは事業運営の一部である場合には、当該第三者が監督者であるか人材に対する賃金を支払う責任を負うか否かを問わず、事業者が当該労働者の使用者とみなされる。
第2項　事業者は雇用契約に基づく労働者と同一形態の業務を行う契約労働者に対して、差別なく公正な恩典と福利厚生を提供しなければならない。

第17条（Q8、Q10、Q40、Q50、Q52、Q56）
第2項　期限の定めのない労働契約において、使用者または労働者は、書面による事前通知を一賃金支払い日またはそれ以前に相手方に提出することで、次の賃金支払い日に雇用契約を終了させることが出来る。事前通知は3か月以上前に通知することを要しない。この点、試用契約は期限の定めのない雇用契約とみなされる。
第3項　第2項に基づく解雇通知を行う場合、使用者は、解雇通知に基づき契約終了日までに支払うべき賃金を支払うことで、労働者を直ちに解雇することができる。
第4項　本条に基づく事前通知は、本法第119条及び民商法典第583条に基づく解雇（＊）には適用されない。
　＊懲戒解雇の場合を指します。

第23条（Q21）
第1項　使用者は労働者に、各日ごとの始業時間と終業時間を特定した通常労働時間を通知しなければならない。通常労働時間は省令が規定する業種ごとの労働時間を超過してはならず、1日8時間を超過してはならない。各日の労働時間が8時間に満たない場合、使用者と労働者は合意により不足分の労働時間を通常労働日の労働時間に加算することができるが、1日9時間を超過してはならず、1週間の合計労働時間が48時間を超過してはならない。労働者の健康及び安全を害する可能性があると省令に規定された業務については、1日の通常労働時間は7時間を超過してはならず、1週間の合計労働時間が42時間を超過してはならない。

第24条（Q22）
第1項　使用者は、その都度、事前に労働者の同意を得ない限り、労働者に労働日における時間外労働をさせてはならない。
第2項　業務の形態や性質上、継続して行われる必要があり、停止すると業務に損害を与える可能性がある場合、緊急の業務の場合、または省令の規定に基づくその他の業務の場合、使用者は必要に応じて労働者に時間外労働をさせることができる。

第25条（Q26）
第1項　使用者は、業務の形態や性質上、継続して行われる必要があり、停止すると業務に損害を与える可能性がある場合、緊急の業務の場合、または省令の規定に基づくその他の業務の場合を除き、労働者に休日労働をさせてはならない。
第2項　ホテル、娯楽施設、運輸、飲食店、クラブ、協会、医療施設、及び省令の規定に基づくその他の事業について、使用者は、労働者に休日労働をさせることができる。
第3項　第1項及び第2項に規定するほか、製造、販売及びサービス提供のため、使用者は、その都度労働者の事前の承諾を得て、必要に応じて労働者に休日労働をさせることができる。

第26条（Q25）
　　　第24条第1項に基づく時間外労働時間、及び第25条第2項及び第3項に基づく休日労働時間の合計は、省令に規定される時間を超過してはならない。

第27条（Q21、Q22、Q25）
第1項　使用者は、労働日における労働者の労働時間が連続して5時間を超過する前に、業務中に1日あたり1時間の休憩時間を設定しなければならない。使用者と労働者は、各休憩時間を1時間未満とする事前の合意をすることができるが、1日あたりの合計休憩時間は1時間未満であってはならない。
第2項　使用者と労働者が第1項に規定する以外の業務中の休憩時間を設定することに合意した場合、当該合意は労働者に有利な場合にのみ有効である。
第3項　業務中の休憩時間は、労働時間に含まれない。ただし、合計休憩時間が1日につき2時間を超えた場合、2時間を超えた分は通常の労働時間とみなす。
第4項　通常労働時間後の時間外労働が2時間を超える場合、使用者は、労働者が時間外労働を始める前に、20分以上の休憩時間を設定しなければならない。
第5項　第1項及び第4項の規定は、業務の形態や性質上、労働者が継続して勤務する必要があり、時間外労働に労働者が同意している場合、及び、緊急の業務の

場合には適用されない。

第28条（Q26）
第1項　使用者は労働者に1週間につき週休1日以上設定しなければならない。週休日の間隔は、6日以下でなければならない。使用者と労働者は、週休日をいつにするか事前に合意することができる。
第2項　労働者がホテル、運輸、林業、僻地における業務、または省令に規定されるその他の業務に従事する場合、使用者と労働者は、事前の合意により、週休日を蓄積しまとめて取得させることが出来るが、連続する4週間の間に設定されなければならない。

第29条（Q26）
第1項　使用者は、大臣により規定されたメーデーを含む年間13日以上の慣習による休日を、事前に労働者に通知しなければならない。
第2項　使用者は、祝日、宗教、または地域の慣習的休日に従い、慣習による休日を設定しなければならない。
第3項　慣習による休日が同社の週休日と重なる場合、労働者は慣習による休日の翌労働日を振り替え休日とすることができる。
第4項　労働者が省令に規定される形態または性質の業務に従事しているため、使用者が労働者に対し慣習による休日を設定しない場合、使用者は、労働者と合意の上、慣習による休日の振替休日を設定し、または労働者に休日労働手当を支払わなければならない。

第30条（Q27、Q28、Q30、Q31、Q43）
第1項　1年以上継続して業務に従事する労働者は、年間6日以上の年次有給休暇を取得する権利を有する。使用者は、事前に労働者のために休暇を設定し、または使用者と労働者の合意により設定しなければならない。
第2項　翌年以降は、使用者は労働者のために、年間6日を超える年次有給休暇を設定することができる。
第3項　使用者と労働者は事前の合意により、取得しなかった年次有給休暇を翌年以降に蓄積し、繰り越すことができる
第4項　使用者は、勤務が1年に満たない労働者に対し、比例計算で年次有給休暇を設定することができる。

第31条（Q21）
　　　第23条第1項に規定された労働者の健康及び安全を害する恐れのある業務に

ついては、使用者は、労働者に時間外労働または休日労働をさせてはならない。

第32条（Q15、Q27、Q55）
第１項　労働者は実際の傷病の程度に応じ、傷病休暇を取得する権利を有する。３労働日以上の傷病休暇については、使用者は労働者に対し、第一級医師または公立医療機関による診断書を提出させることがある。労働者が第一級医師または公立医療機関による診断書を提出できない場合、労働者は使用者に対し、説明しなければならない。
第２項　使用者が医師を指定した場合、労働者が当該医師の診断を受けられない場合を除き、当該医師が診断書を発行しなければならない。
第３項　業務上の疾病により労働者が勤務できない日、または第41条に基づく出産休暇は、本条の傷病休暇とみなされない。

第33条（Q27）
　労働者は、第一級医師が診断し診断書を発行した期間の間、避妊手術のための休暇を取得する権利を有する。

第34条（Q27）
　労働者は、勤務先の就業規則に従い、必要な用事のための休暇を取得する権利を有する。

第35条（Q27）
　労働者は、省令に規定される規則及び手続に従い、研修、または知識及び技能向上のための休暇を取得する権利を有する。

第41条（Q27、Q32）
第１項　妊娠中の女性労働者は、１回の妊娠につき90日以下の出産休暇を取得する権利を有する。
第２項　第１項に基づく休暇日数は、休暇中の休日を含む。

第42条（Q32）
　妊娠中の女性労働者が、従前の業務を継続できない旨の第一級医師の診断書を提出した場合、当該労働者は、使用者に対し、産前産後の業務を一時的に変更するよう要求する権利を有し、使用者は、当該労働者について、適切な業務変更を検討しなければならない。

第43条（Q32、Q48、Q58）
　使用者は、妊娠を理由として、女性労働者を解雇してはならない。

第44条（Q5）
　使用者に、15歳未満の年少者を労働者として雇用してはならない。

第45条（Q5）
第1項　18歳未満の年少労働者を雇用する場合、使用者は、以下を遵守しなければならない。
① 当該年少者が勤務を開始した日から15日以内に、労働監督官に年少労働者の雇用を報告すること。
② 労働時間における労働監督官の査察が可能となるよう、業務場所または使用者の事業所に雇用形態に変更が生じた場合における労働条件の記録を保管すること。
③ 解雇日から7日以内に、年少労働者の解雇を労働監督官に報告すること。
第2項　第1項に基づく報告及び記録は、局長の規定する様式に従わなければならない。

第46条（Q5）
　使用者は、年少労働者の勤務が4時間を超える前に、1日につき連続する1時間以上の休憩時間を与えなければならない。当該4時間の間に、年少労働者は使用者に設定された休憩時間をとらなければならない。

第47条（Q5、Q22）
第1項　使月者は、局長または局長から委任された者による書面による許可がない限り、18歳未満の年少労働者を、22時から6時までの間、働かせてはならない。
第2項　使月者は、18歳未満の年少労働者が映画、演劇またはその他の類似する業務の出演者である場合には、上記時間に勤務させることができる。ただし、使用者は、年少労働者に適切な休憩時間を与えなければならない。

第48条（Q5、Q22）
　使用者は、18歳未満の年少労働者に時間外労働または休日労働をさせてはならない。

第50条（Q5）
　使用者は、18歳未満の年少労働者を以下の場所で働かせてはならない。

① 屠殺場
② 賭博場
③ 娯楽場に関する法律に基づく娯楽場
④ 省令に規定されたその他の場所

第51条（Q5）
第1項　使用者はいかなる目的であっても、年少労働者から保証を要求し、または受領してはならない。
第2項　使用者は、年少労働者の賃金を第三者に支払ってはならない。
第3項　使用者が、年少労働者に金銭その他の恩典を支払う場合、使用者が雇用前、雇用開始前、または毎回の賃金支払日前に年少労働者の両親または監護者その他の第三者に対して行った支払いは、年少労働者に対する賃金の支払いまたは受領とはみなされない。

第52条（Q5、Q27）
　年少者の人生及び労働の質を向上させるため、18歳未満の年少労働者は、公立または私立の教育機関又は局長が承認した公立または私立の機関が主催する会議またはセミナーに出席し、教育や研修を受けるために休暇を取得する権利を有する。この場合、年少労働者は、使用者に対し関連する証拠があればこれと共に休暇の理由を明確に事前通知しなければならない。使用者は、年間30日を超えない当該休暇期間について、年少労働者に対し、労働日と同等の賃金を支払わなければならない。

第53条（Q12）
　業務の内容、質及び業務量が同じである場合、使用者は、同一の賃金、時間外労働手当、休日労働手当、及び休日時間外労働手当を、男性であるか女性であるかに関わらず、労働者に支払わなければならない。

第54条（Q12）
　使用者は、労働者が手形または他国の通貨による支払いに合意しない限り、賃金、時間外労働手当、休日労働手当、休日時間外労働手当及びその他雇用に関する金銭的利益を、タイ通貨で支払わなければならない。

第55条（Q12）
　使用者は、賃金、時間外労働手当、休日労働手当、休日時間外労働手当及びその他雇用に関する金銭的利益を、労働者に対し、労働者の勤務場所で支払わなけ

ればならない。その他の場所または方法により支払う場合には、労働者の同意を得なければならない。

第56条（Q13）
　使用者は、下記の休日について、労働日における賃金と同額の賃金を労働者に支払わなければならない。
① 週休日。ただし、日、時間または出来高で支給される賃金を受領する労働者を除く。
② 慣習による休日。
③ 年次有給休暇。

第57条（Q15、Q27、Q55）
第1項　使用者は労働者に対し、第32条に規定する傷病休暇中、労働日における賃金と同額を支払わなければならない。ただし年間30労働日を超えないものとする。
第2項　労働者が第33条に基づく避妊手術を受けるための休暇を取得する場合、使用者は、当該休暇中も労働者に対し賃金を支払わなければならない。

第58条（Q27）
　使用者は労働者に対し、第35条に基づく兵役休暇中、労働日における賃金と同額を支払わなければならない。ただし年間60日を超えないものとする。

第59条（Q27、Q32）
　使用者は出産休暇中も女性労働者に対し、労働日における賃金と同額の賃金を支払わなければならない。ただし年間45日を超えないものとする。

第61条（Q13、Q24）
　使用者が労働日において労働者を時間外労働に従事させる場合、使用者は、労働日における時間当たり賃金の1.5倍以上の時間外労働手当を、労働時間に応じて支払わなければならない。労働者が成果に応じた報酬を受け取る場合には、労働日における業務成果当たりの賃金の1.5倍以上を、業務成果に応じて支払わなければならない。

第62条（Q13）
　使用者が第28条、29条、30条に従い、休日に労働者を労働に従事させる場合、使用者は下記の割合で休日労働手当を支払わなければならない。

① 休日に賃金を受け取る権利を有する労働者については、労働日における時間当たり賃金の1倍以上の賃金を、労働時間に応じて追加して支払わなければならない。労働者が成果に応じた報酬を受け取る場合には、労働日における業務成果当たりの賃金の1倍以上の賃金を追加して支払わなければならない。
② 休日に賃金を受け取る権利を有しない労働者については、労働日における時間当たり賃金の2倍以上の賃金を、労働時間に応じて追加して支払わなければならない。労働者が成果に応じた報酬を受け取る場合には、労働日における業務成果当たりの賃金の2倍以上の賃金を追加して支払わなければならない。

第63条（Q13）
　使用者が休日において労働者を時間外労働に従事させる場合、使用者は、労働日における時間当たり賃金の3倍以上の休日時間外労働手当を、労働時間に応じて支払わなければならない。労働者が成果に応じた報酬を受け取る場合には、労働日における業務成果当たりの賃金の3倍以上の賃金を支払わなければならない。

第65条（Q23）
第1項　使用者から下記のいずれかの業務を行う権限を与えられまたは委任された労働者は、第61条に基づく時間外労働手当及び第63条に基づく休日時間外労働手当を受け取る権利を有しない。ただし、使用者が労働者に下記の③④⑤⑥⑦⑧または⑨の業務に従事させている場合には、労働日における時間当たり賃金と同額の報酬を、労働時間に応じて受け取る権利を有する。
① 使用者の代理として雇用、賞与の授与、または解雇を行う権限を有する労働者。
② 商品の売り上げから使用者がコミッションを支払う行商または商品販売の勧誘。
③ 鉄道客車での業務及び鉄道運航の促進を図る業務を含む鉄道サービス運営。
④ 水門または放水門の開閉作業。
⑤ 水位及び水量測定業務。
⑥ 消防または災害防止業務。
⑦ 性質または態様により施設外で行われる必要のある業務であり、労働時間を確定できないもの。
⑧ 労働者の通常の義務ではない施設または財産の監視を行う業務
⑨ 省令に規定されたその他の業務。
第2項　上記は、使用者が労働者に、時間外労働手当または休日時間外労働手当を支払うことに同意した場合を除く。

第67条（Q30、Q31、Q40、Q41、Q43、Q51、Q55）

第1項 第119条に規定された以外の理由により使用者が労働者を解雇する場合、使用者は、労働者が第30条の規定に基づき権利を有する年次有給休暇の日数に応じ、解雇する年の年次有給休暇分の賃金を、労働者に支払わなければならない。

第2項 労働者が辞職する場合、または第119条に規定された以外の理由により使用者が解雇する場合、使用者は、第30条の規定に基づき労働者が権利を有する蓄積された年次休暇分の賃金を労働者に支払わなければならない。

第68条（Q13）

賃金を月給で受け取っている労働者の時間外労働手当、休日労働手当、及び休日時間外労働手当を計算するための労働日における時間当たり賃金は、月給を30日と労働日における平均労働時間で割って求めるものとする。

第70条（Q12）

第1条 使用者は賃金、時間外労働手当、休日労働手当及び休日時間外労働手当を以下の期限に従い適切に支払わなければならない。

① 賃金が月、日、時間、または1か月を超えないその他の期間単位で計算される場合、または労働成果に基づき計算される場合、労働者に有利なその他の条件で合意されていない限り、支払いは1か月に1回以上とする。

② 賃金が①以外で計算されている場合、支払い期限は、使用者と労働者の合意により定められる。

③ 時間外労働手当、休日労働手当、及び休日時間外労働手当は1か月に1回以上、支払われなければならない。

第75条（Q20）

第1項 不可抗力以外の理由により使用者の事業が影響を受け、使用者が通常通り事業を運営することが出来ず、一時的に事業を一部または全部休止する必要がある場合、使用者は、全休業期間中、労働者に対し、休業前に使用者が労働者に支払っていた労働日における賃金の75%以上を支払わなければならない。

第2項 使用者は、労働者及び労働監督官に対し、第1項の休業開始日から3労働日以上前に、書面による事前通知を行わなければならない。

第76条（Q12）

第1項 使用者は、以下の場合を除き、賃金、時間外労働手当、休日労働手当、及び休日労働手当から控除してはならない。

① 労働者が支払うべき所得税またはその他法律の規定による支払い。
② 労働組合規約に基づく労働組合費の支払い。
③ 貯蓄共同組合または貯蓄協同組合と同一の性質を有する組合に対する負担金の支払い、または労働者のみに利益となる福利厚生の負担金の支払い。ただし、労働者の事前の同意を得ること。
④ 第10条に基づく保証の支払い、または労働者の故意または重過失により使用者が被った損害賠償の支払い。ただし、労働者の事前の同意を得ること。
⑤ 労働者との合意に基づく積立基金（プロビデントファンド）への積立金。

第2項　②③④及び⑤の控除は、1回につき10パーセントを超えてはならず、労働者が第70条に基づき受け取る権利を有する金額の合計20パーセントを超えてはならない。ただし、労働者の事前の同意がある場合を除く。

第77条（Q12）
　第54条、第55条に基づく支払い、または第76条に基づく控除について、使用者が労働者の同意を得、または合意を形成する必要がある場合、明確化するために、使用者は、労働者が署名する書面による同意を得、または合意書面を作成しなければならない。

第79条（コラム1、Q11）
第1項　賃金委員会は、以下の権限と義務を有する。
① 内閣に対し、賃金と収入に関する政策と改善に関する意見提言及び助言を行うこと。
② 経済的・社会的状況に従い、使用者が賃金調整を行う際のガイドライン作成。
③ 最低賃金の設定。
④ 技術者標準賃金の設定
⑤ 政府及び民間の各種機関と一般市民双方のための学術的な側面と利害調整に関するアドバイスの提供。
⑥ 法律の規定若しくは内閣または大臣に委任されたその他の任務。

第88条（コラム1）
　第87条に基づく情報データの調査及び事実解析が行われた場合、賃金委員会は、官報による告示を行うため、最低賃金または技術者標準賃金を、内閣に対し通知及び告知する。

第108条（Q4、Q13）
第1項　10人以上を雇用する使用者は、タイ語で就業規則を作成しなければならな

い。就業規則には、少なくとも以下の詳細を記載しなければならない。
① 労働日、通常労働時間及び休憩時間
② 休日及び休暇取得のルール
③ 時間外労働及び休日労働のルール
④ 賃金、時間外労働手当、休日労働手当及び休日時間外労働手当の支払い期限及び支払い場所
⑤ 休暇及び休暇取得のルール
⑥ 服務規律及び懲戒処分
⑦ 苦情申立て
⑧ 解雇、解雇補償金及び特別解雇補償金

第2項　使用者は、使用者が10人以上を雇用した日から15日以内に就業規則を施行しなければならない。使用者は、当該使用規則のコピーを事業所または使用者の事務所に常に保持しなければならない。

第4項　使用者は、就業規則を公表し、労働者が容易に読むことが出来るよう、使用者の事業所内の公の場所に提示しなければならない。または、電子的方法を補充して掲示することもできる。

第109条（Q4）

第108条⑦に基づく苦情申立ては、以下を含まなければならない。
① 苦情の範囲及び意味
② 苦情申立ての方法及び手順
③ 苦情の調査及び解析
④ 苦情の解決手続き
⑤ 苦情申立人及び関係者の保護

第116条（Q33、Q36）

第1項　労働者が違反を犯したとして使用者による調査を受ける際、就労規則や雇用条件に関する合意により権限が付与されていない限り、使用者は当該調査の間、労働者に停職を命じてはならない。使用者は、違反の内容、及び7日以下の停職期間を記載した書面による停職命令を発し、停職日前に、労働者に対しこれを通知しなければならない。

第2項　第1項に基づく停職期間中、使用者は労働者に対し、就業規則又は使用者と労働者の間で合意された雇用条件に関する合意に基づいた額を支払わなければならない。この額は、停職日前に労働者が受け取っていた労働日における賃金の50パーセント以上でなければならない。

第117条（Q36）
　　調査が終了し、労働者が違反していないことが判明した場合、使用者は労働者に対し、停職日から労働日における賃金と同額を支払わなければならない。第116条に基づく使用者による支払いは、本条に基づく労働者の賃金及び年率15パーセントの利息の一部とする。

第118条（Q8、Q39、Q41、Q47、Q50、Q53、Q55、Q56、Q57）
第1項　使用者は、解雇する労働者に対し、以下の通り解雇補償金を支払わなければならない。
① 　勤続120日以上1年未満の労働者は、最終賃金の30日分以上を受け取る権利を有する。成果に応じた賃金を受け取る労働者は、最終30日分の賃金以上を受け取る権利を有する。
② 　勤続1年以上3年未満の労働者は、最終賃金の90日分以上を受け取る権利を有する。成果に応じた賃金を受け取る労働者は、最終90日分の賃金以上を受け取る権利を有する。
③ 　勤続3年以上6年未満の労働者は、最終賃金の180日分以上を受け取る権利を有する。成果に応じた賃金を受け取る労働者は、最終180日分の賃金以上を受け取る権利を有する。
④ 　勤続6年以上10年未満の労働者は、最終賃金の240日分以上を受け取る権利を有する。成果に応じた賃金を受け取る労働者は、最終240日分の賃金以上を受け取る権利を有する。
⑤ 　勤続10年以上の労働者は、最終賃金の300日分以上を受け取る権利を有する。成果に応じた賃金を受け取る労働者は、最終300日分の賃金以上を受け取る権利を有する。
第2項　本条に基づく解雇とは、労働契約の終了またはその他の理由により、使用者が労働者に対し賃金を支払って業務に従事させることを拒否することを言う。使用者が事業を継続できないために労働者が賃金を受け取り業務に従事することができない場合を含む。
第3項　本条第1項は、明確に期限の定めのある労働者が、当該期限満了により解雇される場合には適用されない。
第4項　第3項に基づく明確な期限の定めのある雇用は、使用者の通常業務または取引ではない特別なプロジェクトにおける雇用であり、明確な業務の始期及び終期もしくは完了が定められているもの、または季節業務について当該季節における雇用について許容される。当該業務は2年以内に終了しなければならず、使用者は雇用開始時に、労働者と書面による契約を締結しなければならない。

第119条（Q33、Q34、Q35、Q39、Q41、Q42、Q43、Q44、Q52）
第１項　使用者は下記のいずれかにより雇用が終了した場合には、労働者に対し解雇補償金を支払う必要はない。
① 業務上の不正を働き、または故意に使用者に対して犯罪を犯した場合。
② 故意に使用者に損害を与えた場合。
③ 過失により使用者に重大な損害を与えた場合。
④ 就業規則、規律または合法的で正当な使用者の命令に違反し、使用者から書面による警告が与えられた場合。ただし、重大な違反の場合には、使用者は警告を与える必要はない。警告書は、労働者が違反を犯した日から１年間まで有効である。
⑤ 間に休みを挟むか否かを問わず、正当な理由なく連続して３労働日欠勤した場合。
⑥ 裁判所の終局判決により懲役刑を宣告された場合
第２項　⑥において、懲役刑が過失または軽微な犯罪によるものである場合、当該違反により使用者に損害を与えたものでなければならない。
第３項　第１項に基づき解雇補償金なしで解雇する場合、使用者が解雇通知書に解雇理由となった事実を特定しなかった場合または解雇時に解雇理由を労働者に告げなかった場合、使用者は当該理由を後日主張できない。

第120条（Q47、Q51）
第１項　使用者が事業所を他の場所に移転する場合において、移転が労働者またはその家族の日常生活に重大な影響を与える場合、使用者は移転日の30日以上前に、労働者に対し事前通知を行わなければならない。労働者が新しい場所での勤務を拒否した場合、当該労働者は状況に応じて通知日または移転日から30日以内に労働契約を解除する権限を有する。この場合、労働者は第118条に基づいて権利を有する解雇補償金以上の特別解雇補償金を受け取る権利を有する。
第２項　第１項に基づき、使用者が労働者に対する事前通知を怠った場合、使用者は事前通知に代えて少なくとも30日分以上の賃金、または成果に応じた賃金を受け取る労働者に対しては、最終30日分の賃金と同額の特別解雇補償金を支払わなければならない。
第３項　使用者は労働者が雇用契約を終了させた日から７日以内に、特別解雇補償金を支払い、または事前通知に代わる特別解雇補償金を支払わなければならない。
（第４項〜第８項　略）

第121条（Q19、Q46）

第１項　機械の導入、機械または技術の変更により、使用者が事業を再編し、製造、流通、サービス過程を再構成したことで労働者数を削減する必要が生じ、使用者が労働者を解雇せんとする場合、第17条２項を適用することはできず、使用者は雇用終了日の60日以上前に労働監督官と労働者に解雇日、解雇理由、労働者の名前リストを通知しなければならない。

第２項　使用者が解雇する労働者に対する事前通知を怠り、または第１項に定める期限までに通知しなかった場合、使用者は第118条に基づく解雇補償金とは別に、最終賃金の60日分、または成果に応じた賃金を受け取る労働者に対しては、最終60日分の賃金と同額の特別解雇補償金を事前通知に代えて支払わなければならない。

第３項　第２項に基づき事前通知に代わる特別解雇補償金を支払った場合、使用者は、民商法典に基づく事前通知に代わる報酬を支払ったものとみなされる。

第122条（Q19、Q46）

第１項　使用者が第121条に従い労働者を解雇した場合において、当該労働者が勤続６年以上であった場合、使用者は第118条に基づく解雇補償金に加え、１年につき最後賃金の15日分以上、または成果に応じた賃金を受け取る労働者については最終15労働日の賃金以上に相当する特別解雇補償金を支払わなければならない。ただし、本条に基づく解雇補償金の総額は、最終賃金の360日分、または成果に応じた賃金を受け取る労働者については最終の360労働日分の賃金を超えないものとする。

第２項　特別解雇補償金の計算のため、勤続年数が１年未満の場合、180日を超える勤務期間については１年の勤続期間と計算する。

◎労働関係法

第10条（Q４）

第１項　労働者が20人以上の事業所は、本章の規定に従い雇用条件協約を制定しなければならない。

第２項　雇用条件協約は書面によらなければならない。

第３項　事業所に雇用条件協約があるかどうか不明な場合、労働者保護に関する法律に基づき使用者が制定しなければならない就業規則を本法に基づき合意された雇用条件協約とみなす。

第11条（Q４）

雇用条件協約には少なくとも以下の内容を含まなければならない。
① 雇用または雇用条件
② 勤務日及び勤務時間
③ 賃金
④ 福利厚生
⑤ 解雇
⑥ 労働者の苦情申立て手続き
⑦ 雇用条件協約の修正または更新

第13条（Q2、Q4）
第1項　雇用条件協約の締結や雇用条件協約の追加修正を要求する場合、使用者もしくは労働者は、相手方に対して書面によってその要求を通告しなければならない。
第2項　使用者が要求通告者である場合、使用者は使用者自身または代理人を含めた交渉参加者氏名を記載しなければならない。使用者が代理人を交渉参加者に加えるときは、使用者の代理人は株主である取締役、パートナー、使用者の常勤労働者、使用者協会委員、または使用者協会連合委員でなければならず、人数は7人以下でなければならない。
第3項　労働者が要求通告者である場合は、当該要求に関連する労働者総数の15パーセント以上の労働者の指名及び署名がなければならない。労働者が交渉代理人を選任する場合、労働者は、要求事項に7人以下の交渉代理人の氏名を記載しなければならない。労働者が交渉代理人を選任していない場合、労働者は遅滞なく7人以下の選任し、交渉代理人の氏名を特定しなければならない。

第15条（Q2）
第1項　使用者協会または労働組合は、第13条に基づく要求事項を、会員である使用者または労働者に代わって、相手方に通告することができる。この際、労働組合の組合員数は、労働者総数の1/5以上でなければならない。
第3項　労働組合の総組合員数が第1項規定の総数に満たないことが疑われる場合は、関係する使用者、使用者協会または労働組合は、書面により労働紛争調停官に調査を要請することができる。要請を受けた労働紛争調停員は、当該労働組合の組合員である要求事項に関係する労働者の人数が満たされているか否か、すべての証拠について調査する。満たされていた場合、労働紛争調停員は、要請人に対し証拠として証明書を発行する。満たされていない場合、労働紛争調停員は、すべての関係者に通知する。

第16条（Q2）
　　要求事項を受理した時、要求事項を受理した側は遅滞なく自身または代理人の氏名を要求側に通知しなければならず、両者は、要求事項を受理してから3日以内に交渉を開始しなければならない。

第18条（Q2）
第1項　使用者または使用者協会と労働者または労働組合は、第13条に基づく要求事項に関して合意できたとき、その雇用条件に関する合意事項を文書にし、使用者または使用者の代理人及び労働者の代理人または労働組合員が署名しなければならない。使用者は、合意から3日以内に、雇用条件に関する合意事項を、要求に関係した労働者が就業する勤務場所に30日以上掲示して告示しなければならない。
第2項　使用者は第1項に基づく労働協約を、合意後15日以内に、局長または局長の委任を受けた者に届け出なければならない。

第20条（Q4）
　　雇用条件協約が施行された場合には、雇用契約が労働者にとって有利となる場合を除き、雇用条件協約に矛盾抵触する雇用契約を労働者と締結することは許されない。

第21条（Q2）
　　第16条で規定された期限内に交渉が行われない場合、または交渉が行われたが合意に至らなかった場合、労働争議が発生したものとみなす。このとき、要求事項提出側は、第16条に基づく期限後または合意不成立後24時間以内に、労働紛争調停員に書面で通知しなければならない。

第22条（Q2）
第1項　労働紛争調停員が第21条に基づく通知を受けた後、労働紛争調停員は、通知を受けた日から5日以内に、要求事項提出側と要求事項受領側が合意できるよう調停を行わなければならない。
第3項　第1項の期限内に合意に至らなかった場合、当該労働争議は合意不可能な労働争議とみなされる。この場合、使用者と労働者は第23条、第24条、第25条、第36条の規定に従い、労働争議仲裁人を選任することができる。また、使用者はロックアウトを、労働者はストライキを、第34条に抵触しない範囲で実施することができる。

第34条（Q2）
第1項　以下の場合には、使用者がロックアウト、労働者がストライキを行うことは禁止される。
　① 　第13条に基づき相手方に要求事項を提出していない場合、または要求事項は提出されているが、労働争議が第22条第3項に基づく合意不可能な労働争議となっていないとき。
　② 　第18条に基づき合意を実行する義務を有する側が、合意事項を遵守しているとき。
　③ 　第22条第2項に基づき労働紛争調停員が調停した合意に従い合意を実行する義務を有する側が、合意内容を遵守しているとき。
　④ 　第25条または第26条に基づき選任された労働争議仲裁人の裁定に従い裁定を実行する義務を有する側が、裁定内容を遵守しているとき。
　⑤ 　労働関係委員会が審議中、または第23条に基づく大臣が決定中または第24条に基づく労働関係委員会が裁定中であるとき。
　⑥ 　第25条または第26条に基づき選任された労働争議仲裁人が裁定中のとき。
第2項　24時間以上前に労働紛争調停官及び相手方に対して書面による通知を行わない限り、使用者はロックアウトを、または労働者はストライキを行ってはならない。

第52条（Q48）
　使用者は、労働裁判所の許可がある場合を除き、労働者委員を解雇し、減給し、懲戒し、その職務遂行を妨害し、または労働者委員が勤務を継続できなくなるようなその他の行為を行ってはならない。

第121条（Q48）
　使用者は以下の行為を行ってはならない。
　① 　労働者または労働組合が、集会、要求事項作成、要求事項提出、交渉、提訴、または労働者保護法に基づく担当官もしくは登記官、労働紛争調停官、労働紛争事項裁定人、もしくは本法令に基づく労働関係委員、労働裁判所に対する証人となるか証拠を提出したこと、並びにこれらを行おうとしていることを理由に、労働者、労働者代理人、労働組合員、または労働組合連合委員を解雇し、または勤務の継続を不可能とさせる何らかの行為。
　② 　労働者が労働組合の組合員であることを理由に、その労働者を解雇し、または勤務の継続を不可能とさせる何らかの行為。
（3号～5号　略）

◎1998年労働者保護法に基づく労働・社会福祉省

第3号（Q25）
第24条第1項に基づく時間外労働時間及び第25条第2項及び第3項に基づく休日労働時間は、合計で1週間につき36時間以下でなければならない。休日労働時間には休日における時間外労働時間も含める。

第5号（Q27）
第1項 労働者は以下の場合に、研修または知識・能力の開発のための休暇を取得する権利を有する。
① 労働及び社会福祉または労働者の労働の質の向上のための技術・熟練度の増進に役立つ場合。
② 官庁が主催する、または開催を認可した能力試験の場合。①に基づく研修または知識・能力の開発は、プログラムまたはカリキュラムがなければならず、また、明確かつ確実にプログラム期間が規定されていなければならない。
第2項 研修または知識・能力の開発のために仕事を休むに当たって、労働者は、使用者に対して、休暇の7日前までに、関連証拠（もしあれば）とともに、明確に休暇理由を通知して知らせる。
第3項 使用者は、労働者に対し、以下の場合には、研修または知識・能力の開発のための休暇取得を許可しないことができる。
① 休みを取得する年に、労働者が、既に30日以上または3回、研修または知識・能力の開発のための休暇の許可を取得したことがある、または
② 労働者の休暇が使用者の事業に損害または影響を与えることを、使用者が示した場合。

第6号（Q5）
使用者が、18歳未満の労働者にさせてはならない労働は下記の通りである。
(1)以下の、危険な高温、低温、振動、騒音に関係する労働。
① 摂氏45度を超える労働環境内での労働。
② 冷凍食品の生産または保存業における冷凍庫内での労働。
③ 振動式掘削機を使う労働。
④ 1日8時間の労働において、労働者が連続的に75デシベル（A）を超える騒音下に置かれる労働。
(2)以下の危険化学物質、毒物、爆発物または可燃物に関係する労働。
① 本省令末尾表記載の、発がん性物質を製造または運搬する労働。
② シアン化合物に関連する労働。
③ 爆竹、花火、またはその他の爆発物を製造または運搬する労働。

④ 給油所内での労働を除く、燃料油またはガスの探査、掘削、精製、充填、または積み下ろし作業。
(3)以下のウィルス、バクテリア、カビ、またはその他の菌で毒性を持つ微生物に関する労働。
① 病気検査室での労働。
② 感染症に関する法律に基づく感染症患者の看護。
③ 医療機関における患者の使用器具及び衣類の清掃洗濯。
④ 医療機関における廃棄物または汚物の収集、運搬、処理。
(4)どのような性質の運転または操作行動であるかを問わず、エンジンまたは電力を使用するフォークリフトまたはクレーンの運転または操作。
(5)すべての種類の放射線に関係する労働。

第12号（Q25）
第3項 使用者は、労働者から書面による同意を得ている場合を除いて、車両等での運送業務を職務とする労働者に時間外労働をさせてはならない。
　第1項に基づいて労働者の同意を得た場合、使用者は、不可抗力、事故または交通問題上の必要が生じた場合を除いて、労働者に1日2時間以内の時間外労働をさせることができる。

◎労働災害補償法

第5条（Q17）
第4号 「負傷」とは、雇用の結果、使用者の利益保全の過程で、または使用者の命令により生じた労働者の身体的または精神的な損傷または死亡をいう。
第5号 「疾病」とは、業務の性質または状態により生じた労働者の病気をいう。

第13条（Q17）
第1項 労働者が負傷しまたは疾病にり患した場合、使用者は直ちに負傷または疾病に応じた医療措置を施さなければならず、省令で定められた金額を超えない限りで必要な医療費を支払わなければならない。

第15条（Q17）
　労働者が負傷しまたは疾病にり患した後リハビリを受ける必要がある場合、使用者は、省令で定められた方法、手続、金額に従いリハビリ費用を支払わなければならない。

第16条（Q17）
　　負傷しまたは疾病にり患した労働者が死亡しまたは失踪した場合、使用者は葬式を手配したことを証明する者に対し、労働者保護法に基づく一日の最低賃金の100倍を限度として葬儀代を支払わなければならない。

第18条（Q17）
第１項　労働者が負傷し、疾病にり患しまたは失踪した場合、使用者は労働者または第20条に基づく権限者に対し、月額補償金を下記のとおり支払わなければならない。
① 　労働者が連続して３日以上労働不能となった場合、当該労働者が②で定める器官を喪失したか否かに関わらず、労働不能となった初日から１年を超えない労働不能期間を通じて月額賃金の60パーセントを支払う。
② 　労働者が特定の身体器官を喪失した場合には、喪失器官に応じ、10年を超えない労働社会福祉省の定める期間、月額賃金の60パーセントを支払う。
③ 　労働者が障がい者となった場合には、障がいに応じ、15年を超えない労働社会福祉省の定める期間、月額賃金の60パーセントを支払う。
④ 　労働者が死亡または失踪した場合には、月額賃金の60パーセントを８年間支払う。
第２項　負傷または疾病により、器官を喪失し、または特定身体器官の労働能力を喪失した場合には、労総社会福祉省の告示が定める喪失器官または労働能力喪失カテゴリーに従い規定された期間の割合より損害賠償額を計算する。
第３項　第１項及び第２項の賠償は、労働社会福祉省の告示が定める最低月額補償金を下回ってはならず、最高月額補償金を上回ってはならない。

第22条（Q17）
　　使用者は労働者が以下の事由により負傷または疾病にり患した場合について、損害賠償を支払うことを要しない。
① 　労働者が飲酒または薬物により自己制御を失っていた場合。
② 　労働者が故意に自傷した場合、または第三者に負傷させることを許容した場合。

◎労働裁判所設置及び労働訴訟法

第49条（Q39、Q42、Q45、Q55）

使用者が労働者を解雇した場合の審理において、労働裁判所が当該解雇をその労働者にとって不当なものであると判断する場合、労働裁判所は労働者が解雇時に受け取っていた賃金レートと同額でその労働者を継続して雇用するよう使用者に命じることができる。労働裁判所が、労働者と使用者がともに働くことができないと判断する場合、労働裁判所は、代わりに使用者が支払う解雇補償金を決定する。この際、労働者の年齢、労働者の勤務期間、労働者が解雇された時の困窮の程度、解雇の原因、及び被雇用者が受け取る権利を有する補償金を考慮する。

◎社会保障法

第33条（Q16）
第1項　15歳以上60歳未満の労働者は、被保険者でなければならない。
第2項　第1項に基づく被保険者である労働者が満60歳を超えてもなお本法律の適用される使用者の労働者であるとき、引き続き被保険者である労働者とみなされる。

◎民商法

第193／34条（Q13、Q14）
　以下の請求権の時効は2年とする。
　①〜⑧略
　⑨　常勤、臨時、日雇い、見習いであるかを問わず、労働者の賃金その他の報酬、及び立て替え金の請求。または使用者に対するこれらの前払い請求。

第583条（Q10、Q35、Q40、Q44）
　労働者が意図的に使用者の適法な命令に背き、習慣的に命令を無視し、職務を放棄し、重大な違法行為を犯し、または義務を忠実に履行していない場合、使用者は事前の通知または補償なしに、労働者を解雇することができる。

日本の労働関係法令（一部抜粋）

◎労働契約法

第14条（出向）（Q7）
　使用者が労働者に出向を命ずることができる場合において、当該出向の命令が、その必要性、対象労働者の選定に係る事情その他の事情に照らして、その権利を濫用したものと認められる場合には、当該命令は、無効とする。

◎法の適用に関する通則法

第7条（Q7）
　法律行為の成立及び効力は、当事者が当該法律行為の当時に選択した地の法による。

第8条（Q7）
第1項　前条の規定による選択がないときは、法律行為の成立及び効力は、当該法律行為の当時において当該法律行為に最も密接な関係がある地の法による。

第12条（Q7）
第1項　労働契約の成立及び効力について第7条又は第9条の規定による選択又は変更により適用すべき法が当該労働契約に最も密接な関係がある地の法以外の法である場合であっても、労働者が当該労働契約に最も密接な関係がある地の法中の特定の強行規定を適用すべき旨の意思を使用者に対し表示したときは、当該労働契約の成立及び効力に関しその強行規定の定める事項については、その強行規定をも適用する。
第2項　前項の規定の適用に当たっては、当該労働契約において労務を提供すべき地の法（その労務を提供すべき地を特定することができない場合にあっては、当該労働者を雇い入れた事業所の所在地の法。次項において同じ。）を当該労働契約に最も密接な関係がある地の法と推定する。
第3項　労働契約の成立及び効力について第7条の規定による選択がないときは、当該労働契約の成立及び効力については、第8条第2項の規定にかかわらず、当該労働契約において労務を提供すべき地の法を当該労働契約に最も密接な関係がある地の法と推定する。

第3章

ベトナムの労働法
(ベトナム社会主義共和国／
Cộng Hoà Xã Hội Chủ Nghĩa Việt Nam)

第3章 ベトナム

第1節 労働法制の紹介

Q1 ベトナムの労働環境について教えてください。

Point
・豊富な労働人口と比較的安価な賃金が魅力。

　豊富な労働人口を擁しており、賃金も上昇傾向にあるとはいえ、いまだに賃金が低水準であることを考えると、良好な労働環境にあるといえます。

1　人口と労働人口

　2014年におけるベトナムの人口は約9,073万人[1]、15歳以上の労働人口は5375万人で[2]、ASEAN域内でも有数の労働人口を誇ります。地域別に見ると、首都であるハノイ市と商業の中心都市であるホーチミン市が大きく、それぞれ、ハノイ市は人口約710万人（内15歳以上の労働人口約383万人）、ホーチミン市は人口約798万人（内15歳以上の労働人口約419万人）を擁しています。

　2014年時点における産業別の15歳以上の労働人口は**図表3－1**で、農林水産業従事者が多いことがわかります。また、2014年時点の失業率は3.4％[3]であり、日本の2016年4月時点における完全失業率（3.2％[4]）とほぼ同一の水準にあるといえます。

---

[1] General Statistics Office『Nien giam thong ke Statistical Yearbook of Vietnam 2014』pp.20
[2] 前掲注1 pp 112
[3] 前掲注1 pp 134
[4] 総務省統計局：http://www.stat.go.jp/data/roudou/sokuhou/tsuki/ （2016年9月15日）

第1節　労働法制の紹介

図表3－1　ベトナムにおける産業別15歳以上の労働人口

産業	15歳以上の労働人口	割合
農林水産業	2440.8万人	46.3%
鉱業	25.3万人	0.5%
製造業	741.4万人	14.1%
電気、ガス、空気清浄	13.8万人	0.3%
上下水道	10.9万人	0.2%
建設	331.3万人	6.3%
法人営業、輸入小売、自動車・二輪修理	665.1万人	12.6%
倉庫、輸送	153.5万人	2.9%
飲食等サービス	230.1万人	4.4%
情報通信	31.7万人	0.6%
金融、銀行、保険	35.2万人	0.7%
不動産	15.8万人	0.3%
技術者、プロフェッショナル	25.0万人	0.5%
行政サービス	26.2万人	0.5%

(『Nien giam thong ke Statistical Yearbook of Vietnam 2014』pp117-119)

2　賃金

　議定141/2017/ND-CP号3条によれば[5]、地域ごとに各月の最低賃金が規定されており、ハノイ市、ハイフォン市、ホーチミン市の一部地区が含まれる地域1における月の最低賃金は398万ドンとされています。その他、地域2については353万ドン、地域3については309万ドン（1万ドン＝約50円）、地域4については276万ドンと規定されているため、進出する場所が、どの地域区分に含まれているか確認する必要があります。

　2014年からの最低賃金を比較した**図表3－2**を見る限り賃金は上昇傾向にあるといえますが、現在でも魅力的な賃金水準にあるといえます。

---

[5] 141/2017/ND-CP号

図表3-2　ベトナムにおける月額最低賃金（2014年以降）

(VND)

	2014年1月～[6]	2015年1月～[7]	2016年1月～[8]	2017年1月～[9]	2018年1月～[10]
地域1	2,700,000	3,100,000	3,500,000	3,750,000	3,980,000
地域2	2,400,000	2,750,000	3,100,000	3,320,000	3,530,000
地域3	2,100,000	2,400,000	2,700,000	2,900,000	3,090,000
地域4	1,900,000	2,150,000	2,400,000	2,580,000	2,760,000

3　ストライキ

　ベトナムでは、市場経済が本格化し始めた1989年頃以降、労使紛争が多発しており、ストライキについても、発生件数、規模、激しさの3点について拡大傾向であると指摘されていました[11]。ベトナム労働傷病兵社会福祉省によると、2011年には885件、2012年には506件、2013年には355件のストライキが発生しており[12]、減少傾向にあるといえますが、ストライキの可能性があることに留意が必要な水準といえます。

Q2　ベトナムの法体系について教えてください。

Point
- 大陸法に属する国であり、成文法が法源。
- 法律より下の下位法令の種類・数が多い。

---

[6] 182/2013/ND-CP号
[7] 103/2014/ND-CP号
[8] 122/2015/ND-CP号
[9] 153/2016/ND-CP号
[10] 141/2017/ND-CP号
[11] 斉藤喜久『ベトナムの労働法と労働組合』26頁
[12] http://quanhelaodong.gov.vn/dinh-cong-phan-theo-loai-hinh-doanh-nghiep-tu-1989-2013/（2016年9月20日）

第1節　労働法制の紹介

　ベトナムの法体系の特徴としては、日本と同様に大陸法系の国に属すること、また、法令の種類が多く、法源となる文書（以下「法規範文書」といいます）の発行主体も多いため、法令相互間の関係を把握することが困難であることがあげられます。

1　ベトナムの法体系

　ベトナムは制文法の国であり、2017年12月時点において約105,000個の法令があります[13]。ベトナムは長きにわたり、封建関係の下、中国に従属し、その後フランスによる植民地支配を受け、社会主義体制への指向および社会主義下における市場経済の採用の中で法を発展させてきました。特に1986年のベトナム共産党第6回党大会においてドイモイ（Doi Moi）が決定され、市場経済および対外開放を政策として採用する中で、法の近代化が指向され、日本、フランス、アメリカ等の先進国の法律が参照されながら、法整備が行われてきました。

　そのため、ベトナムの法律は、伝統的な中国の法制度の影響を残しつつ、フランス法、社会主義法、現代的な先進国の法に影響を受けた法体系となっています。

2　法令の種類と立法機関

　ベトナムの法令の種類を規定した法律として、法規範文書発行法（80/2015/QH13号）が存在します。同法は、各国家機関が制定する法規範文書の制定過程および当該文書の制定権限を明確化する目的で、1996年に制定され、その後、2002年に法規範文書発行法改正法が制定され、1996年法規範文書発行法および2002年法規範文書発行改正法に代わるものとして、2008年に法規範文書発行法が制定され、2015年に、2008年法規範文書発行法と2004年に制定された人民評議会および人民委員会に関する法規範文書発行法に代わるものとして、2015年法規範文書発行法が制定されました。

　2015年法規範文書発行法によれば、ベトナムには12（憲法、法典、法律、

---

[13] THƯ VIỆN PHÁP LUẬT　http://thuvienphapluat.vn/　（2016年9月30日）

議決、法令、国家主席令、決定、議定、決定、通達、合同通達、地方政府の法規範文書）の法令の種類があり、制定機関も国会が制定するもの（憲法、法典、法律）から人民評議会が制定するものまで多岐にわたります。

ベトナムでは近年、この複雑な法令の間で矛盾が生じており、適用に困難を来す場面が発生するという問題があることが指摘されています。

図表3－3　法規範文書の種類と作成権限機関

国家機関	法規範文書
国会	憲法・法律・議決
国会常務委員会	法令・議決
国家主席	令・決定
政府	議定
首相	決定
大臣、省同格機関の首長	通達
最高人民裁判所裁判官評議会	議決
最高人民裁判所長官	通達
最高人民検察院長官	通達
国家会計検査院院長	決定
人民評議会	議決
人民委員会	決定
特別経済行政単位の地方政権	法規範文書
合同法規範文書	・国会常務委員会・政府とベトナム祖国戦線中央委員会議長団との間の合同議決 ・最高人民裁判所長官と最高人民検察院長官との間の合同通達 ・大臣、省同格機関の長と最高人民裁判所長官、最高人民検察院長官との間の合同通達

第 1 節　労働法制の紹介

Q3　ベトナムでの人事労務関連の基本的な法律について教えてください。

> **Point**
> ・人事労務関連の基本的な法律は、労働法、労働組合法、健康保険法、社会保険法、職業法等がある。

　ベトナムの人事労務関連の基本的な法律としては、労働法（10/2012/QH13号）および労働組合法（12/2012/QH13号）が挙げられます。この他に労働分野に関する法律としては、健康保険法（25/2008/QH12号）、社会保険法（58/2014/QH13号）、職業法（38/2013/QH13号）、契約により外国で修業するベトナム労働者法（72/2006/QH11号）、職業訓練法（74/2014/QH13号）、労働安全衛生法（84/2015/QH13号）等の法律があり、その下に多くの議決や通達が出されています。

1　労働法の成り立ち

　ベトナムでは、1986年にドイモイ（Doi Moi）政策を採用し、市場経済が導入され、労働市場の形成が始まりました。その後、1991年に行われた第7回共産党大会においてドイモイ政策で採用された市場開放路線が踏襲されることが確定され、経済の市場経済化が進むにつれ、使用者と労働者の分離が進み、労働紛争も多発するようになりました。

　そこで、1994年に労働法（35-L/CTN号）が制定され、1996年に労働紛争解決手続令（48-L/CTN号）が公布され、市場経済に合わせた労働法制が整備されるようになりました。そして、その後、労働法（35-L/CTN号）は、2002年、2006年および2012年に改正がされ、また、労働紛争解決手続令は2006年に労働法に取り込まれることになりました。

　また、労働組合法については、1990年に、1957年に制定された労働組合法（108-SL/L.10号）を市場経済に適合するように改正し、その後、1990年および2012年に改正され現在に至っています。

2　労働法の所管機関

　ベトナムの労働法の所管機関は、中央政府ですと労働傷病兵社会福祉省（Ministry of Labour, Invalids and Social Affairs、Bộ Lao động-Thương binh và Xã hội）であり、英語ではMOLISA、ベトナム語ではBLDTBXHと略されます。

　地方の省や直轄市（ハノイ市やホーチミン市等）では、所管するのは当該省または直轄市の人民委員会に帰属する労働傷病兵社会福祉局（Department of Labor, Invalids and Social Affairs、Sở lao động-Thương binh và xã hội〈省級〉[14]）であり、英語ではDOLISA、ベトナム語ではSLDTBXHと略されます。

　労働法は2013年5月1日から施行されていますが、まだ細則が定まっていない部分もあり、かつ、2016年9月時点においても労働法の改正作業が行われており、法令による運用が未確定となっている部分があります。

　従来から、行政庁の裁量が多いことが指摘されていますが[15]、今後も実際の実務に際しては、都度所管する官庁へ照会することが必要であるといえます。

---

[14] なお、県級の機関はPhòng lao động Thương binh và xã hộiという。
[15] 西村あさひ法律事務所『ベトナムのビジネス法務』（174頁、有斐閣、2016年）

第1節　労働法制の紹介

Column

ベトナムの学生の初任給

　筆者は、2015年6月から2017年8月までベトナム、ハノイ市にあるハノイ法科大学に赴任していました。ハノイ法科大学は名古屋大学と協定を結び、ハノイ法科大学内に日本法教育研究センターを設置し、日本法教育研究センターでは、ハノイ法科大学の1年次から4年次の学生約80名が、日本語および日本法を勉強しています。

　ベトナムの大学は日本の大学と異なり、8～9月にかけて新学期が開始され、翌年の6月に卒業式、修了式が行われます。

　毎年6月、日本法教育研究センターでは10～15名の学生を社会に送り出しています。学生の進路は様々で、2～3名は日本の大学院に留学し、その他の学生は日系の法律事務所や企業に就職する者、ベトナムの会社に就職する者が多いです。

　学生に、初任給はいくらか聞いたところ、月給250USD（米ドル）から月給300USD前後の者が多いようです。英語や日本語等外国語ができる学生は、初任給から月給500USDを越える者もいるようで、外国語が収入に直結する状況だといえます。

　学生の間のアルバイトの時給を聞くと、日本食料理店の給仕係のような一般的なサービス業で時給1万ドン（約50円）から1万5000ドン（約75円）との回答を得ました。

　複数の言語を話せる人でも、時給約75円、月給約3万円で雇用できると聞くと、賃金は上昇傾向にあるとはいえ、ベトナムの賃金はまだまだ「お買い得感」があるように感じます。

Q4 ベトナムでの労働紛争解決手段について教えてください。

> **Point**
> ・「労働争議」、「権利に関する集団労働争議」および「利益に関する集団労働争議」ごとに解決手段が決められている。

　ベトナムでは労働紛争は、「労働争議」、「権利に関する集団労働争議」および「利益に関する集団労働争議」に区別され、個人に関する労働争議（個人労働争議）と集団に関する労働争議（集団労働争議）のいずれかによって、解決する権限を持つ機関が別に規定されます。

1　個人労働争議

　労働法3条によれば、労働争議とは「労働関係の当事者間で発生する権利・義務・利益に関する争議をいう。労働争議は、労働者と使用者間の個人労働争議および労働集団と使用者間の集団労働争議が含まれる」とされます。

　個人労働争議を解決する権限を持つ機関は労働調停員および人民裁判所です（労働法200条）。そして、一定の事件を除いて労働調停員の調停手続を経た後でのみ裁判所に訴えを提起することができます（同法201条）。

　当事者が調停の要求をした場合、労働調停員は5営業日以内に調停を終了させなければならないとされます（同条）。そして、調停が不調に終わった場合、調停の内容を当事者が履行しない場合、または労働調停員が5営業日以内に調停を行わない場合には、各当事者は裁判所に訴えを提起することができます（同条）。

2　集団労働争議

　労働法によれば、「権利に関する集団労働争議」とは、「労働に関する法律の規定・集団労働協約・就業規則・その他の合法的な規則・合意の解釈と履行が相異することから発生する労働集団と使用者間の争議」をいい、「利益に関する集団労働争議」とは、「労働集団と使用者間の交渉過程において、労働

集団が労働に関する法律の規定・集団労働協約・就業規則・その他の合法的な規則・合意の規定と比べ新たな労働条件の確立を要求することにより発生する労働争議」をいいます（労働法3条）。

　権利に関する集団労働争議解決の権限を持つ機関は、労働調停員、県・区・町・省所属の市の人民委員会の委員長および人民裁判所です。権利に関する集団労働争議の手続は、個人労働争議の場合と同様に、労働調停員の調停前置を原則とします（同法204条・201条）。

　そして、労働調停員の調停によって解決されなかった場合、当事者は、県級の人民委員会の委員長に解決を依頼することができます。さらに、県級の人民委員会の委員長によっても解決できない場合には、各当事者は、裁判所に訴えることができます（同法205条）。

　他方、利益に関する集団労働争議解決の権限がある機関は、労働調停員および労働仲裁評議会です（同法203条）。

　利益に関する集団労働争議の場合も、労働調停委員の調停を経て、労働調停員の調停によって解決されない場合には、各当事者は労働仲裁委員会に解決を要求することができます（同法204条）。そして、労働仲裁委員会によっても解決されない場合には、労働組合はストライキをすることができると規定されています（同法206条、209条）。

第2節 社員の採用

第1項　労働契約書の作成

Q5 ベトナムに駐在員事務所を置くことになりました。現地でベトナム人を自由に採用することはできますか。ベトナムへの進出形態による違いはありますか。

> **Point**
> ・現地でベトナム人を採用することは、原則として自由にできる。
> ・進出形態によって変わらない。

　外国の法人および個人がベトナム人労働者を雇用する場合に適用される法律には、労働法、政府の議定75/2014/ND-CP号および政府の議定07/2016/ND-CP号があります。一般的な会社に適用があるのは、労働法であり、採用への制限はありません。

　また、ベトナムへの進出形態は、主として法人を設立する方式（有限会社および株式会社）、支店の設立ならびに駐在員事務所の設立がありますが、進出形態による違いはありません。

　他方、政府の議定75/2014/ND-CP号によれば、次の駐在員事務所がベトナム人労働者を雇用する場合には、一定の手続きを行う必要があります。

　一定の場合とは、次の機関が駐在員事務所を設ける場合をいいます。
①外国の外交代表機関、外国領事機関、国際連合システムに属する国際組織の代表機関、地域機関
②外国報道、マスコミの常務事務所

③国際組織、連政府組織、外国の政府に属する組織
④議定12/2012/ND-CP号に従って、ベトナムの有権機関により活動登録書が発給される外国非政府組織
⑤経済、商業、金融、銀行、保険、科学技術、文科、衛生、法律を専門分野とする組織[16]の営利活動を行わない駐在事務所

この場合、次の手続を行う必要があります。

 i 職業サービスセンター[17]へ、ベトナム人労働者に関する採用申請書[18]を提出します。当該採用申請書には、採用を予定している職位、人数、専門技術の程度、業務内容、外国語の要否、採用時期、労働者および使用者の権利および義務を明記する必要があります。

 ii 職業サービスセンターは、駐在員事務所が提出した採用申請書を受理した日から15営業日以内に、駐在員事務所の依頼に基づいて、ベトナム人労働者を募集して紹介します。

 iii 15営業日を過ぎても、職業サービスセンターが、駐在員事務所の依頼に基づくベトナム人労働者の紹介をできない場合には、駐在員事務所は、ベトナム人労働者を採用することができるようになります。

駐在員事務所がベトナム人労働者と労働契約を締結した場合には、駐在員事務所は、労働契約の締結日から7営業日以内に、ベトナム人労働者と締結した労働契約書の写しを添えて、職業サービスセンターへ文書にて通知をする必要があります。

また、駐在員事務所は、管轄機関に、年2回、ベトナム人労働者の採用および使用事情について報告する必要があります（75/2014/ND-CP号8条3項）。

---

[16] この組織に、一般的な事業会社が含まれるかについて、明確な規定はありません。そもそも、ベトナムでは、駐在事務所は営利目的の活動はできないとされているため（36/2005/QH11号商法18条）、仮に組織に事業会社が含まれる場合で、本文に記載された業種に該当する場合は、規制の対象となる可能性があります。

[17] 労働傷病兵社会福祉省または省・中央直轄市人民委員会委員長の決定により設立された機関をいいます。

[18] 採用申請書には職位、人数、専門性の程度、業務内容、外国語能力の要否、採用時期、労働契約期間、労働契約終了時の雇用者および労働者の権利および義務を記載する必要があります。

Q6 日本人がベトナムで働く際に必要な手続きを教えてください。

> **Point**
> ・労働許可証の取得が必要である。
> ・必要書類が多いため、前もって準備をする必要がある。

　ベトナム国内で、日本人を含む外国人が働くには、労働許可証の取得が必要です（なお、労働許可証の取得とは別にビザについても取得が必要となります）。

1　外国人がベトナムで就労する要件
　労働法によれば、外国人がベトナム国内で就労するためには、次の要件を満たす必要があります（労働法169条1項）。
　①十分な民事行為能力を有していること。
　②業務の要求に適する専門的な知識・技能・健康状態を有すること。
　③ベトナムと外国の法律上、犯罪者となっておらず、刑事責任を追及されていないこと。
　④ベトナムの国家管轄機関が発給した労働許可証を有していること。ただし、労働法172条に規定された場合を除く。
　また、使用者が外国人をベトナム国内で雇用できるのは、ベトナム人の使用者が技術水準として満たせない専門業務等のみであるとされ（労働法170条1項）、外国人を採用する場合には、国家機関に対し、労働者使用の需要に関する文書を提出する必要があります（同条2項、11/2016/ND-CP号4条1項）。

2　労働許可証の取得
■労働許可証の取得要件
　外国人がベトナムで働く場合、労働許可証の取得が義務付けられています（労働法169条1項）。労働許可証の発給要件は、次のとおり規定されています（11/2016/ND-CP号9条）。

第2節　社員の採用

①ベトナムの法令に従い十分な民事行為能力を有している外国人労働者であること。
②業務の遂行に支障のない健常者であること。
③管理者、代表取締役、専門家もしくは技術的な労働者であること。
④ベトナムの法令および外国の法律に従い、犯罪者となっておらず、刑事責任を追及されていないこと。
⑤権限ある機関の文書によって外国人労働者の雇用が承認されていること。

■労働許可証を取得するための必要書類および手続き
（ア）必要書類

　労働許可証を取得するための書類は議定11/2016/ND-CP号10条で規定されており、概要は次のとおりです。各書類については、細かく有効期限等が規定されていますので、申請時には各書類の有効期限や枚数等の確認が必要です。

　・労働許可証発給申請書
　・健康診断証明書・健康診断書
　・無犯罪証明書
　・管理者、代表取締役、専門家もしくは技術者であることの証明書
　・証明写真
　・有効なパスポートの謄本またはパスポートに代わる書類
　・外国人労働者に関する書類
　・その他

（イ）労働許可証取得の手続き

　勤務開始予定日から少なくとも15営業日前までに、使用者は外国人労働者が勤める予定の地方を管轄する労働傷病兵社会福祉局に対して労働許可証の申請書類一式を提出する必要があります（議定11/2016/ND-CP号12条1項）。

　労働傷病兵社会福祉当局は、必要書類の受領後7営業日以内に、当該外国人労働者に対して労働許可証を発行します。労働許可証の発行を拒否する場合、労働傷病兵社会福祉当局は、労働許可証を発行しない理由を記載した通知を申請者に対して送付する必要があります（同条2項）。

もっとも、実際には法律で規定された日数より相当多く日数を要するケースが多く、余裕をもって手続きを行う必要があります。

Q7 ベトナムで労働者を採用するにあたって、労働契約書の作成は必要なのでしょうか？ 日本との違いを教えてください。

Point
・労働契約書の作成が必要であり、ベトナム語で作成するべきとされる。

労働契約書の作成は、原則として必要だと解されています。

労働法16条1項および18条1項によれば、労働者を採用するに際、労働契約書を作成するのは使用者の義務とされます。労働契約書は、使用者および労働者間で2部作成し、それぞれ1部ずつ保管する必要があります。また、労働契約書はベトナム語で作成する必要があると解されています。

口頭で労働契約を締結できるのは、労働契約の期間が3カ月未満の一時的な仕事の場合に限られる点も注意が必要です（労働法16条2項）。

労働法では、労働契約書について確定した書式は提供していませんが[19]、労働法23条において、労働契約書に記載すべき事項が定められています。

Q8 ベトナムで労働契約書を作成する場合、記載しなければいけない事項はありますか？

Point
・労働契約書の必要的記載事項は法律で定められている。

---

[19] Mai Huong Quy『Introduction to Vietnamese law (2nd edition)』263頁

ベトナムにおける労働契約書で記載しなければならない事項については、労働法23条1項および政府の議定05/2015/ND-CP号4条に規定されています。記載しなければならないとされる事項の概要は次のとおりです。
①使用者または法定代表者の氏名および住所
②労働者の氏名、生年月日、性別、住所、身分証明書番号または他の身分証明書番号
③職務内容および勤務場所
④労働契約の期間
⑤給与および手当等の金額、支払方法等
⑥昇給制度
⑦勤務時間および休憩時間、休日等
⑧労働者を保護するための設備
⑨社会保険、失業保険および医療保険に関する事項
⑩職業訓練、技能向上に関する事項

なお、上記の事項に加えて、労働者が法律に基づいて経営上の秘密・技術上の秘密に直接に関わる業務を行う場合、農業・林業・漁業・塩業分野で働く労働者の場合、国有企業の社長として雇用される場合については、別途記載事項が追加されます（労働法23条2項ないし4項）。

Column 2 就業規則の変更手続きと不利益変更

■就業規則の変更手続き

ベトナムでは就業規則を管轄の労働疾病兵社会福祉局に登録している場合、就業規則を策定した後、管轄の就業規則を変更する際は、管轄の労働傷病兵社会福祉局（Sở lao động thương binh và xã hội）に対して就業規則を登録する必要があります（労働法120条1項、議定05/2015/ND-CP号28条5項）。手続きの概要は次のとおりです。

①使用者は、労働団体の代表組織の意見を参考にし、新たな就業規則を策定します。
②使用者は、新たな就業規則を公布した日から10日以内に就業規則の登録書類を提出しなければなりません。
③管轄の労働傷病兵社会福祉局は、就業規則登録のための必要な書類を受領した後、就業規則登録の受付確認書を使用者に発給します。
④管轄の労働傷病兵社会福祉局は、法律に反する就業規則を見つけた場合は、登録書類の受付後7営業日以内に、使用者に対し内容の修正を行った上で再登録するよう文書で指導します。
⑤文書により指導を受けた使用者は、労働組合の代表組織の意見を参考にした上で、修正を行い、再登録をしなければなりません。
⑥新たな就業規則は、労働傷病兵社会福祉局が受領した日から15日後に効力を有します。

なお、上記の「意見を参考する」とは文字どおり意見を考慮することを意味し、同意を取得すること等は不要と考えられています。

■不利益変更

就業規則の変更にあたり、上記のとおり、変更手続きにおいて労働者の同意や承諾を得る必要がないため、ベトナムの労働法では、不利益変更に該当する場合であっても、上記の手続に基づき適法に就業規則を変更できるとされています。

■実務上の注意点

法律上は就業規則を変更することは可能ですが、実務上、一度適用した就業規則を、労働者が不利益となるように変更するのは困難です。特に、ベトナムでは文書と先例が重視される傾向にあり、先例として一度適用された就業規則を、労働者の不利益となるように変更しようとする場合、労働者の勤務態度を悪化させることがあるので注意が必要です。

第2項　試用期間

Q9　ベトナムで労働者を採用する場合、試用期間を自由に定めることはできますか？

> **Point**
> ・試用期間を定めることはできるが、試用期間の上限が法律で定められている。

　労働法上、労働者の業務の内容に応じて試用期間の上限が決められているため、試用期間を自由に定めることはできません。

　労働法26条1項によれば、使用者および労働者は、労働契約の締結に際し試用期間の長さを合意により定めることができるとされますが、同法27条で業務の内容に応じて試用期間の上限が定められており、この上限を超えることはできないとされます。各業務における試用期間の上限は**図表3－4**のとおりです。なお、季節労働者については試用期間を定めることはできません（労働法26条2項）。

図表3－4　試用期間の上限

業務	試用期間の上限
短期大学以上の専門技術を要する職位の業務	60日
職業訓練学校、専門学校、技術を持つ業務者、経験を有する事務補助職の専門技術の程度を要する職位の業務	30日
その他の業務	6営業日

Q10 採用予定者から試用期間中の給与について質問がありました。ベトナムでは試用期間中の給与についてどのような規定がありますか？

> **Point**
> ・試用期間中の給与額について、法律の定めがある。

　労働法によれば、試用期間中の給与については、使用者および労働者の合意に基づくものであり、少なくとも同種の業務に対する給与の85％程度でなければならないとされます（労働法28条）。そのため、試用期間中の給与については、原則として、使用者と採用予定者との間の合意によりますが、その金額は、同種の業務に対する給与の85％を下回ることはできません。

Q11 試用期間中の労働者を解雇することはできますか？　試用期間中の解雇について、日本と異なる注意点があれば教えてください。

> **Point**
> ・試用期間中に解雇をすることができる場合が法定されている。

　労働法29条１項によれば、試用期間中、労働者が行った業務が十分である場合には、使用者は労働者との間で労働契約を締結する義務があります。
　一方、同法29条２項によれば、試用期間中、労働者または使用者が両当事者間で合意した水準を満たさなかった場合には、各当事者は相手方に対して、事前通知および補償をせずに試用を取り消すことができます。
　日本では、試用は一般的に解約権留保付労働契約とされ、解約権行使の限界が判例上も学説上も議論されていますが、ベトナムではそういった踏み込

んだ議論はなく、どういった場合に、当初の試用の合意に未達だったかという点は、今後、事例の集積を待つ必要があります。

Q12 試用期間中の労働者から退職届が出されました。会社としてはお金をかけて教育訓練をしてきたのですが、どうしたらよいでしょうか？

Point

・試用期間中に支出した教育訓練費用は回収困難であるため、正社員となった後に教育訓練費用をかけた方がよい。

　ベトナムで、試用契約と労働契約は別個の契約と考えられており（労働法29条1項）、当初合意した業務を十分に行っていないと判断された場合には、使用者は労働者と労働契約を締結しないことができます（同条2項）。また、労働者から労働契約を締結しないということも事例としてあります。
　そのため、ベトナムでは、一般的に試用期間中に費用のかかる社員教育を行うことはせず、試用期間で労働者の適性を見極め、労働契約を締結した後に教育訓練を行うのが一般的です。

第3節 賃金・社会保険・職場調整

第1項　賃金制度・社会保険制度

Q13　給与支払いの原則について、特に日本と異なる注意点について教えてください。

> **Point**
> ・給与支払いの原則は、日本と共通している点が多い。

　日本では、給与支払いの原則について、①通貨支払いの原則、②直接払いの原則、③全額払いの原則、④毎月1回以上の原則、および⑤一定期日払いの原則が存在します（《日本》労働基準法24条）。

　一方、ベトナムでも、賃金の支払いについて、労働法94～96条に規定が置かれており、直接払いの原則、全額払いの原則、適時払いの原則等日本に相当する規定が置かれています。

　ベトナムの労働法では、労働法96条で給与の支払いに関する原則が規定されており、使用者は、労働者に対して直接および適時に、給与の全額を支払わなければならないとされ、日本の②直接払いの原則、③全額払いの原則と同様の規定が置かれています。

　また、同法94条1項において、給与を支払う時期についての規定が置かれており、使用者は、時期、成果もしくは出来高に応じて支払うことができますが、一度選択した支払い時期を変更するには、使用者は少なくとも10日前に通知することを要するとされ、日本の⑤一定期日払いの原則と同様の規定が置かれています。

第3節　賃金・社会保険・職場調整

　そして、同条2項によれば、給与は現金または労働者個人の銀行口座に振り込む方法で支払うと規定されており、日本の①通貨払いの原則と同趣旨の規定が置かれています。

　同法95条2項によれば、月単位で雇用される労働者は、少なくとも1カ月に1度の給与の支払いを受ける必要があると規定されており、日本の④毎月1回以上の原則と同様の規定が置かれています。

Q14　残業代の支払いについて、どのように計算すればよいのですか？

Point

・残業代の計算方法は、法律および通達によって規定されている。

　残業代の計算方法については、労働法97条が規定しています。同法97条1項によれば、**図表3-5**のとおり、賃金テーブルか給与に対して割増率が乗じられ残業代が計算されます。また、より詳細な計算方法については、2015年8月8日付け通達23号によって規定されています。

図表3-5　残業代の割増率

時間外労働の時間帯	割増率
平日	150％以上
週休日	200％以上
祝日および有給休暇	300％以上
夜間（時間外ではない）	1～3の30％以上
夜間かつ時間外	1～4の20％

Q15 労働者から５年前の給与の未払いを指摘されました。ベトナムでは、賃金支払いに「時効」はないのでしょうか？

> **Point**
> ・「時効」という概念ではなく「提訴時効」という概念で、権利の行使期間に制限がある。

　ベトナムの労働法では「時効」が規定されておらず、提訴時効として規定されています。そして、労働者と使用者との争いとされる個別労働争議は、当事者が自己の権利侵害を知ったときから６カ月であり、また、裁判所に訴えることができるのは、同じく当事者が自己の権利侵害を知ったときから１年とされるため（労働法202条）、労働者が法的な手段で５年前の給与の未払いを争うのは難しいと思われます。

　なお、ベトナムの労働法では、労働契約が終了した日から７営業日以内に賃金等の各当事者の権利に係る各事項を清算する責任を当事者が負うと定めているため（同法47条２項）、未払いの給与がある場合は、この期間に支払うのが原則とされます。

Q16 労働者から病気休暇の申請がありました。休暇中も給与を支払わないといけないのでしょうか？

> **Point**
> ・年次有給休暇に該当しない場合には、給与を支払う必要はない。

　ベトナムの労働法では、12カ月以上雇用される一般的な労働者は年次休暇として、年に12日の年次休暇が付与され（労働法111条）、５年の勤務ごとにさらに１日の年次休暇が付与されます（同法112条）。労働者が病気休暇とし

て年次休暇の申請をしてきた場合、給与を支払う必要があります。

一方、年次休暇にあたらない場合で、労働者が社会保険制度を使用して休暇をとる場合には、使用者は給与を支払う義務を負いません（同法186条2項）。

Q17　ベトナムでは、社会保険制度はどうなっているのですか？

> **Point**
> ・日本の社会保険に対応するものとして、強制加入社会保険が存在する。

ベトナムの社会保険制度は、強制加入社会保険、任意加入社会保険および付加年金保険が存在します（社会保険法〈58/2014/QH13〉4条）。このうち、日本の社会保険と対応するものは強制加入社会保険ですので、強制加入社会保険について説明します。

1　強制加入保険の対象

強制加入保険の対象は、ベトナム人労働者のうち無期労働契約、有期労働契約、3カ月以上12カ月未満の季節的な業務または特定業務に関する労働契約に基づき雇用される労働者、公務員、軍人等と規定されています（社会保険法2条）。

なお、2018年1月1日より、外国人に対しても強制加入社会保険が適用されます（同法2条2項、124条）。

2　強制加入保険の内容

強制加入保険としては、疾病給付金、妊娠出産給付金、労働災害・職業疾病給付金、退職年金、遺族給付金（社会保険法4条）があります。

それぞれの給付内容は社会保険法に規定されており、疾病給付金（同法24条以下）は労働災害以外の疾病の場合の休業と給付金を、妊娠出産給付金（同

法30条以下）は労働者または労働者の配偶者の妊娠・出産における休業と給付金を、労働災害・職業疾病給付金（同法42条以下）は労働災害および職業疾病が発生した場合における休業と給付金を、退職年金（同法53条以下）では退職年金の給付について、そして、遺族給付金（同法66条以下）では、労働者が死亡した場合における遺族に対する給付金を定めています。

3　強制加入保険の納付

強制加入保険の保険料は、使用者および労働者の双方に納付義務があります。なお、実際の強制加入保険の保険料の納付は、現地の会計事務所やエージェントに依頼して行っている例が多いです。

■使用者の納付義務

使用者は、**図表3－6**の割合を給与に乗じた金額を納付する必要があります（社会保険法86条、労働安全衛生法44条1項）。

図表3－6　強制加入保険の保険料率

費　目	割　合
疾病給付金・妊娠出産給付金の基金	3％
労働災害・職業疾病給付金の基金	1％
退職年金・遺族給付金の基金	14％

■労働者の納付義務

労働者は退職年金および遺族年金の財源として賃金の8％を納付する必要があります（同法85条）。

Q18 労働者から社会保険料を支払いたくないと言われました。労働者との間で社会保険料を支払わないことを合意することはできますか？

> **Point**
> ・労働者との間で、合意によって社会保険料を支払わないことはできないが、実質的に同じ結果を達成することはできる。

　労働者との間で社会保険料を支払わないことを合意することはできません。労働者が、強制加入社会保険の対象となる労働者である場合、当該労働者は社会保険料の納付義務を負います（社会保険法85条）。そして、社会保険料を支払わなかった場合、労働者は戒告または50万ドンから100万ドンの罰金を科せられる可能性があります（88/2015/ND-CP号1条19項）。そのため、労働者との間で社会保険料を支払わないことを合意することはできません。

　もっとも、労働者が本来支払うべき社会保険料を使用者が負担するために、労働者の給与を調整することで、実質的に労働者が社会保険料を負担しないこととすることは可能であり、実務上行われている例もあります。その場合、労働者の給与を増額することになると思いますが、それに対応して、使用者が負担する社会保険料の金額も増加するので注意が必要です。

第2項　職場調整

Q19 ベトナムで労働者を配置転換することはできますか？ 配置転換の際の注意点を教えてください。

Point
・日本と同じような配置転換を行うのは難しいとされる。

配置転換とは、一般的に「従業員の配置の変更であって、職務内容または勤務場所が相当の長期間にわたって変更される」ことをいいます[20]。

ベトナムの労働法では職務内容および職場は、労働契約の必要的記載事項とされます（労働法23条1項）。そして、使用者は、経営上の必要がある場合等には、本来の業務と異なる業務に異動させる権利を有しますが、異動させることができる期間は、労働者の同意がある場合を除き60営業日を超えることができないとされます（同法31条）。

また、同法31条を受けた政府の議定によれば、使用者が労働者の労働契約の業務内容を変更した場合で、変更してから年間延べ60営業日を超えて労働契約の変更を継続する場合には、使用者は文書にて労働者からの同意を取得しなければならないとされ、仮に労働者が同意しない場合には、労働者は労働の提供をせずに賃金を受け取ることになります（05/2015/ND-CP号8条3項、4項、労働法98条）。

加えて、労働契約の内容を修正する場合には、少なくとも3営業日前に相手方に通知し、両当事者が合意する方法で行う必要があるとされます（労働法35条1項、2項）。

こういった法律の立て付けからすれば、日本のように使用者が広範な配置

---

[20] 菅野和夫『労働法第11版補正版』684頁

転換権を有するとして労働者を異動させるのは、難しいと考えた方がよいでしょう。

Q20　能力不足の社員の職場を調整したいと考えています。どのような点に注意をすればよいでしょうか？

> **Point**
> ・原則として、労働契約の修正のための手続きが必要となる。

　Q19に記載のとおり、ベトナムでは、使用者が一方的に配置転換をすることができる場合は限定されています。そのため、能力不足の労働者であっても長期間に渡って職場を変更する場合には、労働契約の修正のための手続きをとる必要があります。

　具体的には、労働契約の修正を望む当事者は、少なくとも３営業日前に相手方に通知し、両当事者が合意によって変更することになります（労働法35条１項、２項）。仮に両当事者が合意できなかった場合には、従前の労働契約を履行する必要があります（同条３項）。

　原則としてベトナムでは、有期契約であれば特段の正当事由がなくとも期間満了時に更新を拒絶できると解されているため、能力不足の労働者については、労働契約の期間満了時における更新拒絶を検討するのも一案です。

Q21 産休中の女性労働者から職場復帰を求められました。復帰後の職場はどうしたらよいでしょうか？

Point
・原則として、産休取得前と同じ職場に復帰させる必要がある。

　ベトナムの労働法では、女性労働者は出産前後で6カ月の休暇をとる権利が付与されています（労働法157条1項）。また、6カ月の休暇が経過した場合であっても、労働者は、使用者と労働者の合意によって、追加で無給休暇を取得することができます（同条3項）。

　そして、女性労働者は、これらの休暇期間が終了した後には、休暇前と同じ業務に復帰することができるとされるため（同法158条）、産休中の女性から職場復帰を求められた場合、休暇取得前の職場に復帰させる必要があります。

　仮に、以前の業務・職場がなくなっている場合には、別の職場に就かせることができますが、給与額は以前より下げることはできません（同条）。

　したがって、産休中の女性労働者から職場復帰を求められた場合、産休取得前の職場に復帰させることが必要であり、仮に以前の業務・職場がなくなっている場合には、給与額が以前より下回らないようにした上で、別の職場に就かせる必要があり、このことを前提に人事を計画しておく必要があります。

Q22 私傷病休暇中の労働者から職場復帰を求められました。復帰後の職場はどうしたらよいでしょうか？

Point

・私傷病休暇中の労働者が職場復帰する場合の特別の規定は存在しない。

　ベトナム労働法には私傷病休暇中の者からの職場復帰については、特段の定めはありません。そのため、復帰後の職場については、労働契約に基づき定めることになります。ただし、使用者は業務の種類ごとに規定されている健康基準に基づき業務の割り当てをする義務を負っている点に注意が必要です（労働法152条1項）。

Q23 職場調整に伴って賃金額を減少させることはできますか？

Point

・賃金額を変更するには、原則として、労働契約の修正が必要である。

　ベトナムの労働法では、原則として賃金額を一方的に変更することはできず、労働契約の修正手続きを経る必要があります（労働法35条）。労働契約の修正には、両当事者が合意する必要があります（労働法35条2項）。仮に両当事者が労働契約の内容の修正に同意できない場合、現在締結されている労働契約を履行することになります（労働法35条3項）。そのため、職場調整に伴って一方的に賃金額を減少させることはできないと解されています。

第4節 労働時間・休日・休暇

第1項　労働時間

Q24 ベトナムでは、労働者の労働時間管理についてどのように定められているのですか？

Point

・通常の勤務時間は1日8時間、週に48時間を超えないものと規定されている。また、時間外労働の上限も法定されている。

　労働者の労働時間管理については、労働法104条以下および政府の議定45/2013/ND-CP号で定められており、通常の勤務時間は1日8時間、週に48時間を超えないものとされています（労働法104条1項）。

　政府は週に40時間勤務とすることを推奨していますが、あくまで推奨であり、使用者は、1日10時間、週に48時間を超えない範囲で勤務時間を規定する権利を有します（労働法104条2項）。なお、この労働時間には、使用者の要求による会議、学習、教育への参加にかかる時間等が含まれます（議定45/2013/ND-CP号3条）。

　また、使用者は労働者を時間外に労働させることもできますが、その場合、労働者の同意を要し、また、時間外労働の時間は、1日の労働時間を定めている場合には1日の通常勤務時間の50％、週あたりの労働時間を定めている場合には1日の総労働時間が12時間を超えてはならず、1カ月で30時間、1年で200時間を超えることができないとされています（労働法106条2項）。

Q25 労働時間管理の注意点はありますか？ 日本との違いはありますか？

> Point
> ・時間外労働時間の上限への対応を検討する必要がある。

　最近注目される問題点として、時間外労働の時間として、1年間に200時間とする規定にいかに対応するかという問題が挙げられます。

　また、その他に、ベトナムの労働法では特殊な場合を除いてフレックスタイム制についての明文の規定を欠いており、フレックスタイム制を制度として採用することが困難であるという点も指摘できます。フレックスタイム制が制度として規定されていないため、仮に労働契約書でコア・タイムのみを規定した場合、当該コア・タイムのみが労働時間とされ、それ以外の時間に勤務した場合には時間外労働をしたと解される危険があるとされます。そのためフレックスタイム制の導入には注意を要します。

Q26 運転手の労働時間管理の注意点はありますか？ 日本との違いはありますか？

> Point
> ・道路交通法によって運転手の労働時間の上限が定められている。

　日本では、「自動車運転者の労働時間等の改善のための基準（改善基準告示）」によって、それぞれ車種ごとに1カ月の総拘束時間や1日の最大拘束時間が規定されています。

　一方ベトナムでは、道路交通法（23/2008/QH12号）において、運転手の労

働時間が規定されています。道路交通法65条1項によると、運転手の労働時間は1日あたり10時間を越えてはならず、または4時間以上の連続運転勤務が禁止されます。日本の場合と異なり、車種にかかわらず道路交通法65条の規定が適用される点が特徴的です。

Q27 労働者に残業を命じることはできますか？

Point
・残業は労働者との合意に基づいて行う必要がある。

　ベトナムでは、特別の場合を除き、時間外労働をさせるには労働者の同意が必要であり、使用者の一方的な命令によって残業をさせることはできないと解されています（労働法106条2項）。
　労働法106条2項によれば、使用者は、次の要件を満たす場合に、労働者に残業を命ずることができるとされます。
①労働者の同意を得ること。
②労働時間の制限を超えないこと。
③1カ月の間に残業を行う日が多く続いた場合、使用者は労働者が休暇をとることができなかった期間の代休を取得できるよう人員を配置すること。

　労働者の同意なく時間外労働をさせることができる場合とは、自然災害の際に人命を救助するため等、極めて例外的な場合とされます（労働法107条）。
　したがって、使用者が残業を命じる場合は、労働者の同意を取得することが原則となり、同意を取得している等の法定の要件を満たす場合には、残業を命じることができます。

Q28 残業時間の限度について規定はありますか？

Point

・時間外労働時間の上限が法定されている。

　時間外労働時間については、労働契約において１日の労働時間を定めている場合には１日の通常勤務時間の50％、週あたりの労働時間を定めている場合には１日の総労働時間が12時間を超えてはならず、１カ月で30時間、１年で200時間を超えることができないとされます（労働法106条）。

　また、繊維品、衣料品等の加工、農林水産物の加工、電力、通信等の事業については、年間の残業時間の上限が300時間となると規定されています（議定45/2013/ND-CP号４条）。

Q29 会社に無断で残業して残業代を請求してくる労働者がいます。どうしたらよいでしょうか？

Point

・残業は使用者からの依頼によって、労働者の同意に基づいて行うため、労働者が無断で残業を行うことはできない。

　Q27のとおり、時間外労働を行う場合、労働法106条２項に定められた要件を充足する場合に、使用者は労働者を時間外労働させることができます。そのため、労働者が使用者の命令なく時間外労働をすることはできません。

　労働者が使用者に無断で時間外労働を行った場合には、当該労働は時間外労働に該当しないとして、使用者は時間外労働に対する賃金の支払いを拒否できると解されます。

第2項　休日

Q30　休日労働に対して労働者が代休を請求してきました。ベトナムでは、休日振替や代休の制度を採用することはできますか？

Point
・休日振替や代休については就業規則に委ねられている。

　ベトナムでは代休制度について法律で定めがある場合は、1カ月間の時間外労働が多く続いた場合に、労働者が代休を取得できるよう労働者を配置することを使用者に求めた労働法106条2項と、祝日等と週休が重なった場合を規定した同法115条3項があり、具体的に代休制度を詳細に規定した規定は存在しません。

　そのため、代休制度の内容は就業規則に委ねられていると考えられており、実務上は就業規則上で代休の取得を規定している例が多いです。

第4節　労働時間・休日・休暇

Column

3　ベトナムの法定休日

　ベトナムの法定休日については労働法115条1項で規定されており、具体的な日程は次の10日間です。
・太陽暦正月（太陽暦1月1日）
・太陰暦正月（5日間）
・フン王忌日（太陰暦3月10日）
・戦勝記念日（太陽暦4月30日）
・メーデー（太陽暦5月1日）
・建国記念日（太陽暦9月2日）
　このうち太陰暦の正月については、使用者が①太陰暦の年末の最終日1日と年始の4日、②年末の2日と年始の3日のどちらかを休みにするか選択でき、休日を実施する少なくとも30日前に労働者に通知する必要があるとされます（議定45/2013/ND-CP号8条）。
　ベトナムでは、太陰暦の正月はとても大きな連休で、機関によっては約3週間、続けて休暇とする場合もあります。また、太陰暦の正月の前後は、営業日であっても業務が通常どおり行われない傾向にあります。そのため、太陰暦の正月の前後の予定は、余裕をもって立てる必要があります。

第3項　休暇

Q31　中途採用したベトナム人が入社すぐに有給休暇の取得を申請してきました。ベトナムでは、有給休暇の日数について、どうのように定められていますか？

Point

・勤務期間に応じた有給休暇が付与され、12カ月未満の勤務期間であっても有休休暇を取得できる。

　ベトナムの労働法では、通常の労働条件で勤務する労働者については、12カ月以上勤務する場合、年間12日の年次有給休暇が付与され（労働法111条1項）、5年ごとに原則として1日増加します。

　そして、勤務期間が12カ月未満の労働者の場合についても勤務期間に比例して年次有給休暇を取得できると解されるため（同法114条2項）、中途社員が勤務した期間に応じて年次有給休暇を付与する必要があります。

Column 日本の就業規則を越文訳することの問題点

　日本の就業規則をそのまま翻訳した場合、ベトナムの労働法で想定されているものと異なる事項が含まれていることや、ベトナムの労働法と異なる規定を設けてしまい就業規則の効力に疑義を生じさせてしまうという問題点があります。

　ベトナムでは、10名以上の労働者を使用する使用者は就業規則を策定することが義務付けられています（労働法119条1項）。そして、記載事項も、ベトナムの労働法および関連法に違反してはならず、勤務時間と休憩時間、職場における秩序、職場における労働安全・労働衛生に関する事項、使用者の資産、営業秘密、知的財産の保護、労働者の労働規律違反行為等について規定しなければならないとされています（同条2項）。

　さらに、ベトナムでは懲戒処分が日本と異なって限定的・段階的にしか規定できないため、日本の就業規則をそのままベトナム語に翻訳した場合、労働法に違反した就業規則を規定してしまう可能性があります。

　加えて、日本の就業規則は、本体となる就業規則も膨大であることが多い上、それに付随するPCに関する管理規定や機密情報に関する管理規定等、ベトナムの商習慣から比較すると量的にも質的にも多いといえます。

　また、ベトナムでは、使用者は就業規則を管轄の労働傷病兵社会福祉局に登録する必要があるため、ベトナムの商習慣と異なる就業規則を登録した場合、ベトナムの行政庁から何らかの対応を求められる可能性も生じてしまいます。

　そのため、ベトナムの就業規則は、日本の就業規則をそのまま翻訳するのではなく、ベトナム独自の就業規則を策定する方が望ましいといえます。

Q32 労働者から突然に「明日有給休暇を取得したい」と言われました。拒否することはできないのでしょうか？ ベトナムでは、有給休暇の取得・消化について、どのように定められていますか？

> **Point**
> ・使用者が有給休暇の取得についてのスケジュールを定めることができる。

　年次有給休暇の取得について、ベトナムでは、使用者が労働者の意見を参考に、年次有給休暇の取得についてのスケジュールを規定する権利を有するとされます（労働法111条２項）。また、労働者は、使用者と合意の上で、年次有給休暇を、最大で３年分まとめて取得できるとされます（同条３項）。

　かかる規定からしますと、使用者が、年次有給休暇の取得についてスケジュールを定めていた場合には、突然の年次有給休暇の取得については拒否できると解されますが、それ以外の場合には、年次有給休暇をまとめて取得する場合を除いて、就業規則の手続きに従って年次有給休暇の取得申請された場合、使用者が労働者の年次有給休暇の取得を拒否するのは難しいと解されます。

Q33 労働者から未消化の有給休暇を買い取るように要求されました。ベトナムでは、有給休暇の買い取りについて、どのように定められていますか？

> **Point**
> ・労働者は、年次有給休暇について金銭で清算することを請求できる。

第4節　労働時間・休日・休暇

　有給休暇の買い取りについて労働法114条および政府の議定05/2015/ND-CP号で規定されています。
　労働法114条1項によると、労働者が年次有給休暇を消化していない場合、労働者は年次有給休暇を金銭で清算することを要求する権利を有します。また、勤務期間が12カ月に満たない場合には、勤務期間に応じた年次有給休暇の日数分、金銭で清算することを請求することができます（同法114条2項）。
　この清算を請求した場合における買取金額の算定は、政府の議定05/2015/ND-CP号で定められていて、次の計算式に基づいて算定します。

有給休暇の買取金額
買取金額　＝　計算の基礎となる給与　×　未消化年次有給休暇日数

　また、計算の基礎となる賃金は、**図表3－7**のとおり計算します。

図表3－7　計算の基礎となる賃金

6カ月以上労働した労働者の場合	「計算の基礎となる給与」＝その労働者の退職、失業前6カ月の労働契約書に記載された平均給与÷使用者が支払いの計算をする前月の通常の労働日数
6カ月以下労働した労働者の場合	「計算の基礎となる給与」＝総労働時間の契約に従う平均給与÷使用者が支払いの計算をする前月の通常の労働日数

Q34　ベトナムでは未消化の有給休暇を繰り越すことはできますか？

Point

・労働者は、年次有給休暇を翌年に繰り越すことができる。

　有給休暇を繰り越すことができます。

労働法111条3項によると、労働者は、使用者との合意の上で年次有給休暇を複数回に分割、または最大3年分をまとめて1回に取得することができると規定されるため、法律上、年次有給休暇を年単位で繰り越すことができることを前提としているといえます。

そのため、使用者と労働者との間で、年次有給休暇を繰り越して取得できる合意がある場合には、未消化の年次有給休暇を繰り越すことができるといえます。

Q35 従業員から、体調不良を理由に休暇の申請がありました。どのように対応したらよいですか？

> **Point**
> ・休暇の申請によって、労働災害・疾病制度による休暇か、年次有給休暇か、就業規則に定める休暇のいずれかとして対応する。

休暇の申請が、いかなる種類の休暇の申請に基づくかによって結論が異なります。

休暇の申請が、社会保険法に定める労働災害・疾病制度による場合、労働者は、**図表3－8**の区分に従った日数につき休むことができ、疾病給付金が支給されます。

当該給付を受けることができるのは、労働災害以外の疾病や災害を原因とする疾病の場合には、保健省が規定する医療機関から証明書を発行されていることが必要です（社会保険法25条1項）。

図表3-8　疾病に関する休暇日数等

疾病の種類	労働条件	保険料の納付期間	休暇取得可能最大日数	疾病給付金額
一般疾病	通常の労働条件で就労している労働者	15年未満	30日	保険料算出基礎となる休職直前月の給与の75%
		15年以上～30年未満	40日	
		30年以上	60日	
	重労働、有害、危険な業務もしくは特別重労働、特別有害、特別危険な業務に従事しているまたは地域手当係数が0.7以上の場所で就労している労働者	15年未満	40日	
		15年以上～30年未満	50日	
		30年以上	70日	
保健省の定める長期治療を要する疾病			180日	

休暇の申請が、年次有給休暇による場合や就業規則で定める無給休暇による場合は、就業規則によることになります。

Q36　従業員から産休の申請がありました。ベトナムでは、産休・育休はどのように定められているのでしょうか？

Point

・男性・女性ともに産休の制度がある。

産休および育休については、労働法157条以下、および、社会保険法30条以下で定められています。産休・育休の対象となるのは、女性労働者（労働法157条1項、社会保険法34条）および社会保険に加入している男性労働者（社

会保険法34条）です。

1　女性労働者について

女性労働者は、出産の前後で6カ月の休暇を取得することができます。子どもが双子以上だった場合には、1名につき、さらに1カ月の休暇が付与されます（労働法157条1項、社会保険法34条）。

また、労働者と使用者との間で合意がある場合には、追加で無給休暇を取得することができます（労働法157条3項）。

使用者は、女性労働者が産休および育休を取得している間、労働契約を一方的に解除することはできず（同法39条4項）、また、労働規律処分ができない（同法123条4項）点は注意が必要です。

2　男性労働者について

社会保険に加入している男性労働者は、妻が出産する場合、5日から10日まで産休をとることができます（**図表3−9**）。

図表3−9　男性の産休

妻の出産形態	男性労働者の産休日数
普通出産	5営業日
手術による出産、妊娠32週未満の出産	7営業日
多胎妊娠出産	10営業日[21]
手術による多胎妊娠出産の場合	14営業日

---

[21] 三つ子以上の妊娠出産の場合は、3番目以降に出産した子1名につき3営業日の追加休暇を取得することができる。

第5節 職場規律・懲戒

Q37　ベトナムで懲戒制度を設置することはできますか？

Point

・「戒告」「6カ月を超えない昇給期間の延長、降格」「解雇」を設けることができる。

　ベトナムにおいても、懲戒制度を設けることは可能です。

　ベトナムの労働法では、懲戒処分の種類として「戒告」「6カ月を超えない昇給期間の延長、降格」「解雇」が規定されています（労働法125条）。ここでの注意点としては、この3つの種類の懲戒処分以外の方法については認められないと解されているため、他の方法による懲戒を規定した場合や実施した場合には、無効ないし違法とされる危険があることです。

　また、解雇については、窃盗、横領、賭博、故意に人を傷つける行為等をした場合、懲戒処分として昇給の据置きおよび降格処分が行われた場合に、再び同一内容の違反をした場合、そして正当な理由なく、月5日または年間20日欠勤した場合に限られており（同法126条）、これ以外の解雇理由を規定することはできないと解されています。

Q38 勤務中に会社のパソコンで株の取引をしている労働者がいます。懲戒することはできますか？

Point

・懲戒を行うには、就業規則に規定されていることが必要である。

　勤務中に会社のパソコンで株の取引をしていることについて懲戒できるか否かは、当該行為が懲戒の対象として就業規則に規定されているか否かによります。

　労働法128条3項では、就業規則で定めていない行為によって懲戒を行うことが禁止されています。そのため、勤務中に会社のパソコンで株の取引をしていることをもって懲戒とする場合には、当該行為が懲戒の対象として就業規則に規定されている必要があり、規定されている場合には懲戒することができます。

　但し、ベトナムでは、勤務時間中に携帯電話でプライベートな通信をすることは多く、多くの場所で労働者が携帯電話を勤務時間中に使用している光景を見ます。そのため、勤務時間中に株の取引等職務と関連のない通信を行っていることを、懲戒をもって禁止できるかというと、実際は難しく、時間をかけて教育していくのが現実的な対応になると思われます。

Q39 不正行為が疑われる労働者の調査にあたり、会社貸与のパソコンを調査することはできますか？

Point

・会社からの貸与物の取扱いは就業規則による。

　会社貸与のパソコンの調査をすることができるかは、就業規則の記載内容によります。会社貸与のパソコンの取扱いについて労働法では明記されていないため、法律で統一した結論ができるわけではなく、各社の就業規則によることになります。

　就業規則に、労働者が不正調査に応じる義務があることを規定していた場合、会社貸与のパソコンの調査を行うことができると考えられます。一方、会社貸与のパソコンとはいえ個人の秘密にかかる情報が保管されている可能性もあり、Q40のとおり、憲法21条1項で規定される個人の秘密の不可侵に配慮する必要もあるため、実際に調査を行うことができるかは事案ごとに考える必要があります。

Q40 不正行為が疑われる従業員の調査にあたり、従業員の持ち物検査をすることは可能ですか？

Point

・従業員の持ち物を強制的に検査することは難しい。

　従業員の意思に反して持ち物検査をするのは難しいといえます。
　ベトナムでは、公法と私法の区別が十分にされておらず、憲法が企業と従業員という関係にどのように適用されるかについては、未整理な状態にあります。そのため、企業（使用者）と従業員（労働者）の間で憲法がいかに適

用されるかは不明確ではありますが、ベトナム憲法では、21条1項において、個人の秘密の不可侵が規定されています。そのため、仮に就業規則で、持ち物について使用者の調査権を規定していた場合でも、当該規定の効力に疑義があり、強制的に調査を行うのは難しいと考えられます。

Column 5 不正調査の現場でみる光景

　ベトナムの職場における不正として多いのは、大規模な不正より、少額の不正を重ねているケースです。特に、現地での消耗品等の購買活動を特定の労働者に任せている場合、当該労働者が不正を行いやすい環境ができ上がっているといえます。

　これまで出会ったことがある事例としては、労働者が、消耗品等の購買先である店舗の領収書を持っており、自由に領収書を発行できる状態にあるため、消耗品等の購買費用に金額を一部上乗せして金銭を収受していたケースや、消耗品等の購買先を自由に選択することができる点を利用し、自分の親族が運営する店舗から消耗品等を通常価格より高い金額で購入するケースがありました。

　どうしても、駐在事務所では、少ない労働者で運営することもあり、立ち上げ期に雑務を一手に担当した現地スタッフが、引き続き物品の発注を担当するケースが多いと思われますが、そういった体制が不正を生む原因を作っているともいえます。

　可能であれば、定期的に取引先の入れ替えを検討することや、発注業務を一人のスタッフだけに行わせない仕組みにする等、不正の発生を制度的に予防することが望ましいといえます。

第6節
解雇・退職

Q41 労働者から、明日退職すると言われました。来週この労働者が担当してきた大きな商談があります。どうしたらよいでしょうか？

Point
・労働者から労働契約を一方的に解除するには、事前の通知が必要である。

　有期労働契約であっても無期労働契約でも、労働者から労働契約を一方的に解除する場合には、事前の通知が必要です。当該通知を欠いている場合は違法な解除となり、使用者は労働者に対して損害賠償等を請求することができます（労働法43条2項）。もっとも、違法な解除の有効性については解釈が分かれているため、当該不利益を労働者に通知して、勤務するよう促すのが実務上の対応だといえます。

　ベトナムの労働法では、労働者から労働契約を解除する場合については、労働法37条に規定があり、それぞれ有期労働契約か無期労働契約かによって異なる手続きが規定されています。

1　有期労働契約の場合
　有期労働契約の労働者が労働契約を一方的に解除する場合には、以下の場合のいずれかに該当する必要があります（労働法37条1項）。
　①労働契約で合意した業務や勤務地に配置されない。または労働条件が保障されないとき。
　②労働契約に定めた給与を支給しない。または支給が遅延するとき。

③虐待、セクシュアルハラスメント、強制労働が行われるとき。
④自身または家族が困難な状況にあり、労働契約の履行の継続が不可能であるとき。
⑤居住地の機関における専従職員に選出される。または国家機関の職務に任命されるとき。
⑥妊娠中の女性労働者が、認可を受けている医療機関の指示に基づいて、業務を休止しなければならないとき。
⑦労働者が、有期労働契約の場合は90日間、12カ月未満の季節的業務、または特定業務の労働契約の場合は契約期間の1/4において、継続して治療を受けたにもかかわらず、労働能力を回復できないとき。

そして、上記の各場合の1つに該当した上で労働者が労働契約を解除する場合には、使用者に対して①②③および⑦の場合には少なくとも3営業日前に、④および⑤の場合には、有期契約の場合には少なくとも30日前、12カ月未満の季節的業務、または特定業務の労働契約の場合には少なくとも3営業日前、⑥の場合には医療機関の指示した期間（労働法156条）前の通知が必要です。

2　無期労働契約の場合

　無期労働契約の場合には、労働者は使用者に対して、労働契約を一方的に解除する場合には、少なくとも45日前に通知する必要があります（労働法37条3項）。

Q42　労働者から「来月で退職する」と言われました。幹部候補として日本で技術研修を受けさせ、帰国した矢先のことです。どうしたらよいでしょうか？

> **Point**
> ・技術研修で費用をかけるに際し、事前に職業訓練契約の締結を検討することが望ましい。

　一定の場合には、使用者は労働者に対して、職業訓練に要した費用の返還を求めることができます。そのため、労働者から来月で退職すると言われた場合には、職業訓練費用の返還を請求することがあり得ることを話した上で、遺留することが対応としては考えられます。

　研修費の取扱いについては、労働者からの労働契約の解除が適法な場合か違法な場合かで規定が異なります。

1　適法な場合

　労働者に対する職業訓練については、労働法59条以下で規定されています。そして、労働者が職業訓練等で費用の支給を受ける場合、労働者と使用者は職業訓練契約を締結する必要があります（労働法62条1項）。職業訓練契約の中では、職業訓練に要する費用、労働者が訓練後に使用者のために就労すべき期間、職業訓練費用の返還責任等を定めることが規定されています。

　そのため、労働契約の解除が有効であった場合でも、職業訓練契約に規定する職業訓練費用の返還事由に該当する場合には、使用者は労働者に対して、職業訓練に要した費用の返還を求めることができます。

2　違法な場合

　違法な労働契約の解除を行った場合、労働法43条3項において、同法62条で規定される職業訓練費用を返還することが規定されています。そのため、違法な労働契約の解除を行った労働者に対しては、本条に基づき、職業訓練費用の返還を求めることができます。

Column 6 ベトナム人労働者との信頼関係を築くための工夫

一般的に、日系企業は相対的にベトナム人労働者の信頼を得ている傾向にあるといわれます。その一つの理由として挙げられるのが、労働者を尊重し、また、社員旅行を実施する等親睦を深め、家族のような関係を築いている点が挙げられます。

このように、給与以外の福利厚生の面で労働者を重視する姿勢を見せることは、ベトナム人労働者と信頼関係を築く方法の一つだといえます。

また、ベトナム人労働者から要望が多い点として、太陰暦でのお正月（いわゆる「テト」）の前後のボーナス等、ベトナムの文化や慣習に合致した制度の構築が挙げられます。こういった、ベトナムの文化や習慣に合致した制度を社内に作ることも、ベトナム人労働者との信頼完結を構築する一つの工夫だといえます。

Q43 労働者を解雇する予定です。本日付で本人をいきなり解雇することはできますか？ ベトナムで労働者を解雇する場合の手続きについて教えてください。

Point
・解雇手続が法定されており、即日の解雇はできない。

解雇手続については、労働法123条以下および政府の議定05/2015/ND-CP号によって規定されており、即日解雇をすることはできません。

1 解雇手続きの原則

解雇手続においては、次の事項が原則であると規定されています（労働法123条）。

①使用者が労働者の過失を立証する。
②事業所における労働集団の代表組織が参加する。
③労働者が出席し手続が行われる必要があり、労働者は、第三者に弁護を依頼する権利を有する。労働者が18歳未満の場合、両親または法定代表者が手続きに参加する必要がある。
④処分は、文書により作成されなければならない。

そして、複数の行為がある場合においては、処分の対象となる行為は、最も重い違反行為のみが処分の対象となります（同条2項）。また、病気療養中等、一定の場合には解雇はできません（同条4項）。

2　解雇手続き

解雇処分を行う場合、使用者は労働処分規律会議を開催する必要があります。当該会議につき、労働組合執行委員会および労働者に対して、少なくとも5営業日前に文書によって参加通知を発送する必要があります（労働法123条、議定05/2015/ND-CP号30条）。

労働処分規律会議には、通知を発したそれぞれの者が出席することを要しますが、文書によって3回にわたって参加通知をしたにもかかわらず、参加しない者がいる場合には、それらの者を欠いた状態で会議を開催することができます。

そして、当該会議では、構成員の全員が議事録に署名する必要があります。

3　解雇の期限

解雇は、解雇の対象となる行為が行われた後であればいつでも行い得るのではなく、時期的な制限があります。

具体的には、使用者の財産等に直接関連する行為に対しては12カ月以内、それ以外の行為に対しては6カ月以内に処分を行わなければなりません（労働法124条）。

Q44 能力不足の労働者を解雇することはできますか？ 注意点について教えてください。

> **Point**
> ・能力不足を理由として解雇を行うことは困難であり、労働契約の解除を検討するべきである。

　能力不足の労働者を解雇することはできません。
　ベトナムでは、解雇理由は労働法で規定された事由に限られると解されており、能力不足は法が規定した解雇理由ではないため（労働法126条）、能力不足の労働者を、そのことを理由として解雇することはできないと解されます。
　他方、ベトナムでは、解雇とは別に、使用者から一方的に労働契約を解除することもできます（同法38条）。そして、使用者が労働者との労働契約を解除することができる場合として「労働者が繰り返し労働契約に定められた業務を遂行しない場合」には労働契約を解除できると規定されます。この業務を遂行したか否かについては、政府の議定05/2015/ND-CP号12条において、使用者が、評価基準を策定することとされており、当該基準に基づいて判断することになります。
　この基準に照らし、業務を遂行しておらず、その頻度が高い場合には、労働契約の解除を行い得る可能性があります。

Q45 会社の取引先から不正にリベートをもらっていた労働者を解雇することはできますか？

> **Point**
> ・不正なリベートの内容にもよるが、法定の解雇要件に該当し、解雇を行い得る。

第6節　解雇・退職

　会社の取引先から不正にリベートをもらっていた労働者については、労働法126条が規定する解雇理由に該当するとして解雇することができると解されます。

　同条では、労働者に対し解雇処分を行い得る場合として「労働者が窃盗、汚職、ギャンブル、故意による傷害、麻薬の使用を行い、または使用者の経営・技術上の秘密を漏洩する行為、知的財産権の侵害行為を行い、使用者の財産・利益に重大な侵害を与え、または特別重大な侵害を与える恐れがある行為を行った場合」と規定しています。

　取引先から不正にリベートをもらう行為は、リベートの金額等の個別の事情にもよりますが、「汚職（tham ô）」、または、「使用者の財産・利益に重大な侵害を与え、または特別重大な侵害を与える恐れがある行為」に当該する可能性があり、いずれかに該当する場合には、解雇を行うことが可能です。

Q46　会社のお金を横領していた労働者を解雇することはできますか？

Point

・法定の解雇要件に該当し、解雇を行い得る。

　会社のお金を横領していた労働者を解雇することは可能です。

　横領は、前項のリベートの場合と同様に、事情によって労働法126条が定める「汚職（tham ô）」、または、「使用者の財産・利益に重大な侵害を与え、又は特別重大な侵害を与える恐れがある行為」に該当する可能性があり、いずれかに該当する場合には、解雇を行うことは可能です。

Q47 労働者が音信不通となりました。解雇することはできますか？

> **Point**
> ・正当な理由がない無断欠勤として解雇を行い得る。

　労働者が音信不通となり、一定日数無断欠勤をした場合には、解雇を行うことができる可能性があります。

　労働法126条によると、労働者が、正当な理由がなく1カ月に5日、または、年間20日の無断欠勤をした場合、解雇事由に該当します。正当な理由としては天災、自分または家族の疾病、就業規則で定められている事由が該当します（労働法126条、05/2015/ND-CP号31条）。

　そのため、このような正当な理由がない場合であって、1カ月に5日、または、年間20日の無断欠勤を行った労働者に対しては、解雇を行うことが可能です。

Q48 ベトナム現地法人の業績が悪化し、整理解雇を検討しています。注意点について教えてください。

> **Point**
> ・整理解雇として労働契約を終了することができる類型が法定されている。

　整理解雇として労働契約を終了する手段としては、労働法38条により労働契約を一方的に解除する方法、労働法44条および45条による方法が考えられます。

　労働法38条では、使用者が一方的に労働者との労働契約を解除することが

できる場合が規定されています。その一つの場合として、天災等の不可抗力によって、使用者が対抗策を講じたにもかかわらず、生産規模の縮小および人員削減を行う場合には、使用者は労働者との労働契約を解除することができると規定されています。

そのため、整理解雇を検討する前提として、ベトナム現地法人が窮境に陥った原因が天災等にある場合には、解雇ではなく、労働契約の解除として労働契約を終了することができる可能性があります。

また、同様に、労働法44条では多数の労働者に影響を与える組織変更等が行われ、使用者がそれまでの労働者に提供できる業務を提供することができない場合に、労働契約を解除することができると規定されています。そして、細則を定めた05/2015/ND-CP号13条では、組織変更につき、使用者の業界のトレンドに対応するための組織変更も含まれていると解されます。

その他に、労働法45条の合併・吸収に伴い労働者全員を使用することができなくなった場合の規定の活用も考えられます。

労働法44条および45条の場合には、労働法46条の手続きに従い、労働者使用計画を策定し、今後雇用を継続しない労働者との労働契約を終了することになります。

Q49 妊娠期間中の女性労働者を解雇することはできますか？ 注意点について教えてください。

Point

・妊娠期間中の女性に対しては、解雇および労働契約の一方的解除はできない。

妊娠中および妊娠・出産休暇中の労働者を解雇することはできません。

ベトナムの労働法では、解雇は労働規律処分として規定されています（労働法125条）。そして、労働法123条において、妊娠中、出産休暇中の女性労働

者については、労働規律処分を行うことができないと規定されています。
　また、使用者は、結婚、妊娠、産休および生後12カ月未満の子どもの育児を理由として労働者を解雇することや労働契約を一方的に解除することが禁止されています（同法155条）。
　そのため、妊娠期間中の女性労働者を解雇することはできません。

Q50　業務上災害疾病にり患した労働者を解雇することはできますか？　注意点について教えてください。

Point

・業務上災害疾病にり患した者に対する解雇はできない。
・長期に体調が回復しない者には、労働契約の解除を検討する余地がある。

　業務上災害疾病にり患した労働者を解雇することはできません。
　労働法123条4項によれば、使用者は、病気療養中の労働者に対し、労働規律処分を行うことが禁止されています。そのため、業務上疾病にり患した労働者に対して、解雇の処分を行うことはできません。
　このような場合、使用者は、解雇ではなく、労働契約の解除を行うことが考えられます。使用者は、労働者が、病気・事故で連続して一定期間（無期労働契約の場合：12カ月、有期労働契約の場合：6カ月、12カ月未満の季節的業務、または特定業務の場合：契約期間の1／2以上）にわたり治療を受けたが、労働能力を回復できない場合には、労働契約を解除することができます（労働法38条1項、39条1項）。
　そのため、業務災害疾病にり患した労働者については、解雇ではなく、労働契約の解除で対応することを検討するべきです。

第6節　解雇・退職

Q51　来年定年退職となる労働者を解雇することはできますか？注意点について教えてください。

Point

・定年退職をする労働者であっても解雇を行うことはできる。

　ベトナムの労働法では、来年定年退職になる労働者に対する解雇の制限は存在しません。そのため、解雇理由がある場合には、来年定年退職になる労働者に対しても、解雇を行うことができます。

Q52　来月定年退職となる労働者から「定年退職以降も働きたい」と言われました。労働契約を延長することはできますか？

Point

・定年退職後も労働契約を延長することは可能である。

　定年退職以降の年齢に達した後も、労働契約を延長し、または、労働契約を新たに締結した上で雇用を継続することは可能です。

　ベトナムでは、一般的に年金の支給年齢（男性満60歳、女性満55歳、労働法187条1項）を退職の年齢としている例が多いです。労働法では、この男性満60歳、女性満55歳以上の年齢の労働者を高齢の労働者として規定し、特別の規定を置いています（同法166条以下）。

　そして、労働法167条では、使用者は、必要があれば、健康状態が十分である労働者との間で、労働契約の延長または新たな労働契約の締結を行うことができるとされています。そのため、来月定年退職となる労働者との間で、労働契約を延長することや、新たに労働契約を締結することは、可能だといえます。

高齢の労働者を雇用する場合、原則として高齢の労働者の健康に悪影響を与える重労働、危険・有害業務に従事させてはならず（労働法167条3項）、使用者は職場における高齢の労働者の健康に配慮する責任がある（労働法167条4項）点に注意が必要です。

Q53　ベトナムの退職金制度について教えてください。

Point
・労働契約の終了事由に応じて、退職手当を支給する必要がある。

ベトナムでは労働者が退職する際に、労働契約の終了事由に応じて、使用者は労働者に「退職手当」（trợ cấp thôi việc）（労働法48条）を支給する必要があります。労働法36条では、次のとおり10の労働契約の終了事由が規定されています。このうち、①、②、③、⑤、⑥、⑦、⑨および⑩の場合には退職手当を支給する必要があります。

①契約期間の満了（ただし、労働法192条6項で規定する場合を除く。）。
②契約に規定された業務の完了。
③両当事者が契約の終了に合意した場合。
④労働者が労働法の187条の規定に基づいて、社会保険の納付期間および定年退職の年齢に達した場合。
⑤裁判所の判決、決定に基づいて、労働者が懲役、死刑となった場合。または、労働契約に記載された業務の遂行が禁止された場合。
⑥労働者が死亡した、裁判所より民事行為能力を失った、失跡した、または死亡したと宣告された場合。
⑦個人である使用者が死亡した、裁判所より民事行為能力を失った、失跡した、または死亡したと宣告する決定を出された、個人ではない使用者が活動を終了した場合。
⑧労働者が、本法125条3項の規定に基づく規律違反で解雇された場合。

第6節　解雇・退職

⑨労働者が、労働法37条の規定に基づき労働契約を一方的に解除した場合。
⑩使用者が労働法38条の規定に基づき、一方的に労働契約を解除した場合。
　使用者が組織・技術の変更、経済上の問題、企業の吸収合併・新設合併・消滅分割・存続分割の理由で労働者を解雇した場合。

　支給金額は次の計算式で求めます。基礎となる給与は、労働契約が終了する直前の連続6ヵ月の労働契約における平均給与で、勤続年数は、実際に勤務した期間であり、労働者が社会保険法に基づき失業保険を受領していた場合には、その期間を除きます。

退職手当の支給金額
支給金額＝計算の基礎となる給与×（勤務年数×0.5）

Q54　ベトナムでは、労働者が退職する場合、有給休暇の未消化分を買い取らないといけないのでしょうか？

Point
・未消化の年次有給休暇については、労働者からの買取りの請求があった場合は、買い取る必要がある。

　ベトナムでは、労働者が年次有給休暇を消化していない場合、労働者は使用者に対し、未消化分の年次有給休暇を買い取ることを請求できます（労働法114条1項）。
　そして、未消化の年次有給休暇の清算金額の計算方法については政府の議定05/2015/ND-CP号26条で規定されており、具体的には次のとおりです。

> 未消化の年次有給休暇の清算金額
> 清算金額＝未消化年次有給休暇日数×基礎となる給与

　このうち、基礎となる賃金は「6カ月以上勤務した労働者」の場合は、労働者の労働契約が終了した前6カ月の平均給与となり、「6カ月未満勤務した労働者」の場合は、全労働期間の平均給与となります。
　このように、ベトナムでは、未消化の年次有給休暇は買い取る必要があり、また、実際にベトナム人労働者の間で、未消化の年次有給休暇を使用者が買い取るという慣行は一般的であると認識されています。

第7節
有期労働契約社員

Q55 有期労働契約社員を雇用する場合、契約期間に関して注意すべきことはありますか? また契約更新に関して注意すべきことはありますか?

Point

- 有期労働契約の更新は1度しかできない。
- 有期労働契約の期間が満了した後に労働者を勤務させる場合には、労働契約の締結が必要である。

　ベトナムの労働法では、労働契約は無期労働契約と有期労働契約に大きく区分されます(労働法22条)。そのうち有期労働契約は、①12カ月以上から36カ月まで、および、②12カ月未満の季節的な業務、または特定業務の2つに分類されます。

　注意点としては、次の2点があげられます。

　まず、ベトナムでは有期労働契約は1度しか更新が認められておらず、2度目の更新を行うと無期労働契約に転換すると解されています(同法22条2項)。そのため、有期労働契約で労働者を雇用する場合、その後の更新について注意する必要があります。

　また、有期労働契約の期間が満了した後も、労働者を勤務させる場合には、新たに労働契約を締結する必要があり、これを怠った場合には、上記の①の区分に分類される有期労働契約では無期労働契約に、②の区分に分類される有期労働契約では、期間を24カ月とする有期労働契約に転換します。

　このように、有期労働契約を締結する場合は、その後の更新についてどのようにするかという点を考え、計画的に採用を行う必要があります。

Q56 妊娠期間中の女性労働者との雇用契約を期間満了で契約終了することは可能ですか？

> **Point**
> ・妊娠期間中の女性労働者であっても、期間満了により労働契約を終了させることは可能である。

　妊娠期間中の女性労働者との雇用契約を期間満了で契約終了することは可能です。

　労働法36条で、有期労働契約の期間の満了は、労働契約の終了事由として規定されています。そして、同法123条および155条では妊娠している女性労働者を保護するために、妊娠期間中の労働規則違反処分等を制限していますが、有期労働契約の任期満了による退職は制限されていません。

　よって、妊娠期間中の女性労働者との雇用契約を、契約期間の満了を理由に終了することは可能です。

Q57 病気休暇中の労働者との雇用契約を期間満了で契約終了することは可能ですか？

> **Point**
> ・病気疾病中の労働者であっても、期間満了により労働契約を終了させることは可能である。

　病気休暇中の労働者との雇用契約を期間満了で契約終了することは、理論的には可能です。

　労働法36条で、有期労働契約の期間の満了は、労働契約の終了事由として規定されています。そして、労働法123条では病気休暇中の労働者を保護する

ために、病気療養中の労働規則違反処分等を行うことを制限していますが、有期労働契約の任期満了による退職は制限されていません。

　よって、病気休暇中の労働者との雇用契約を期間満了で契約終了することは、理論的には可能です。もっとも、ベトナムの労働法の書籍[22]によると、実務上は、労働者の病気休暇に関する労働者の権利、および、使用者の義務の履行のため、労働契約を終了することが困難であることが指摘されています。

---

[22] ハノイ法科大学『労働法教科書』人民公安出版社、第6版、261頁（2015）

第8節 派遣労働社員

Q58 ベトナムでは、派遣労働者を受け入れるにあたって注意する点はありますか？

Point
・派遣労働者として受け入れることができる業種が法定されている。

労働派遣については、労働法53条以下および政府の議定55/2013/ND-CP号によって規定がおかれています。そのうち、派遣労働者を受け入れるにあたって注意する点は、次のとおりです。

1 受け入れることができる業種の限定

ベトナムでは、労働派遣を行い得る業種が限定されています。具体的には次の17業種です（議定55/2013/ND-CP号付録5）。これ以外の業務については、労働派遣は認められていないため、まず、労働派遣として労働者を受け入れられる業種かについて確かめる必要があります。

①通訳・翻訳・速記
②秘書・行政アシスタント
③受付
④旅行ガイド
⑤セールスサポート
⑥プロジェクトサポート
⑦生産機械システムのプログラミング
⑧テレビ機器、通信機器の製造・設置
⑨建設機械、製造電気システムのオペレーション、検査および修理

⑩建物および工場の清掃
⑪資料の編集
⑫ボディガード・警備
⑬テレホンマーケティング、カスタマーケア
⑭金融、税金に関する問題の対応
⑮自動車の修理およびオペレーションチェック
⑯産業用のスキャン、製図・インテリアのデコレーション
⑰運転

2　受入企業の義務

　労働法上、受け入れ企業も義務を負うことが規定されている点も注意が必要です（労働法57条）。同法によりますと、派遣労働者の受入企業は、派遣労働者に対する就業規則等の説明義務、受入企業の他の労働者との差別的取扱いの禁止、二重派遣の禁止といった義務を負います。
　このような受入企業の義務についても履行できる体制を構築する必要がある点も、注意が必要です。

Q59　派遣会社と派遣契約を締結する場合の注意点について教えてください。

> **Point**
> ・派遣会社が適法な労働派遣会社か、確認する必要がある。
> ・労働派遣契約の必要的記載事項が法定されている。

　派遣会社と派遣契約を締結する場合には、次の点に注意が必要です。

1　派遣会社の適法性

　ベトナムでも労働派遣業を営むには、ライセンスが必要な制限業種とされ

ており（労働法54条）、ライセンスの発給権限は、労働疾病軍人社会事業省（MOLISA）大臣に属します（議定55/2013/ND-CP号13条）。また、同議定では、さらに細かくライセンスの発給要件が規定されています。

派遣会社と契約を締結する場合、個別の要件の充足性を確認するのは困難ですが、派遣会社がライセンスを有し、適法に労働派遣業を営む会社であることは確認をする必要があります。

2　派遣契約の締結

派遣会社と契約をする際には、書面で契約書を2部作成し、双方が保管する必要があります（労働法55条）。

そして、労働派遣契約は、主な内容として次の事項を含むものであるとされます。

①派遣労働者の就労場所、所在、業務の具体的な内容、派遣労働者に対する具体的な要請
②労働者の派遣期間および就業開始日
③勤務時間、休憩時間、就労場所の労働安全および労働衛生条件
④派遣労働者に対する各当事者の義務

また、労働派遣契約は、派遣会社と派遣労働者間の労働契約の内容より低い水準のものとすることは禁止されています。

このように、派遣会社との派遣契約の形式および内容に制限がある点にも注意が必要です。

章末資料

ベトナムの労働関係法令（一部抜粋）

◎憲法21条（Q40）

1. 何人も、個人的なプライバシー、個人・家族の秘密を不可侵とする権利を有し、自分の名誉・威信を守る権利を有する。
   個人的なプライバシー、個人の秘密、家族の秘密に関する情報は、法律の規定により安全が保障される。
2. 何人も信書、電話、電信および他の個人的な情報交換形式を秘密にする権利を有する。
   何人も法律に反して他人の信書、電話、電信および他の個人的な情報交換形式を開封、検査、押収してはならない。

◎法規範文書発行法（Q2）

第4条　法規範文書の体系
1. 憲法
2. 国会の法典、法律（以下「法律」と総称する。）、議決
3. 国会常務委員会の法令・議決、国会常務委員会とベトナム祖国戦線中央委員会議長団との間の合同議決
4. 国家主席の令、決定
5. 政府の議定、政府とベトナム祖国戦線中央委員会議長団との間の合同議決
6. 首相の決定
7. 最高人民裁判所裁判官評議会の議決
8. 最高人民裁判所長官の通達、最高人民検察院長官の通達、大臣・省同格機関の長の通達、最高人民裁判所長官と最高人民検察院長官との間の合同通達、大臣・省同格機関の長と最高人民裁判所長官・最高人民検察院長官との間の合同通達、国家会計検査院院長の決定
9. 省、中央直轄都市（以下「省級」と総称する。）の人民評議会の議決
10. 省級人民委員会の決定
11. 特別行政経済単位の地方政権の法規範文書
12. 県、郡、市社、省直轄市、中央直轄市に属する市（以下「県級」と総称する。）

の人民評議会の議決
13. 県級人民委員会の決定
14. 村、区、町（以下「村級」と総称する。）の人民評議会の議決
15. 村級人民委員会の決定

◎労働法

3条　用語解説（Q4）

　本法では、以下の用語は次の通りに解釈される。
1. 「労働者」とは、15歳以上で、労働能力を有し、労働契約に基づき就労し、使用者による賃金の支払い、管理、指揮命令を受ける者をいう。
2. 「使用者」とは、労働契約に基づいて労働者を雇用し、使用する企業・機関・組織・合作社・世帯・個人をいう。使用者が個人である場合は、十分な民事行為能力を有しなければならない。
3. 「労働集団」とは、同一の使用者または使用者の組織に属する部門の下で共に就労する労働者の組織化された集団をいう。
4. 「事業所における労働集団の代表組織」とは、事業所の労働組合の執行委員会、または労働組合が未設立の事業所の場合は事業所の直属の上部の労働組合の執行委員会をいう。
5. 「使用者の代表組織」とは、法律に基づいて設立され、労働関係における使用者の合法的な権利と利益を保護する組織をいう。
6. 「労働関係」とは、労働者と使用者の間での雇用、使用、賃金の支払いにより発生する社会関係をいう。
7. 「労働争議」とは、労働関係の当事者間で発生する権利、義務、利益に関する争議をいう。
　労働争議は、労働者と使用者間の個人労働争議および労働集団と使用者間の集団労働争議が含まれる。
8. 「権利に関する集団労働争議」とは、労働に関する法律の規定、集団労働協約、就業規則、その他の合法的な規則、合意の解釈と履行が相違することから発生する労働集団と使用者間の争議をいう。
9. 「利益に関する集団労働争議」とは、労働集団と使用者間の交渉過程において、労働集団が労働に関する法律の規定、集団労働協約、就業規則、その他の合法的な規則、合意の規定と比べ新たな労働条件の確立を要求することにより発生する労働争議をいう。
10. 「強制労働」とは、暴行、暴力を加える脅迫、またはその他の手段を使うことによって、相手の意思に反する労働を強制することをいう。

16条　労働契約の形式（Q7）

1. 労働契約は書面によって締結され、2部作成され、労働者と使用者が1部ずつ保管しなければならない。ただし本条第2項で規定する場合はこの限りでない。
2. 3カ月未満の期間を定める一時的な業務の場合、口頭での労働契約を締結することができる。

22条　労働契約の種類（Q55）

1. 労働契約は以下の形式のいずれかに従って締結されなければならない。
   a) 無期労働契約
   無期労働契約とは、各当事者が契約の期限および時期を確定していない契約である。
   b) 有期労働契約
   有期労働契約とは、各当事者が契約の期限および時期を、満12カ月から36カ月までの期間と確定した契約である。
   c) 12カ月未満の期間を定める季節的な業務または特定業務のための労働契約
2. 本条第1項b号、c号で規定される労働契約の期間が満了したが、労働者が就労し続ける場合は、労働契約の期間が満了した日から30日以内に、各当事者は新たに労働契約を締結しなければならない。新たに労働契約を締結しない場合、本条第1項b号で規定される既存の労働契約は無期労働契約となり、本条第1項c号で規定される既存の労働契約は、24カ月の有期労働契約となる。
   各当事者が締結する新規の労働契約は有期契約の場合でも、新規の有期労働契約を締結できる回数は1回に制限される。新規の労働契約締結後、労働者が引き続き就労する場合は、無期労働契約を締結しなければならない。
3. 12カ月以上の常務性を有する業務を遂行するために、12カ月未満の季節的な業務または特定業務のための労働契約を締結してはならない。12カ月以上の勤務を必要とする業務を実施するために12カ月未満の期限を定める季節的業務、または特定業務のための労働契約を締結してはならない。
   ただし、兵役義務の遂行、産休、疾病、労働災害、その他の休暇を取得する労働者の一時的な交代が必要な場合はこの限りでない。

23条　労働契約の内容（Q7、Q8、Q19）

1. 労働契約は、以下の主な内容を記載しなければならない。
   a) 使用者または法定代理人の氏名と住所
   b) 労働者の氏名、生年月日、性別、住所、身分証明書番号または他の合法的書類

c）業務と就労場所
　d）労働契約の期間
　d）賃金額、賃金支払いの形式と期限、手当て、その他の追加的に支払う金員
　e）昇給制度
　g）労働時間、休憩時間
　h）労働者のための労働保護設備の供給
　i）社会保険と健康保険
　k）職業訓練、職業教養、職業技能水準の向上
2．労働者が法律の規定に基づいて、経営上の秘密・技術上の秘密に直接に関わる業務を行う場合は、使用者は経営上の秘密・技術上の秘密の保護に関する内容・期間、および労働者が当該義務違反の場合における権利・義務・損害賠償について書面により、労働者と合意する権利を有する。
3．農業・林業・漁業・塩業の分野で就労する労働者に対しては、業務の種類により、各当事者は労働契約の主な内容の一部を削除することができ、自然災害・火災・天候の影響を受ける契約の履行の場合における解決方法を追加で合意することができる。
4．国が出資する企業の社長として雇用される労働者に対する労働契約の内容は、政府が規定する。

26条　試用（Q9）

1．使用者と労働者は、試用、試用期間における各当事者の権利・義務について合意することができる。試用について合意した場合、各当事者は試用契約を締結することができる。各当事者の試用契約の内容は、本法の第23条第一項a号、b号、c号、d号、d号、g号、h号で規定される内容を含む。
2．季節的な業務に基づく労働契約の労働者に対して試用を行うことはできない。

27条　試用期間（Q9）

試用期間は、業務の性質と難易度に基づくが、一つの業務に対して一度だけ試用することができ、かつ以下の条件を守らなければならない。
1．短期大学以上の専門技術程度を要する職位の業務の場合は、60日を超えないこと。
2．職業訓練学校、専門学校、技術工具、専門職員の専門技術の程度を要する職位の業務の場合は、30日を超えないこと。
3．その他の業務の場合は6営業日を超えないこと。

28条　試用期間中の賃金（Q10）
試用期間中の労働者の賃金は、各当事者の合意に基づくが、少なくとも当該業務の賃金の85％程度でなければならない。

29条　試用期間の終了（Q11、Q12）
1．試用期間での業務が要求を満たしたものであった場合は、使用者は労働者と労働契約を締結しなければならない。
2．試用期間において、業務が各当事者の合意した要求を満たさない場合、各当事者は相手方に対して、予告および賠償をせずに、試用の合意を取り消す権利を有する。

31条　労働者を労働契約の業務と異なる業務へ転換する場合（Q19）
1．天災、火事、疫病、労働災害の回避・克服の措置適用、職業病、水・電気の供給に関する突発的な事故により生じる困難または生産、経営の需要に応じる際、使用者は、労働者を労働契約と異なる業務に一時的に転換する権利を有するが、労働者の同意を得た場合を除き、1年につき合計60営業日を超えてはならない。
2．労働者を労働契約と異なる業務に一時的に転換する際は、使用者は労働者に対して少なくとも3営業日前に予告し、一時的な業務の期間を明確に予告し、かつ労働者の健康状態・性別に適合する業務に配置しなければならない。
3．本条第1項の規定に従って業務を遂行する労働者は新業務に基づいて賃金の支払いを受けることができる。新業務の賃金が本来の業務より低い場合は、30営業日の間は本来の賃金が維持される。新業務の賃金は、少なくとも本来の業務の賃金の85％程度の金額でなければならず、かつ、政府が規定する地域最低賃金を下回ってはならない。

35条　労働契約の修正・補足（Q19、Q20、Q23）
1．労働契約の履行過程において、一方の当事者が労働契約内容の修正・補足を要求する場合は、少なくとも3営業日前に相手方に対して修正・補足の必要な内容を予告しなければならない。
2．各当事者が合意した場合、労働契約の修正・補足は、労働契約の附録または新規の労働契約の締結によって行われる。
3．各当事者が労働契約の内容の修正・補足で合意できなかった場合は、従前の労働契約を引き続き履行する。

36条　労働契約の終了の各場合（Q53、Q56、Q57）

1．契約期間が満了した場合。ただし、本法第192条6項で規定する場合を除く。
2．契約に規定された業務が完了した場合。
3．各当事者が契約の終了に合意した場合。
4．労働者が本法第187条の規定に基づいて、社会保険の納付期間および定年退職の年齢に達した場合。
5．法的効力を有する裁判所の判決、決定に基づいて、労働者が懲役、死刑となった、または、労働契約に記載された業務の遂行が禁止された場合。
6．労働者が死亡した、裁判所により民事行為能力を失った、失跡した、または死亡したと宣告された場合。
7．個人である使用者が死亡した、裁判所より民事行為能力を失った、失跡したまたは死亡したと宣告する決定が出された場合。個人ではない使用者が活動を終了した場合。
8．労働者が、本法第125条3項の規定に基づく労働規律違反で解雇された場合。
9．労働者が、本法第37条の規定に基づき労働契約を一方的に解除した場合。
10．使用者が本法第38条の規定に基づき、一方的に労働契約を解除した場合。使用者が組織・技術の変更、経済上の事由、企業の吸収合併・新設合併・消滅分割・存続分割の事由で労働者を退職させた場合。

37条　労働者による労働契約を一方的に解除する権利（Q41、Q53）

1．有期労働契約、12カ月未満の期間を定める季節的な業務または特定業務のための労働契約に基づいて就労する労働者は、以下の場合に、契約の期間が終了する前に一方的に契約を解除する権利を有する。
  a) 労働契約で合意した業務や勤務地に配置されず、または合意した労働条件が保障されなかった場合。
  b) 労働契約で合意した賃金が支払われないまたは合意した期限どおりに支払われない場合。
  c) 虐待、セクシュアルハラスメント、強制労働をさせられる場合。
  d) 自身または家族が困難な状況に陥り、契約履行の継続が不可能になる場合。
  d) 民選機関における専従職に選出される、または国家機関の職務に任命される場合。
  e) 妊娠中の女性労働者が、認可を受けている医療機関の指示に基づいて休業しなければならない場合。
  g) 労働者が、有期労働契約の場合は90日間、12カ月未満の期間を定める季節的業務または特定業務のための労働契約の場合は契約期間の四分の一の期間において、継続的に治療を受けたにも関わらず、労働能力が回復できない場合。
2．本条第1項に基づいて労働契約を一方的に解除する際、労働者は使用者に対し

以下の期間をもって予告しなければならない。
  a) 本条第１項 a 号、b 号、c 号および g 号の場合は、少なくとも３営業日前。
  b) 本条第１項 d 号および d 号の場合は、有期労働契約の場合は少なくとも30日前、12カ月未満の季節的業務、または特定業務のための労働契約の場合は少なくとも３営業日前。
  c) 本条第１項 e 号の場合、事前予告期限は本法第156条の規定に従う。
3．無期労働契約に基づいて就労する労働者は、本法第156条で規定する場合を除き、労働契約を一方的に解除できるが、使用者に対し、少なくとも45日前に事前予告をしなければならない。

38条　使用者による労働契約を一方的に解除する権利（Q44、Q48、Q50、Q53）

1．使用者は、以下の場合において労働契約を一方的に解除する権利を有する。
  a) 労働者が繰り返し労働契約に定められた業務を遂行しない場合
  b) 労働者が、病気、事故で連続して12カ月（無期労働契約の場合）、６カ月（有期労働契約の場合）、契約期間の２分の１以上（12カ月未満の期間を定める季節的業務または、特定業務のための労働契約の場合）にわたり治療を受けたにもかかわらず、労働能力が回復できない場合。労働者の労働能力が回復した際は、使用者は労働契約の継続を検討する。
  c) 天災、火災または法律が定めるその他の不可抗力の事由により、使用者が全ての克服措置を実行したにも関わらず、やむを得ず生産規模の縮小および人員削減を行う場合。
  d) 労働者が、本法第33条で規定する期限後に出勤しない場合。
2．使用者は労働契約を一方的に解除する際、以下の期間をもって労働者に事前予告をしなければならない。
  a) 無期労働契約の場合は少なくとも45日前
  b) 有期労働契約の場合は少なくとも30日前
  c) 本条第１項 b 号で規定される場合および12カ月未満の季節的業務または特定業務のための労働契約の場合は少なくとも３営業日前

39条　使用者が労働契約を一方的に解除する権利を行使してはならない場合（Q36、Q50）

1．本法第38条１項 b 号の場合を除き、労働者が疾病または労働災害、職業病にかかり、認可をうける医療機関の指示に従って治療・療養を受けている場合。
2．労働者が年次有給休暇、使用による休暇および使用者による同意を得た他の休暇の取得中の場合。
3．本法第155条第３項で規定される女性労働者の場合。

4．社会保険に関する法律の規定に基づき、産休を取得する労働者の場合。

43条　違法な労働契約の一方的な解除を行なった労働者に対する義務（Q41、Q42）
1．退職手当を受けることが出来ず、かつ使用者に対して労働契約書に基づく賃金の半月分程度の損害賠償金を支払わなければならない。
2．予告期限の規定に違反した場合は、使用者に対し、予告をしなかった日数における労働者の賃金に相当する損害賠償金を支払わなければならない。
3．使用者に対して本法第62条で規定する職業訓練の費用を返済しなければならない。

44条　組織・技術の変更または経済的事由の場合における使用者の義務（Q48）
1．組織・技術を変更することにより多数の労働者の雇用に影響を与える場合、使用者は本法第46条の規定に従って労働者使用計画の作成・実施を行う義務を負う。新たな業務が有る場合、既存の労働者を優先的に教育し、継続的に使用する。
　使用者が新たな仕事を用意できず、やむを得ず労働者を退職させる場合、本法第49条の規定に基づき、労働者に対して失業手当を支払わなければならない。
2．経済的理由により多数の労働者が失業する恐れがある場合、使用者は本法第46条の規定に基づき、労働者使用計画の作成・実施を行わなければならない。使用者が仕事を用意できず、やむを得ず労働者を退職させる場合は、本法第49条の規定に従って労働者に対して失業手当を支払わなければならない。
3．本条の規定に基づく多数の労働者を退職させる場合は、事業所の労働集団の代表組織と協議した後でのみ実施することができ、かつ労働に関する省級の国家管理機関に30日前に予告しなければならない。

45条　企業・合作社が吸収合併・新設合併・消滅分割・存続分割された場合の使用者の義務（Q48）
1．企業・合作社が吸収合併・新設合併・消滅分割・存続分割された場合、後継の使用者は労働者を継続的に使用し、かつ労働契約の修正・補足を行う責任を負う。
　労働者全員を使用することができない場合、後継の使用者は本法第46条の規定に基づき、労働者使用計画の作成・実施を行う責任を負う。
2．企業資産の所有権または使用権が譲渡される場合、元使用者は本法第46条の規定に基づき、労働者使用計画を作成しなければならない。
3．使用者が本条の規定に基づき労働者を退職させる場合、本法第49条の規定に基づいて、労働者に対して失業手当を支払わなければならない。

46条　労働者使用計画（Q48）

1．労働者使用計画の主な内容は、以下の通りである。
　a）継続的に使用される労働者および使用のために再訓練を受ける労働者の名簿、人数
　b）定年退職の労働者の名簿、人数
　c）短時間労働に移行する労働者、労働契約を終了する労働者の名簿、人数。
　d）本計画の実施のための方策および財源。
2．労働者使用計画を作成する際、事業所の労働集団の代表組織を参加させなければならない。

47条　労働契約を解除する場合の使用者の義務（Q15）

1．使用者は労働者に対し、有期労働契約の期間の終了の少なくとも15日前に、書面により労働契約の終了時期を予告しなければならない。
2．各当事者は労働契約が終了した日から7営業日以内に、各当事者の権利に関わる各事項を清算する責任を負う。特別な場合において、当該期間を延長することができるが、30日を越えてはならない。
3．使用者は、労働者から預かった社会保険手帳およびその他の書類の確認手続きを行い、返却する義務を負う。
4．企業・合作社が活動の停止・解散・破産した場合は、締結された集団労働協約および労働契約に基づく労働者の賃金・退職手当・社会保険・健康保険・失業保険およびその他の権利は、優先的に清算される。

48条　退職手当（Q53）

1．労働契約が本法第36条第1、2、3、5、6、7、9および10項の規定に基づき終了した場合、12カ月以上継続的に就労した労働者に対して退職手当を支給する責任を負う。また、支給額は1年の就労につき半月分の賃金に相当する金額とする。
2．退職手当の計算基礎となる労働期間は、労働者が社会保険の規定に基づいて失業保険加入期間および失業手当の支給を受ける期間を除いた、実際に使用者の下に就労した期間である。
3．退職手当の計算の基礎となる賃金は、労働者が解雇される直前の連続6カ月の労働契約における平均賃金である。

54条　労働派遣企業（Q59）

1．労働派遣企業は、保証金を納付し、労働派遣事業の許可を得なくてはならない。

2．労働派遣の期間は、最大12カ月を超えないものとする。
3．政府は労働派遣事業の許可の発給、保証金の納付、および労働派遣を実施できる業務のリストを規定する。

55条　労働派遣契約（Q59）
1．労働派遣企業と労働派遣の受入先は、書面による労働派遣契約を締結し、契約書を2部作成し、各当事者が1部を保管しなければならない。
2．労働派遣契約の主な内容は、次の通りとする。
   a) 派遣労働者の使用が必要となる勤務地、職位、業務の具体的な内容、派遣労働者に求める具体的な要請
   b) 労働者の派遣期間および就労開始時期。
   c) 労働労働時間、休憩時間、勤務場所における労働安全および労働衛生の条件。
   d) 派遣労働者に対する各当事者の義務。
3．労働派遣契約では、派遣企業と労働者の間で締結された労働契約より低い水準で労働者の権利・利益について合意してはならない。

57条　労働派遣の受入先の権利および義務（Q58）
1．派遣労働者に対して、受入先の就業規則およびその他の社内規則を通知し、指導すること。
2．派遣労働者に対する労働条件について、受入先の労働者と比べ差別的に取り扱ってはならないこと。
3．労働派遣契約において合意した内容以外の夜間勤務・時間外勤務をさせる場合は、派遣労働者と再度、合意すること。
4．受け入れた派遣労働者を、別の使用者に対し再派遣してはならないこと。
5．派遣労働者と労働派遣企業の間の労働契約が終了していない場合、派遣労働者を正式に採用することについて、派遣労働者および労働派遣企業と合意すること。
6．合意した内容を履行することができない、または就業規則に違反した派遣労働者を、労働派遣企業に送り返すこと。
7．派遣労働者の労働規律違反行為への労働規律違反処分の検討のために、労働派遣企業に対して必要な違反行為に関する証拠を提供すること。

62条　使用者と労働者間の職業訓練契約および職業訓練費用（Q42）
1．労働者が使用者の経費（協力者から使用者に対して援助する経費も含む。）により国内または外国で職業訓練、職業技能・水準の向上、再職業訓練を受ける場合、各当事者は職業訓練契約を締結しなければならない。

職業訓練契約は２部作成され、各当事者が１部ずつを保管しなければならない。
２．職業訓練契約の主な内容は次の通りである。
　a）　訓練する業種
　b）　訓練場所、訓練期間
　c）　訓練費用
　d）　労働者が訓練後に使用者のもとで就労すべき期間
　d）　訓練費用の返済責任
　e）　使用者の責任
３．訓練費用には、合法的な領収書がある教員に支払う費用、学習資料、学校、教室、機械、設備、実験材料、学習者に援助する他の費用および学習期間内の学習者の賃金、社会保険料、健康保険料が含まれる。訓練のために労働者が海外に送り出される場合、訓練費用は往復の渡航費、海外滞在期間における生活費も含む。

94条　賃金の支払い形式（Q13）
１．使用者は、賃金の支払い形式について、時期、出来高、請負に基づく支払形式のいずれかを選択することができる。選択した形式は一定の期間維持しなければならない。賃金の支払形式を変更する場合、使用者は労働者に対して少なくとも10日前に労働者に対して予告しなければならない。
２．賃金は現金または労働者の銀行口座振込みにより支払われる。銀行口座振込みによる支払いの場合、使用者と労働者は銀行口座の開設・維持に関する各種の手数料について合意しなければならない。

95条　賃金の支払い期限（Q13）
１．時給制、日給制、週給制の労働者は、その時間、日、週の就労が終わった後に賃金の支払いを受けることができる。または、各当事者が合意する場合は、まとめて支払うことができるが、少なくとも15日に一回支払いをしなければならない。
２．月給制の労働者は、１カ月に１回または半月１回賃金の支払を受けることができる。
３．出来高、または請負の労働者は、各当事者の合意に応じて賃金の支払いを受ける。業務が数カ月にわたり実施される場合は、当月で遂行した業務量に応じる賃金の前払いを受けることができる。

96条　賃金の支払い原則（Q13）

労働者は、直接、全額、期限通りに賃金の支払いを受けることができる。
期限通りに賃金の支払いをすることができない特別な場合においては、支払い遅延期間は1カ月を超えてはならず、かつ使用者は労働者に、賃金支払時期における中央銀行が公表した預金金利に相当する金額を支払わなければならない。

97条　時間外労働および夜間勤務の場合における賃金（Q14）
1．時間外労働を行う労働者は、以下の通り、製品単価賃金または通常業務の賃金に基づいて、時間外労働の賃金が計算される。
　a）通常勤務日の場合　少なくとも150％
　b）週休日の場合　少なくとも200％
　c）祝日、有給休暇日　少なくとも300％（日給制を適用された労働者については、祝日、有給休暇日の通常賃金は含まれない）。
2．労働者は、夜間労働を行う場合、追加で賃金の製品単価賃金または通常業務日の賃金の少なくとも30％程度の賃金の支払いを受けることができる。
3．労働者は夜間において時間外労働を行う場合、本条1項・2項で規定する賃金の支払いに加えて、出来度に基づく賃金または昼間勤務の賃金の20％程度の賃金の支払いを受けることができる。

98条　休業における賃金（Q19）
　休業の場合は、労働者は以下の通りの賃金の支払いを受けることができる。
1．使用者の過失による場合、労働者は賃金の全額の支払いを受けることができる。
2．労働者の過失による場合、当該者は賃金の支払いを受けることができない。休業する同じ施設で就労する他の労働者は各当事者の合意に基づいて賃金の支払いを受けられるが、政府が定める地域最低賃金を下回ってはならない。
3．使用者、労働者の過失でない停電、断水、あるいは天災、火災、危険な疫病、紛争、国家の管轄機関の要求に基づく活動場所の移転、経済的な理由等他の客観的な原因による場合、休業時の賃金は各当事者の合意に基づくが、政府が規定する地域の最低賃金を下回ってはならない。

104条　通常の労働時（Q24）
1．通常の労働時間は、1日8時間および1週間48時間を超えないものとする。
2．使用者は時単位、日単位または週単位の労働時間を規定する権利を有する。週単位の労働時間の場合、通常労働時間は1日10時間を越えないものとするが1週間48時間を越えてはならない。
　　国は使用者が週40時間勤務の実施をすることを奨励する。

3．労働傷病兵社会事業省および、保健省が公布した特別な重労働・有害・危険の業務のリストに該当する業務を行う者については、労働時間は1日6時間を越えてはならない。

106条　時間外労働（Q24、Q27、Q28、Q29、Q30）
1．時間外労働とは、法律・集団労働協約または就業規則で規定された通常の労働時間以外の時間に就労することをいう。
2．使用者は、以下の条件を全て満たした場合労働者に時間外労働をさせることができる。
　a）労働者の同意を得ること。
　b）労働者の時間外労働の時間数は、1日の通常労働時間の50％を超えてはならず、週単位で労働時間制を管理する場合は、通常の労働時間と時間外労働の合計が1日12時間を超えてはならず、1カ月30時間、1年200時間を超えてはならない。ただし、政府が規定する特別な場合は、1年300時間を超えない時間外労働が認められる。
　c）1カ月間に、連続して多数の日において時間外労働をした場合、労働者が休暇を取得できなかった期間の代休を取得できるように、使用者は調整しなければならない。

107条　特別な場合の時間外労働（Q27）
使用者は以下の場合に、労働者に対し、いかなる日でも時間外労働を要求する権利を有し、かつ労働者は当該要求を拒否することができない。
1．法律の規定により国防・安全保障に関する緊急事態において、国防・安全保障のための総動員令を実施する場合。
2．自然災害・火災・疫病および大惨事の防止および被害克服において、人命・機関・組織・個人の財産を守るために必要な業務を行う場合。

111条　年次有給休暇（Q16、Q31、Q32、Q34）
1．同一の使用者のために12カ月就労した労働者は、以下の通り、労働契約書に基づく賃金全額の支払いを受け、年次有給休暇を取得することができる。
　a）通常の労働条件で勤務する者の場合は12営業日
　b）労働傷病兵社会事業省と保健省が公布した重労働・有害・危険な業務リストに当該する業務を行う者、生活条件が過酷な地域において勤務する者、または未成年の労働者、あるいは障害を持つ労働者の場合は14営業日
　c）労働傷病兵社会事業省と保健省が公布した特別な重労働・有害・危険な業務リストに当該する業務を行う者、生活条件が非常に過酷な地域において勤務する

者の場合は16営業日
2．使用者は労働者の意見を参考にした後、年次有給休暇の日程を定める権利を有するが、労働者に対して事前に通知しなければならない。
3．労働者は、使用者との合意の上で年次有給休暇を複数回に分割、または最大3年分をまとめて1回にまとめて取得することができる。
4．年次有給休暇中の労働者が、道路・鉄道・水路による往復の移動にかかる日数が2日を超える場合、3日目以降は年次有給休暇とは別に移動期間として計算される。ただし、計算できる回数は年に1回の休みに限られる。

112条　勤務年数に応じた年次有給休暇日の増加（Q16）
同一の使用者の下に5年間連続して勤務する場合、本法第111条第1項の規定に基づく労働者の年次有給休暇は、1日、加算される。

114条　未消化の年次有給休暇の清算（Q31、Q33、Q54）
1．労働者は、退職、失業または他の理由により、年次有給休暇を取得していない、または全てを消化していない場合、未消化の年次有給休暇を金銭によって清算することができる。
2．勤務期間が12カ月未満の労働者に対しては、年次有給休暇は労働時間に応じて計算される。年次有給休暇を取得していない場合は金銭によって清算される。

115条　祝日、正月休み（Q30、コラム3）
1．労働者は以下の祝日、正月休みに100％の賃金を受けて休暇とすることができる。
　a）陽暦の正月：1日
　b）陰暦の正月：5日
　c）戦勝記念日：1日（陽暦の4月30日）
　d）メーデー：1日（陽暦の5月1日）
　d）建国記念日：1日（陽暦の9月2日）
　e）フン王忌日：1日（陰暦の3月10日）
2．労働者がベトナムで就労する外国人の場合、本条第1項で規定する休日に加えて、母国の伝統的正月に1日、および建国記念日に1日休暇を取得することができる。
3．本条1項で規定される休日が週休日と重なった場合、労働者は翌日に代休を取得することができる。

119条　就業規則（コラム4）

1．10人以上の労働者を使用する使用者は書面による就業規則を作成しなければならない。
2．就業規則の内容は、労働法および関連するその他の法規に反してはならない。就業規則は、主な内容として以下の内容を含む必要がある。
　a) 労働時間と休憩時間
　b) 職場における秩序
　c) 職場における労働安全・労働衛生
　d) 使用者の財産、経営・技術上の秘密、知的所有権の保護
　d) 労働者の労働規律違反行為、労働規律処分の形式、物的責任
3．就業規則を公布する前に、使用者は事業所における労働集団の代表組織の意見を参考にしなければならない。
4．就業規則は労働者に通知され、重要な内容は職場における必要な場所に掲示されなければならない。

120条　就業規則の登録（コラム2）
1．使用者は、労働に関する省級国家管理機関に対して就労規則を登録しなければならない。
2．使用者は、就業規則を公布した日から10日以内に、就業規則の登録書類を提出しなければならない。
3．就業規則に法律に反する規定がある場合、労働に関する省級国家管理機関は、就業規則登録書類を受理した日から7営業日以内に使用者に通知し、修正・補正および再登録を指導する。

123条　労働規律違反行為への処分の原則、処分の手順（Q36、Q43、Q49、Q50、Q56、Q57）
1．労働規律違反行為への処分は、以下の通りに規律される。
　a) 使用者は労働者の過失を立証しなければならない。
　b) 事業所における労働集団の代表組織が参加する必要がある。
　c) 労働者が出席しなければならず、自己弁護、弁護士または他の者に弁護を依頼する権利を有する。18歳未満の労働者の場合は両親または法定代表者が参加する必要がある。
　d) 労働規律違反行為の処分は、書面により記録されなければならない。
2．1つの労働規律違反行為に対し、複数の労働規律処分の形式を適用してはならない。
3．一人の労働者が同時に複数の労働規律違反行為を行った場合は、最も重い違反行為に対する最も重い処分のみが適用される。

4．以下の期間中の労働者に対し、就業規則処分を行ってはならない。
　a) 病気・療養休暇中、使用者の同意を得た休暇中
　b) 逮捕・拘留期間中
　c) 本法第126条第1項で規定された違反行為に対する管轄機関の調査結果の待機中
　d) 女性労働者の妊娠中・出産休暇中、および、労働者が12カ月歳未満の子供を育児する期間中
5．労働者は精神的病気またはその他の病気に患っているため認知能力または自己統制能力が失われている際に労働規律違反行為を行った場合、当該労働者に対して労働規律違反処分を行わないものとする。

124条　労働規律違反行為への処分時効（Q43）
1．労働規律違反行為の処分時効は労働規律違反行為が行われた日から最大6カ月である。使用者の財政、財産、経営・技術上の秘密の漏洩に直接に関わる労働規律違反行為の場合は労働規律の処分時効は12カ月とする。
2．本法第123条4項a、b、c号で規定される期間が経過し、労働規律違反処分の時効が完成していない場合、使用者は直ちに労働規律処分を行い、労働規律違反処分の時効が完成前の場合は、労働規律違反処分を行うために時効期間が延長されるが、延長期間は上記の期間の終了日から60日間を超えてはならない。本法第123条4項d号で規定される期間が経過した後、かつ労働規律違反行為への処分時効が経過した場合、労働規律違反処分を行うために時効が延長されるが、延長期間は上記の期間が終了した日から60日を越えてはならない。
3．労働規律違反処分決定は本条第1項・2項で規定される期間内に下されなければならない。

125条　労働規律違反行為への処分の形式（Q37、Q49、Q53）
1．戒告
2．6カ月を超えない昇給期間の延長、降格
3．解雇

126条　解雇処分の適用（Q37、Q44、Q45、Q46、Q47）
　使用者は、以下の場合において解雇処分を行うことができる。
1．労働者が職場において窃盗、汚職、ギャンブル、故意による傷害、麻薬の使用行為を行い、または使用者の経営・技術上の秘密を漏洩する行為、知的財産権の侵害行為、使用者の財産・利益に重大な侵害を与えまたは特別重大な侵害を与える恐れがある行為を行った場合。

2. 労働者が昇給期間の延長の処分を受けている間に、再び、労働規律違反行為を行った場合または降格の処分を受けたが、再び労働規律違反行為を行った場合。
再び労働規律違反を行う場合とは、労働者が本法第127条の規定に基づいて労働規律違反行為への処分が解消しない間に労働者が再度労働規律違反行為を行うことをいう。
3. 労働者が正当な理由なく1カ月に合計5日または1年に合計20日無断欠勤をした場合。
正当な理由があると認められる場合とは、天災、火災、自身または家族が疾病にかかり、かつ認可を受けている医療機関からの承認がある場合、また就業規則に規定される他の場合を含む。

128条　労働規律違反行為への処分を行う際の禁止事項（Q38）
1. 労働者の身体および人格を侵害すること。
2. 労働規律処分に代えて罰金・減給の形式を用いること。
3. 就業規則で規定されない違反行為を行った労働者に対して、労働規律処分をすること。

152条　労働者の健康への配慮（Q21）
1. 使用者は各業務に規定される健康状態の基準に基づき労働者の採用および配置を行わなければならない。
2. 使用者に、毎年、労働者（職業訓練で訓練を受ける者や研修生も含む。）に対して定期健康診断を行わなければならない。女性労働者に対しては産婦人科の診断を行わなければならない。重労働・有害な業務を行う労働者、障害労働者、未成年労働者および高齢労働者に対しては少なくとも6カ月に1度健康診断を行わなければならない。
3. 職業病に罹患する危険性のある環境で就労する労働者に対しては、保健省の規定に従って職業病の診断を行わなければならない。
4. 労働災害・職業病に罹患する労働者に対しては障害の程度、労働能力の喪失率を確定するために医学鑑定を行わなければならず、かつ法律の規定に従って適切な治療、療養、労働能力回復の治療を受けるために、医学鑑定を行わなければならない。
5. 労働災害・職業病の被害を受けた後でも、労働者が引き続き就労する場合は、使用者に労働者を医学検定評議会により出される健康状態の結果に適合する業務に配置しなければならない。
6. 使用者は、保健省の規定に従って、労働者の健康記録と総合観察記録の書類を

管理しなければならない。
7．中毒や感染を引き起こす可能性のある職場で就労する労働者に対して、使用者は、労働時間終了後労働者が解毒・消毒するための措置を用意しなければならない。

155条　女性労働者に対する妊婦の保護（Q49、Q56）
1．使用者は、以下の場合において女性労働者に深夜労働、時間外労働および遠隔地域への出張をさせてはならない。
　a）妊娠7カ月目以降の妊婦。山地域、過疎地域、遠隔地域、国境、島嶼においては、6カ月目以降の妊婦。
　b）妊娠12カ月未満の子供を育児している者
2．重労働の業務を行う女性労働者は、妊娠7カ月から賃金を維持したまま軽易な業務に就かせる、あるいは1日の労働時間を1時間短縮させる必要がある。
3．使用者は、結婚、妊娠、産休および12カ月以下の子供の育児を理由に、女性労働者を解雇または労働契約の一方的な解除をしてはならない。ただし、個人の使用者が死亡、裁判所により民事行為能力の喪失・失踪・死亡と宣告された、又は個人でない使用者が活動を停止した場合はこの限りでない。
4．社会保険に関する法律の規定に従った産休の取得中、12カ月以下の子供を育児中の女性労働者は、労働規律違反行為に対する処分を受けないものとする。
5．女性労働者は、生理期間中1日あたり30分、12カ月以下の子供の育児中に1日あたり1時間の休憩を取得することができる。当該休憩時間も労働時間として賃金の支給を受けることができる。

157条　産休（Q21、Q36）
1．女性の労働者は、出産前後で6カ月の休暇を取得することができる。
　双子以上の出産の場合は、二人目以降一人につき1カ月を追加して産休として取得することができる。出産前の休暇期間は2カ月を超えないものとする。
2．産休中、女性の労働者は社会保険に関する法律の規定に基づき、産休制度を享受することができる。
3．本条第1項に基づく産休期間が終了した後も必要に応じて、女性労働者は使用者と合意の上で、無給休暇を取得することができる。
4．本条第1項に基づく産休期間が終了する前に、労働者が早期職場復帰希望を有し、かつ、早期職場復帰について労働者の健康に悪影響を与えないとした、認可を受けている医療機関の承認が有る場合、使用者と合意の上、最短で4カ月の休暇後、女性労働者は職場へ復帰することができる。
　この場合には、労働者は就労によって使用者から支払われる賃金以外、社会保

険に関する法律の規定に従って産休手当てを引き続き受けることができる。

158条　産休を取得する女性の労働者に対する雇用保障（Q21）
本法第157条第1項および第3項で規定する産休期間が終了した後、女性労働者が産休前の業務に就くことが保障され、産休前の業務が存在しなくなった場合、使用者は当該女性労働者を他の業務に配置し、かつ新業務の賃金は産休前を下回ってはならない。

166条　高齢労働者（Q52）
1．高齢労働者とは、本法第187条で規定される年齢に達しても引き続き就労する者をいう。
2．高齢労働者は毎日の労働時間の短縮または短時間勤務制の適用を受けることができる。
3．定年退職前の最終年において、労働者は通常労働時間の短縮または短時間勤務制の適用を受けることができる。

167条　高齢労働者の使用（Q52）
1．使用者は、必要があれば、健康状態が良好な高齢労働者と合意した上、本法第3章の規定に従って、労働契約の延長または新規の労働契約の締結を行うことができる。
2．定年退職後、新規の労働契約に基づき就労する場合は、定年退職により受けることができる各制度に加えて、高齢労働者は労働契約において合意した各権利を受けることができる。
3．政府が規定する場合を除き、高齢労働者の健康に悪影響を与える重労働、危険・有害な業務に、高齢労働者を就かせてはならない。
4．使用者は、職場における高齢労働者の健康に配慮する責任を負う。

169条　ベトナムで就労する外国人労働者の条件（Q6）
1．労働者がベトナムで就労する外国人の場合は、以下の全ての条件を満たさなければならない。
　a)十分な民事行為能力を有していること。
　b)業務の要求に適する専門的な知識・技能・健康状態を有していること。
　c)ベトナムの法律と外国の法律の規定により犯罪者または刑事責任を追及される者でないこと。
　d)本法第172条で規定する場合を除き、権限を有するベトナムの国家機関により発給される労働許可証を有していること。

2．ベトナムで就労する外国人の労働者は、ベトナムの労働法とベトナムが加盟している国際条約を遵守しなければならず、またベトナムの法律による保護を受けることができる。

170条　外国人労働者の採用条件（Q6）
1．国内の企業・機関・組織・個人・請負業者はベトナム人労働者が生産・経営の要求に対応できない管理職・取締役・専門家および技術労働を担当する者のみ外国人労働者を採用することができる。
2．外国の企業・機関・組織・個人・請負業者は、ベトナムで就労する外国人労働者を採用する前に、権限を有する国家機関に対して外国人労働者の使用需要を説明し、当該機関より書面による承認を得なければならない。

186条　社会保険・健康保険への加入（Q16）
1．使用者と労働者は、強制社会保険・強制健康保険・失業保険に加入しなければならない。また、社会保険および健康保険に関する法の規定に基づいて各制度を享受することができる。
　国は、使用者および労働者が労働者に対してその他の社会保険に加入することを奨励する。
2．労働者が社会保険の給付を受けて休業する場合は、使用者は労働者に賃金を支払う必要がない。
3．強制社会保険・強制健康保険・失業保険の加入対象とならない労働者に対して、使用者は労働者に賃金以外、賃金支払い時期において納付する強制社会保険・強制健康保険・失業保険の保険料および年次有給休暇の清算と相当の金額を支払う責任を負う。

187条　定年退職の年齢（Q52、Q53）
1．社会保険に関する法律の規定に基づき、社会保険加入期間の条件を満たした60歳に達した男性労働者と、55歳に達した女性労働者は、定年退職後の年金の支給を受けることができる。
2．労働能力が低下した労働者、政府が規定する特別な重労働・有害な業務・危険な業務・高地・山地・国境・島嶼での業務リストに該当する業務に就く労働者は、本条第1項の規定より低い年齢で、定年退職することができる。
3．高度に専門的な知識・技術レベルを有する労働者、管理職の地位にある労働者、および他の特別な場合は、基本の年齢より高い年齢で定年退職することができる。ただし、本条1項で規定する年齢から5年間を超えてはならない。
4．本条第2項および第3項の詳細については、政府が規定する。

192条　労働組合に対する使用者の責任（Q53）
1. 労働者が労働組合の設立・加入・活動に参加できるように、使用者は協力する。
2. 使用者に事業所の上級組合が企業における組合加入者の増加、組合の設立について宣伝、勧誘活動を行い、かつ企業における専任労働組合幹部を配置できるように協力し、有利な条件を備える。
3. 事業所の労働組合が、本法第193条の規定に基づいて活動できるように各条件を保証する。
4. 事業所の労働組合と協力して、各当事者の機能、役割に妥当する民主規則および活動協力規則の内容作成および運用を行う。
5. 労働者に対する権利・義務・各政策に関する規定を定める際には、事前に組合執行委員会の意見を聴取し、参考にする。
6. 労働者は労働組合の非専任幹部であり、かつ任期中に労働契約の期間が満了した場合は、任期の終了まで労働契約期間を延長することができる。
7. 使用者が組合非専任労働者に対して、労働契約を一方的に解除する場合、他の業務への転換、解雇処分を適用する場合、事業所における組合または上級の組合の執行委員会と書面により合意しなければならない。
   合意できない場合、各当事者は権限を有する機関、組織に報告しなければならない。地方における労働について管理を行う国家機関に報告した日から30日後、使用者は労働契約の一方的解除、他の業務への転換、解雇処分の適用を決定する権利を有し、かつ当該決定に責任を負う。
   使用者の決定に異議がある場合、事業所における労働組合の執行委員会および労働者は法律の規定に従って労働争議の解決を要求する権利を有する。

200条　個人労働争議解決の権限を有する機関、個人（Q4）
1. 労働調停員
2. 人民裁判所

201条　労働調停員による個人労働争議の調停手順・手続き（Q4）
1. 個人労働争議は、以下の争議を除き、裁判所に解決を要求する前に、労働調停員による調停手続を経なければならない。
   a) 解雇による労働規律違処分に関する争議、または労働契約を一方的に解除された場合の争議
   b) 労働契約が終了する際における損害賠償・手当に関する争議
   c) 家事手伝いの労働者と使用者との間の争議
   d) 社会保険に関する法律の規定に基づく社会保険に関する争議、健康保険に関す

る法律の規定に関する健康保険に関する争議
　d) 労働契約に基づき労働者を海外に派遣する企業・非所得国家機関と労働者との間の損害賠償に関する争議
2．調停の要求を受領した日から5営業日以内に、労働調停員は調停を終了させなければならない。
3．調停会議に争議の各当事者は出席しなければならない。また各当事者は調停会議への出席を第三者に委任することができる。
　労働調停員は、各当事者の交渉を指導する責任を負う。各当事者が合意できた場合、労働調停員は調停成立調書を作成する。
　各当事者が合意できなかった場合、各当事者が検討するために労働調停員は各当事者に調停案を提示する。各当事者が調停案に同意した場合、労働調停員は調停成立調書を作成する。各当事者が調停案に同意しなかった場合、または争議の一方の当事者が合法的な呼出しを受けたにも関わらず、正当な理由なく2回欠席した場合、労働調停員は調停不成立調書を作成する。当該調書に出席する争議の一方の当事者と調停員の署名をする必要がある。
　調停成立調書または調停不成立調書の写しは当該調書が作成された日から1営業日以内に各当事者に送付されなければならない。
4．調停が不成立の場合、各当事者のどちらが調停成立調書での合意を履行しない場合または本条2項で規定される期間が経過しても調停員が調停を実施しない場合、各当事者が裁判所に解決を要求する権利を有する。

202条　個人労働争議の解決要求の時効（Q15）
1．調停員への個人労働争議の解決要求の時効は争議の各当事者が、自分の合法的な権利・利益が侵害されることを知ることができた日から6カ月とする。
2．裁判所への個人労働争議の解決要求の時効は争議の各当事者が自分の合法的な権利・利益が侵害されることを知ることができた日から1年とする。

203条　集団労働争議解決の権限を有する機関、組織、個人（Q4）
1．以下の機関、組織、個人は、権利に関する集団労働争議解決の権限を有する。
　a) 労働調停員
　b) 県・郡・市社・省直轄の市の人民委員会の委員長（以下「県級人民委員会の委員長」と総称する）
　c) 人民裁判所
2．以下の機関、組織、個人は利益に関する集団労働争議解決の権限がある。
　a) 労働調停員
　b) 労働仲裁評議会

204条　事業所における集団労働争議の解決手順（Q4）
1．集団労働争議の調停手順は、本法第201条の規定に従って行われる。調停調書において集団労働争議の種類を明記しなければならない。
2．調停が不成立、または各当事者のどちらが調停成立調書での合意を履行しない場合、以下の規定に従って処理する。
　a）権利に関する集団労働争議では、各当事者は県級人民委員会の委員長に解決を要求する権利を有する。
　b）利益に関する集団労働争議では、各当事者は労働仲裁委員会に解決を要求する権利を有する。
3．本法第201条第2項で規定される期間が経過しても、労働調停員が調停を実施しない場合、各当事者は県級人民委員会委員長に対し解決の要求書を送付することができる。集団労働争議の解決要求書を受領した日から2営業日以内に、県級人民委員会委員長は争議の種類が権利に関する争議か利益に関する争議かを確定する責任を負う。
　権利に関する集団労働争議の場合は本法本条2項a号および本法第205条に従って解決を行う。
　利益に関する集団労働争議の場合は本法本条第2項に従って解決するよう直ちに各当事者に通知する。

205条　県級人民委員会委員長による権利に関する集団労働争議の解決（Q4）
1．権利に関する集団労働争議解決の要求書を受理した日から5営業日以内に、県級人民委員会委員長は労働争議の解決を行わなければならない
2．争議の各当事者の代表者は労働争議解決会議に出席しなければならない。必要に応じて、県級人民委員会は関連のある機関・組織の代表を会議の参加に招待する。
　県級人民委員会委員長は労働に関する法律、集団労働協約、登録された就業規則および他の合法的な同意・規則に基づき労働争議の解決を検討する。
3．各当事者が県級人民委員会委員長の決定に同意しないまたは規定された期間が経過しても県級人民委員会委員長が解決を行わない場合、各当事者は裁判所に解決を要求する権利を有する。

206条　労働仲裁委員会による利益に関する集団労働争議の解決（Q4）
1．争議解決要求書を受理した日から7営業日以内に、労働仲裁評議会は調停を終了させなければならない。
2．争議の各当事者の代表者は労働仲裁評議会の会議に出席しなければならない。

必要に応じて、労働仲裁評議会は、関連のある機関、組織の代表者を会議の参加に招待する。

労働仲裁評議会は、各当事者が自分で交渉することを支援する責任を負う。各当事者が合意できない場合、当事者が検討するために労働仲裁評議会は解決提案を提示する。

各当事者が当事者間で合意できた場合または労働仲裁評議会が提示した解決提案に同意した場合、労働仲裁評議会は調停成立調書を作成し、かつ各当事者の合意を承認する決定を下す。

各当事者が合意できない場合または会議の参加を通知されたにも関わらず、正当な理由なく2回会議に欠席した場合、労働仲裁評議会は調停不成立調書を作成する。当該調停不成立調書において会議に出席した当事者および労働仲裁評議会会長・書記の署名が必要である。

調停成立調書または調停不成立調書の写しは当該調書が作成された日から1営業日以内に争議の当事者に送付されなければならない。
3．労働仲裁委員会が調停文書を作成した日から5日が経過しても、各当事者のどちらが成立した合意を履行しない場合、労働集団はストライキを行うために各手続きを実施する権利を有する。

209条　ストライキ（Q4）
1．ストライキとは、労働争議の解決過程において要求を達成できるように労働集団が一時的、自主的、組織的に休業することをいう。
2．ストライキは、利益に関する集団労働争議の場合で、本法第206条第3項で規定する期間の経過後にのみ行うことができる。

◎社会保険法

2条　適用対象（Q17）
1．強制加入社会保険の加入対象となるベトナム人労働者は、以下の者を含む。
　a）無期労働契約・有期労働契約・3カ月以上12カ月未満の季節的な業務または特定業務のための労働契約（使用者と15歳以下の労働者の法定代理人との間で締結される労働法に基づく労働契約を含む。）に基づいて雇用される労働者
　b）1カ月以上3カ月未満の期間を定める労働契約に基づき就労する労働者
　c）幹部、公務員、職員
　d）防衛工員、公安工員、暗号技術組織にて勤務する者
　d）人民軍隊の特務士官・軍人、人民公安の特務士官・下士官および技術専門の士

官・下士官、軍人と同様の賃金を受ける暗号組織に関する業務を行う者
　e）人民軍隊の下士官・兵士、有期限で勤務する人民公安の下兵士、生活費の支給を受ける軍隊・公安・暗号技術の学習中の者
　g）労働契約に基づくベトナム人労働者の海外派遣法に従った労働契約に基づき海外で就労する者。
　h）企業の管理職、賃金の支払いを受ける合作社の運営管理者
　i）村、区、町における非専任活動者
2．権限を有するベトナムの国家機関により発給される労働許可証もしくは業務従事資格証明証、業務従事許可証を有する外国人労働者は、政府の規定に従って強制加入社会保険へ加入することができる。
3．強制加入社会保険の加入対象となる使用者は、国家機関、非所得国家機関、人民軍隊機関、政治組織、政治・社会組織、政治・社会・職業組織、社会・職業組織、他の社会組織、外国の機関・組織、ベトナムの領域において活動する国際組織、労働契約に基づき労働者を雇用し・使用する企業、合作社、世帯経営、協同組合、他の組織および個人を含む。
4．任意加入社会保険の加入対象は、満15歳以上であり、かつ本条1項で規定される対象に該当しないベトナム人である。
5．社会保険に関連する機関、組織、個人
　本条第1項、第2項、第4項で規定される対象は、以下「労働者」と総称する。

4条　社会保険制度（Q17）

1．強制加入社会保険の各制度は以下のものを含む。
　a）疾病手当
　b）産休手当
　c）労働災害、職業病手当
　d）年金
　d）遺族手当
2．任意加入社会保険は次の制度を含む。
　a）年金
　b）遺族手当
3．政府の規定に従う追加年金保険

25条　疾病制度の規定による権利を享受する条件（Q35）

1．労働災害ではない病気、事故により休業せざるを得ず、かつ、認可された医療施設により承認を受けていること。
　しかし、労働者が自ら健康に害を与えること、飲酒または政府が規定する麻

薬・プロドラッグリストに当該する麻薬・麻薬前駆物質の使用により病気・事故になり、休業せざるを得ない場合は疾病制度の規定による権利を享受することができない。
2．疾病に罹った7歳未満の子の看護のために休業せざるをえず、かつ、認可された医療施設による承認があること。

30条　妊娠出産の適用対象（Q17）
妊娠出産制度の適用対象は、本法第2条第1項第a号、第b号、第c号、第d号、第d号、第h号で定められる労働者である。

34条　出産により妊娠出産制度の規定による権利を享受できる期間（Q36）
1．出産する女性労働者は、出産前および出産後において合計6カ月間、妊娠出産制度による権利を享受しながら出産休暇を取得することができる。女性労働者が双子以上の子供を出産する場合、二人目以降一人につき追加で1カ月産休を取得することができる。
　　妊娠出産制度による権利を享受しながら出産休暇を取得できる出産前の期間は最大2カ月を超えないものとする。
2．社会保険へ加入している男性労働者は、妻が出産する場合、次の通り、妊娠出産制度による権利を享受しながら休暇を所得することができる。
　a) 5営業日
　b) 妻が手術により出産する場合、32週歳未満の出産をする場合は7営業日
　c) 妻が双子を出産する場合は10営業日、双子以上を出産する場合は三人目から一人に3営業日の追加休暇を取得することができる。
　d) 妻が手術による双子以上を出産する場合は14営業日
　　また、本条本項で規定される妊娠出産制度を享受しながら休暇を取得できる期間は、妻が出産した日から30日以内とする。
3．母親は、生後2カ月未満の子が死亡した場合は出産日から4カ月、生後2カ月以上の子が死亡した場合は子が死亡した日から2カ月の休暇を取得することができる。しかし、休暇期間は本条第1項で定められる期間を超えてはならない。また、その休暇期間は、労働法で定められる私用による休暇として計算されない。
4．母親のみ社会保険に加入する場合または母親と父親の両方が社会保険に加入するが出産後母親が死亡した場合、父親または子を直接に育児する他の者は本条第1項の規定に従って、妊娠出産制度の権利を享受しながら死亡した母親の未消化休暇を取得することができる。母親が社会保険に加入するが本法第31条第2項・3項で規定される条件を満たさない中で死亡した場合、父親または子

を直接に育児する者は子が6カ月歳に達するまで、妊娠出産制度を享受しながら休暇を取得することができる。
5．父親または子を直接に育児する者が社会保険に加入するが、本条第4項に従って休暇を取得しない場合、賃金に加えて本条第1項に基づく母親の未消化の出産休暇期間に相当する金額を受けとることができる。
6．父親のみが社会保険に加入し、かつ、出産後母親が死亡または出産による事故に遭遇することにより子を育児するために要求される健康状態が不十分であると、認可された医療機関から認定される場合、父親は子が6カ月歳に達するまで妊娠出産制度による権利を享受しながら休暇を取得することができる。
7．本条第1項、第3項、第4項、第5項、第6項に定める出産による休暇期間は、祝日、正月休日および週休日を含む。

42条　労働災害、職業病制度の適用対象（Q17）
労働災害、職業病制度の適用対象は、本法第2条第1項a号、b号、c号、d号、d号、e号、h号で定められる労働者である。

53条　年金制度の適用対象（Q17）
年金制度の適用対象は、本法第2条第1項に定める労働者である。

66条　葬祭手当（Q17）
1．以下の労働者が死亡した場合、葬祭を行う者は、葬祭手当を一度、受給することができる。
　a）社会保険に加入し保険料を納付している、本法第2条1項で定められる労働者または社会保険料の納付期間を滞納しているが12カ月以上の社会保険料納付期間がある労働者。
　b）労働災害、職業病により死亡した労働者、または労働災害、職業病のために治療を受けている間に死亡した労働者
　c）年金の支給を受けている者、毎月の労働災害・職業病の手当の支給を受ける退職中の者。
2．葬祭手当は、本条第1項で定められる労働者が死亡した月の基本給の10倍相当金額である。
3．本条第1項で定められる労働者が裁判所により死亡したと宣告された場合、当該労働者の遺族は本条第2項で定められる葬祭手当の支給を受けることができる。

85条　強制加入社会保険に加入する労働者の納付額および納付方法（Q17、Q18）

1．本法第2条第1項 a、b、c、d、d、h 号で定められる労働者は、毎月年金・遺族基金基金に、月給の8％相当金額を納付する。
　　本法第2条第1項 i 号で定められる労働者は、毎月、年金・遺族基金に基本給の8％相当金額を納付する。
2．本法第2条第1項 g 号で定められる労働者の納付額および納付方法は、以下の通りである。
　a) 強制加入社会保険に加入したことがある労働者の場合は、毎月、年金・遺族基金に海外で勤務する前の社会保険料納付の計算基礎となる月給の22％相当金額、社会保険に加入したことがない、または社会保険に加入したが、1度社会保険制度により支給される手当を受けたことがある労働者の場合は、毎月、年金・遺族基金に基本給の2カ月分の22％相当額を納付する。
　b) 保険料は3カ月、6カ月、12カ月の時期に1回納付するか、または労働者海外派遣契約に記載される期間に応じる保険料を一括で前納するという方法で社会保険料の納付を行う。労働者は、労働者が海外で勤務する前に居住する社会保険機関に、直接、または労働者を海外勤務に派遣する企業・非所得国家機関を通じて保険料を納付する。
　　労働者を海外勤務に派遣する企業・非所得国家機関を通じて保険料を納付する場合、当該企業・非所得国家機関は労働者の代わりに、社会保険機関に対して、保険料の納付および納付方法の登録を行う。
　　労働者が受入国において労働契約の延長または新規の労働契約を締結する場合、本条で規定される方法に従って保険料の納付を行い、または帰国後社会保険機関に後納する。
3．労働者が1カ月に14日以上就労せず、かつ、賃金の支払いを受けない場合、当月の保険料を納付しないこととする。また、妊娠出産制度の権利として出産休暇取得の場合を除き、当該納付しない期間は社会保険の各制度による権利の享受のために社会保険料納付期間として計算されない。
4．本法第2条第1項 a、b 号で定められる労働者が複数の使用者と労働契約を締結する場合、最初に締結する労働契約のみに基づき本条第1項に従って保険料を納付する。
5．労働者が農業・林業・水業または塩業の分野で活動する企業、合作社、世帯経営、協同組合において製品単位または出来度に基づき賃金の支給を受ける場合は、保険料納付額は本条第1項の定めに従い、納付方法は毎月または3カ月、6カ月に1回納付するという方法による。
6．毎月の年金、遺族手当を計算する基礎となる保険料納付期間の確定において、1年は12カ月とする。年金の支給を受けるための年齢に達したが、保険料納付期間が規定される条件と比べて最大6カ月不足する場合、労働者は不足分を一

括納付することができる。この場合、毎月の納付金額は、労働者が退職する以前に、使用者と労働者の両方が年金・遺族基金に納付する金額と同額である。
7．端数月の社会保険納付期間が生じする場合、年金・遺族の制度による権利の享受は以下の通り計算される。
  a) 1カ月から6カ月までの場合は半年と計算される。
  b) 7カ月から11カ月の場合は1年と計算される。

86条　使用者負担の保険料の納付額と納付方法（Q17）
1．本法第2条第1項a、b、c、d、d、h号で定められる労働者に対して、使用者は以下の通り、保険料納付賃金基金から控除し、毎月、保険料を納付する。
  a) 疾病・妊娠出産基金に保険料納付賃金基金の3％相当金額
  b) 労働災害、職業病基金に保険料納付賃金基金の1％相当金額
  c) 年金・遺族基金に保険料納付賃金基金の14％相当金額
2．本法第2条第1項第e号で規定される労働者に対して、使用者は以下の通り、毎月、各労働者の基本給から控除する方法で保険料を納付する。
  a) 労働災害、職業病基金に基本給の1％相当金額
  b) 退職年金・遺族基金に基本給の22％相当金額
3．使用者は、本法第2条1項i号で定められる労働者に対して、毎月、年金・遺族基金に基本給の14％相当金額を納付する。
4．使用者は本法第85条3項で規定される労働者に対して、保険料を納付する必要がない。
5．使用者が製品単位または出来度に基づき賃金を支給する農業・林業・水業・塩業の分野で活動する企業、合作社、世帯経営、協同組合の場合は、毎月の納付金額は本条第1項の規定に従い、納付方法は毎月、3カ月または6カ月に1回納付する。
6．労働傷病兵社会大臣は、本法第85条第5項および第86条第5項の詳細を定める。

124条　施行の効力（Q17）
1．本法は、2016年1月1日より効力が発生する。ただし本法第2条第1項第b号および第2項の定めは、2018年1月1日より効力が発生するものとする。
2．社会保険法第71/2006/QH11号は、本法の効力が発生する日から失効するものとする。

◎道路交通法65条：自動車の運転手の労働時間（Q26）

1．自動車の運転手の労働時間は1日につき10時間を超えてはならず、かつ、4時間以上の連続運転をしてはならない。
2．運輸者または自動車運転手は本条1項の規定を遵守する責任を負う。

◎45/2013/ND-CP号

3条　賃金を受けることができる労働時間として認められる時間（Q24）

1．本議定の第5条の規定に従った労働時間中の休憩時間
2．業務の性質に従って休憩する時間
3．人間の自然な生理的欲求のために労働過程において必要な休憩時間
4．12カ月歳未満の子供を育児する女性労働者に対する1日あたり60分の休憩時間
5．生理中の女性労働者に対する一日あたり30分の休憩時間
6．労働者の過失によらない就労休止時間
7．労働安全・衛生の学習・訓練時間
8．使用者の要求または使用者の許可を得た会議出席時間、学習時間、研修時間
9．労働組合に関する法律の規定に基づき、上級の労働組合が非専任労働組合幹部を召集して行う会議時間、学習時間、訓練時間。
10．定年退職前の最後の年における高齢労働者の、一日あたり少なくとも1時間短縮される労働時間

4条　時間外労働（Q28）

1．1日あたりの時間外労働時間について以下の通りである。
  a)1日の通常の労働時間の50％を越えてはならない。週単位労働時間制を適用する場合は、通常の労働時間と時間外労働時間の合計時間数が1日あたり12時間を越えてはならない。
  b)祝日、正月休みや週休日に時間外労働を行う場合、1日あたり12時間を越えてはならない。
2．年間200時間以上から300時間までの時間外労働の実施に関する規定は、以下の通りである。
  a)以下の場合には、時間外労働を行うことができる。
    －繊維品、衣料品、皮革、靴の生産・輸出加工、農産物・林産物・水産物の加工
    －電力の生産・供給、通信、石油精製、給排水

－緊急で遅延できない作業に対処するその他の場合
　b）使用者は時間外労働を行う際、中央政府直轄省・都市の人民委員会（以下「省級人民委員会」と略称する）の労働管理を支援する専門機関に対して書面により通知しなければならない。
3．労働法の第106条2項cで規定される代休時間は、以下の通りとする。
　a）労働者が1カ月に最大7日間連続時間外労働を行った場合、労働者が休めなかった時間の代休を取得できるように使用者は調整する責任を負う。
　b）十分に代休を手配しない場合、労働法の第97条の規定に従って、時間外労働の賃金を労働者に支払わなければならない。

8条　旧正月の休暇（コラム3）
1．労働法の第115条第1項による旧正月の休暇時間は、使用者が、旧暦の年末の最終の1日と年始の最初の4日、または年末の最終の2日と旧暦の年始の最初の3日のいずれかを選択することができる。
2．使用者は旧正月の休暇スケジュールを実施する30日前までに、労働者に対して旧正月の休暇計画を通知する責任を負う。

◎55/2013/ND-CP

付録5　労働派遣の実施可能な業務のリスト（Q58）
（政府の2013年5月22日付議定55/2013/ND-CP号に添付して発行される）

順番	業種名
1	通訳・翻訳・速記
2	秘書・行政アシスタント
3	受付
4	旅行ガイド
5	セールスサポート
6	プロジェクトサポート
7	生産機械システムのプログラミング
8	テレビ機器、通信機器の製造・設置
9	建設機械、製造電機システムのオペレーション、検査及び修理
10	建物および工場の掃除
11	資料の編集
12	ボディガード・警備

13	テレホンマーケティング、カスタマーケア
14	金融、税金に関する問題の対応
15	自動車の修理およびオペレーションチェック
16	産業用のスキャン、製図・インテリアのデコレーション
17	運転

13条　労働派遣事業許可書の発給・再発給・延長・回収の権限（Q59）
1. 労働傷病兵社会省大臣は、労働派遣事業許可書の発給・再発給・延長・回収を行う。
  労働派遣企業は、労働派遣事業許可書の発給・再発給・延長を申請するために、労働傷病兵社会省に本議定第11条で定められる書類を送付する。
2. 労働傷病兵社会省大臣は、本議定第2章第1節の規定およびその他の関連規定に基づき、新規発給の場合は、合法的で不備のない書類を受領した日から30営業日以内、再発給・延長の場合は20営業日以内に、労働派遣事業許可書の発給・再発給・延長を決定する。
  労働派遣事業許可書の発給・再発給・延長を拒否する場合、労働傷病兵社会省大臣はその理由を記載した書面により回答しなければならない。

◎75/2014/ND-CP号

4条　外国の組織・個人のために就労するベトナム人労働者を採用・管理する権限
1. 外国の組織・個人のために就労するベトナム人労働者を採用・管理する権限を有する組織（以下「ベトナム人労働者の採用・管理をする権限のある組織」と略称する）
  a) 外務省による指定または委任を受ける組織
  b) 労働傷病兵社会省の大臣または省級・中央直轄市の人民委員会の会長が設立を決定する職業サービスセンター
2. 本条第1項a号で定める組織は、以下の外国の組織・個人のためにベトナム人労働者の採用・推薦・管理をすることができる。
  a) 本議定第2条第2項第a号b号c号d号で定める各組織
  b) 本議定第2条第2項第a号b号c号d号で定める各組織において就労している外国の個人
3. 本条第1項b号で定める職業サービスセンターは、以下の外国の組織・個人のためにベトナム人労働者の採用・推薦・管理をすることができる。
  a) 本議定第2条第2項第d号で定める組織

b）本議定第2条第2項第d号で定める各組織において就労している外国の個人、権限を有するベトナムの国家機関により居住許可を得る外国人

6条　外国の組織・個人のために就労するベトナム人労働者の採用手順および手続き
1．ベトナム人労働者を使用する需要がある場合、外国の組織・個人はベトナム人労働者を採用・管理する権限を有する機関に対してベトナム人労働者の採用要求書を送付する必要がある。当該要求書では、職種、人数、技術的専門レベル、外国語能力、採用期間、そして採用期間および労働契約が終了する際におけるベトナム人労働者、外国の組織・個人の権利・義務を明記する必要がある。
2．ベトナム人労働者の採用・管理をする権限のある組織は、外国の組織・個人からの要求書の受理日から15営業日以内に、外国の組織・個人の要求に基づいて、ベトナム人労働者を選抜して推薦する責任を負う。
3．本条第2項で規定する期限が過ぎてもベトナム人労働者の採用・管理をする権限を有する機関が外国の組織・個人の要求に基づいてベトナム人労働者を選抜して推薦することができない場合は、外国の組織・個人がベトナム人労働者を直接に採用することができる。
4．労働契約の締結日から7営業日以内に、外国の組織・個人は、ベトナム人労働者を採用・管理する権限のある機関に対してベトナム人労働者と締結した労働契約書の写しを添え、文書により報告する必要がある。

8条　ベトナム人労働者を使用する際における外国の組織・個人の責任（Q5）
1．労働法および他の現行法の規定を遵守すること。
2．ベトナム人労働者の採用要求書および締結した労働契約に従って実施すること。
3．ベトナム労働者を採用・管理する権限を有する機関に対して6カ月、毎年または要求が有る場合にベトナム人労働者の採用・使用の状況を報告すること。

◎05/2015/ND-CP号

4条　労働契約の内容（Q8）
労働法第23条1項の労働契約の主要な内容に関する規定は以下の通りである。
1．使用者の名称と住所は以下の通りである。
　a）労働契約に基づいて労働者を雇用・使用する企業・機関・組織・合作社の名前は企業・合作社登録証明書、投資証明書または機関・組織設立決定書で記載さ

れる名前とする。個人が労働者を雇用・使用する場合は、使用者の氏名は発給される身分証明書または旅券で記載される氏名とする。
   b) 労働者を雇用・使用する企業・機関・組織・合作社の住所は法律の規定に従う企業・合作社登録証明書、投資証明書または機関・組織設立決定書で記載される住所とする。
   c) 使用者側の労働契約締結者の氏名、生年月日、身分証明書または旅券の番号、居住の住所、企業・組織・合作社・世帯における職位は本議定第3条1項で規定される者の情報とする。
2. 労働者の身分証明書または他の合法的な書類の番号に関する規定は以下の通りである。
   a) 権限を有する国家機関より発給される労働者の身分証明書または旅券
   b) ベトナムで就労する外国人労働者の場合は、権限を有する国家機関により発給される労働許可証の番号、発給日、発給地。
   c) 15歳以上18歳以下の労働者の場合、労働契約締結についての法定代理人の同意書
   d) 15歳以下の労働者の法定代理人の氏名、生年月日、性別、居住住所、身分証明書または旅券の番号。
   d) 法定代理人が自分の代わりに労働契約を締結することについて15歳以下の労働者の同意書。
3. 業務と就労場所に関する規定は以下の通りである。
   a) 業務：労働者が実施しなければならない業務
   b) 労働者の就労場所：労働者が合意した業務を実施する場所、範囲。労働者が異なる複数の場所で就労する場合は、主な各就労場所を記載する。
4. 労働契約の期間：労働契約を履行する期間（月数または日数）、労働契約履行の開始および終了時点（有期労働契約または季節・特定業務のための労働契約の場合）、労働契約履行開始時点（無期労働契約の場合）。
5. 賃金額、支払形式、支払期限、手当とその他の追加項目に関する規定は以下の通りである。
   a) 賃金額、手当、他の追加項目は本議定21条1項の規定に従って確定される。
   b) 賃金支払い形式は労働法94条の規定に従って確定される。
   c) 賃金の支払い期限は当事者が労働法第95条に従って確定する。
6. 昇格・昇級・昇給の制度：当事者が合意した昇格・昇級後の労働条件、労働時間、就労場所、賃金額。
7. 労働時間、休憩時間に関する規定は以下の通りである。
   a) 1日、週当たりの労働時間、シフト、日・週・シフトの労働の開始・終了時間、週における労働日数、時間外労働および時間外労働に関連する事項。

b）就労中における休憩時間、休憩の開始・終了時点、週休・年次休暇、祝日、正月休暇、使用による休暇、無給休暇。
 8．労働者のために労働保護整備：各書類の労働保護設備の数量、種別、品質および使用期限を明記する。
 9．社会保険、失業保険、健康保険に関する規定は以下の通りである。
　a）使用者および労働者の責任に属する月給に乗じる割合の毎月の社会保険料、失業保険料、健康保険料は社会保険、失業保険、健康保険に関する法律に従う。
　b）使用者および労働者の社会保険、失業保険、健康保険の支払い方法と支払い期限
 10．労働契約履行過程における労働者の職業訓練、養育、職業技能の向上：職業訓練、養育、職業技能の向上のための時間、費用保証における使用者および労働者の権利、義務。
 11．各当事者が合意した内容の履行に関するその他の内容。

8条　労働者の労働契約と異なる業務への一時的転換（Q19）

労働法第31条1項で規定される使用者は、労働者を労働契約と異なる業務に一時的転換することに関する規定は以下の通りである。
 1．以下の場合において使用者は労働者を労働契約と異なる業務に一時的に就かせる権利を有する。
　a）天災、火災、疾病
　b）労働災害および職業病の防止、被害の克服
　c）電気、水の供給に関する事故
　d）生産、経営の需要のため
 2．使用者は、企業の就業規則において生産・営業の需要のために、労働者を労働契約と異なる業務に一時的に就かせる場合を詳細に規定する。
 3．使用者は労働者を労働契約と異なる業務に一時的に就かせた日が、1年間に合計60日を超えたが、引き続き労働者を労働契約と異なる業務に一時的に就かせなければならない場合は、労働者の書面による同意が必要である。
 4．労働者は本条第3項の規定に従い、労働契約と異なる業務への一時的転換に同意しないことで休業せざるをえない場合は、使用者は労働法第98条1項の規定に従って賃金を支払わなければならない。

12条　使用者による労働契約の一方的な解除（Q44）

労働法第38条1項a号およびc号における使用者による労働契約の一方的な解除に関する規定は以下の通りである。
 1．使用者は労働者が繰り返し労働契約に基づく業務を遂行しないと評価するた

めに、企業の就業規則において労働者の業務遂行の評価基準を詳細に規定しなければならない。使用者は当該基準を、事業所における労働集団の意見を参考した後にのみ規定することができる。
2．不可抗力事由は以下の場合を含む。
 a）災禍、伝染病。
 b）権限を有する国家機関の要求により生産・経営場所の移転、縮小。

13条　組織・技術の変更および経済的事由（Q48）
1．労働法第44条1項における組織、技術の変更は以下の場合を含む。
 a）組織構成の変更、労働者の再組織
 b）製品、製品の種類の変更
 c）使用者の生産、経営状態に沿った生産、経営の過程、技術、機械、設備の変更
2．労働法第44条2項における経済的事由は以下の場合を含む。
 a）経済恐慌または景気後退
 b）経済基盤の再構築の国家政策または国際契約の実施
3．組織、技術の変更または経済的事由により労働者の雇用保護に影響し、二人以上の労働者を退職させなければならない場合は、使用者は労働法第44条の規定に従う義務を履行しなければならない。

26条　労働者への休業期間、年次休暇期間、祝日、正月休暇、私用による有給休暇、賃金の前払いおよび賃金の控除の賃金支払いの基礎となる賃金額（Q54）
1．労働法第98条1項の規定による休業期間における、労働者に対して、支払金額の計算基礎となる賃金額は、労働者が休業せざるを得ない時の労働契約において記載される賃金額であり、かつ本議定第22条1項で規定される労働時間に基づく賃金支払いの形式に従って計算される。
2．労働法第111条における労働者の年次休暇期間、労働法第112条の規定による就労年間に従う休暇の増加、第115条の規定による祝日・正月休暇および第116条の規定による私用による有給休暇において労働者に支払う金額の計算基礎となる賃金は直前の月における労働契約において記載される賃金額を当月における通常就労日数で割り、その額を労働者の年次休暇日数、就労年数に基づく年次休暇日数の増加、祝日、私用による有給休暇と乗じる額である。
3．労働法第114条で規定される未消化年次有給休暇における労働者に対して支払う賃金は以下の通りである。
 a）6カ月以上勤務した労働者に対して支払う賃金は、退職または退職させる直近の6カ月の労働契約書に記載される平均賃金である。年次有給休暇を取得していないまたは取得したが他の理由で未消化となっている労働者の場合は、未消

化有給休暇期間を金銭に代えて労働者に支払う直近の6カ月の平均賃金である。
b) 労働が6カ月以下の労働者の場合は、労働者の全就労時間の平均賃金である。
4. 取得していない年次有給休暇、未消化の年次有給休暇に対する労働者への支払賃金は、本条3項で規定される賃金を使用者が労働者に対して支払いのための計算をする前月の使用者の規定による通常勤務日数で割り、それに未消化の年次有給休暇の日数を乗じた額である。
5. 労働者が労働法第100条2項の規定により国民の義務を履行するため一時的に休業する場合または、労働法第129条の規定により労働者を一時的に就労を停止する場合における、労働者に対して賃金の前払いとするための計算基礎となる賃金は、労働者が一時的に休業または一時的に就労を停止させる前の月の平均賃金であり、本議定第22条1項で定められる時間に基づく賃金の支払い方法に従って計算される。
6. 労働法第130条1項で定められる労働者の過失による機械、設備破損の損害賠償のため、賃金からの賠償額の差し引きを計算する基礎となる賃金は、強制社会保険料、健康保健料、失業保険料および個人所得税金を納付した後、実際に受領できる賃金額である。

28条　就業規則の登録および就業規則の効力（コラム2）
1. 使用者は、就業規則を公布した日から10日以内に経営登録地における省級の労働について管理する国家機関に対して、就業規則の登録書類を提出しなければならない。
2. 不備のない就業規則の登録書類を受領した際、労働について管理する省級の国家機関は、使用者に対して書類を受領した確認書を発行する。
3. 労働について管理する省級の国家機関は、就業規律において法律に反する規定がある場合は、就業規則の登録書類を受領した日から7営業日以内に使用者に対して書面により通知し、内容の修正・補正再登録を案内する。
4. 就業規則において法律違反の規定があるとの通知を受けた際、使用者は就業規則の修正・補正を行い、事業所における労働集団の代表組織の意見を参考にした上で再登録をしなければならない。
5. 有効な就業規則の修正・補足を行う場合、使用者は事業所における労働集団の代表組織の意見を参考にした上で再登録の手続きを行わなければならない。
6. 本条第4項、5項における就業規則再登録書類は就業規則登録と同様に実施される。
7. 労働について管理する省級の国家機関が就業規則の登録書類、または就業規則再登録書類を受領した日から15日後効力を発生する。

8．複数の省、中央直轄市において、生産・営業支店・施設・事業所が有る場合、当該支店・施設・事業所が設置される地域の労働について管理する省級の国家機関に対して効力が発生する就業規則を送付する責任を負う。
9．10人以下の労働者を雇用する使用者は就業規則を登録する義務はない。

30条　労働規律違反行為への処分の手順（Q43）

労働法第123条における労働規律違反行為への処分の手順の詳細は以下の通りである。
1．使用者は、事業所における労働組合の執行委員会、労働組合が設立されていない事業所の場合は、上級の労働組合の執行委員会、労働者、18歳未満の労働者の場合は両親・法定代理人に労働規律処分会議の参加について少なくとも会議の5日前に書面により通知しなければならない。
2．労働規律処分の会議を開催するには、本条第1項の規定に従って通知を受ける各構成員が参加する必要がある。使用者は3回にわたり書面による通知を行ったが、出席すべき各構成員のいずれかが参加しない場合、使用者は労働規律処分の会議を開催することができる。ただし、労働者は労働法第123条4項の規定により労働規律処分を行ってはならない期間中の労働者の場合はこの限りでない。
3．労働規律違処分会議の内容は書面による議事録を作成し、会議が終了する前に各構成員による承認を得なければならない。議事録は、本条第1項で定められる会議の参加構成員の全員および議事録の作成者の署名が必要である。会議の参加構成員の一部が署名しない場合は、その理由を議事録に明記しなければならない。
4．本議定第3条1項a号、b号、c号、d号で規定される労働契約締結者は、労働者に対して労働規律処分決定を下す権限を有する。委任を受けて労働契約を締結した者は戒告の労働規律処分決定のみ下すことができる。
5．労働規律処分の決定はその労働規律処分の時効期間内、または労働法第124条に従い労働規律処分時効の延長期間内に公布されなければならない。

31条　無断欠勤の労働者に対する解雇処分（Q47）

1．労働者が正当な理由無く、無断欠勤初日から30日以内に合計5日の無断欠勤をした場合、または無断欠勤初日から365日以内に合計20日の無断欠勤をした場合、使用者はその労働者に対して解雇処分を適用することができる。
2．上記の正当な理由は以下のものを含む。
　a）天災、火災
　b）自身、実の両親、里親、配偶者、配偶者の両親、実子、合法の里子が病気に罹

り、かつ認可される医療機関により証明書が有る場合。
c) 就業規律で規定される他の場合

◎88/2015/ND-CP第1条19項：第26条1項は以下のように修正・補足する
1. 使用者と強制加入社会保険、失業保険に加入しないまたは規定に基づき納付すべき保険料額より低い程度で加入する労働者に対して、戒告または50万ドンから100万ドンの罰金を課せられる。

◎11/2016/ND-CP号

4条　外国人労働者の使用（Q6）
1. 外国人労働者を使用する需要の確定
    a) 使用者（請負事業者を除く）は、ベトナム人労働者が対応できない職位への外国人労働者の需要を確定し、当該労働者が勤務する予定の地域の省・中央直轄市の人民委員会（以下「省級人民委員会」と略称する）の委員長に対して説明・報告する責任を負う。実施する課程において、外国人労働者の需要に変更がある場合、使用者は省級人民委員会に対して報告しなければならない。
    b) 労働法第172条第4項、第5項、第8項および本議定第7条第2項第e号、第h号で定められる外国人労働者の場合、使用者は外国人労働者の使用需要の確定をする必要がない。
2. 省級人民委員会委員長は、使用者に対し各職位に外国人労働者の使用を書面による承認を発行する。

9条　労働許可証発給の条件（Q6）
1. 法律の規定に従い十分な民事行為能力を有している外国人労働者であること。
2. 業務の要求に適する健康状態を有する者であること。
3. 管理者、代表取締役、専門家若しくは技術的な労働者であること。
4. ベトナムまたは外国の法律により、犯罪または刑事責任を追加される者ではない者。
5. 権限を有する国家機関から外国人労働者の使用につき、書面により承認を得ること。

10条　労働許可証発給の申請書類（Q6）
1. 労働傷病兵社会省の規定に従う使用者の労働許可証発給申請書。
2. 認可された外国またはベトナムの医療機関により発行される健康診断証明

書・健康診断書。提出する健康診断証明書・健康診断書の有効期限は発行日から12カ月以内である。
3. 外国の権限を有する機関により発行される犯罪経歴証明書または外国人労働者が犯罪者あるいは刑事責任を追及される者ではないことの証明書。外国人労働者がベトナムに居住している場合は、ベトナムが発行する犯罪経歴証明書のみで良い。
　　提出する犯罪経歴証明書または外国人労働者が犯罪者または刑事責任を追及される者ではないことの証明書は発行日から6カ月以内のものでなければならない。
4. 管理者、代表取締役、専門家若しくは技術的な労働者であることの証明書。
　　外国人労働者の専門・技術レベルを証明する書類は業種、業務によって以下の書類で代替することができる。
　a) 権限を有する外国の機関により発行される伝統職業の職人証明書
　b) 外国サッカー選手の経験証明書
　c) 外国人パイロットに対しては、権限を有するベトナムの国家機関により発行される操縦士証明書
　d) 飛行機の保守業務を行う外国人労働者に対しては、権限を有するベトナム国家機関により発行される飛行機の保守業務従事証明書。
5. 2枚のカラー顔写真（寸法4cm×6cm、背景色は白で、正面向きで、帽子・サングラスをつけないもの）。また、提出する写真は6カ月以内に撮影されたものでなければならない。
6. 法律に従った公証付で有効な旅券、旅券の代替となる法的効力を有する書類、または国際通行証明書の写し。
7. 外国人労働者に関連する他の書類
　a) 本議定第2条1項で規定される外国人労働者の場合は、企業が当該労働をベトナムにおける商業現地拠点への派遣する書面、または、当該労働者が企業により少なくともベトナムで勤務する12カ月前に採用されたことの証明書を有しなければならない。
　b) 本議定第2条第1項c号で定められる労働者の場合は、ベトナムのパートナーと海外側との間で締結される合意書または契約書を有しなければならない。当該合意書または契約書において外国人労働者のベトナムへの勤務について合意されなければならない。
　c) 本議定第2条1項で規定される労働者の場合は、ベトナムパートナーと海外側との間で締結されるサービス提供についての合意書または契約書および当該労働者がベトナムにおける商業現地拠点を有しない外国企業で最低2年間勤務したことの証明書を有しなければならない。

d) 本議定第2条1項d号で定められる外国人労働者の場合は、サービス提供事業者が交渉を行うために当該労働者をベトナムに派遣する証明書を有しなければならない。

d) 本議定第2条1項e号で定められる外国人労働者の場合は、ベトナムの法律に従って活動を許可する外国の非政府組織、国際組織により発行される証明書を有しなければならない。

e) 本議定第2条第1項h号で定められる外国人労働者の場合は、サービス提供業者により発行される商業現地拠点を設立するために労働者をベトナムに派遣する決定書を有しなければならない。

g) ベトナムに商業拠点を設立した外国企業の活動に参加している本議定第2条1項i号で定められる外国人労働者の場合は、当該海外企業の活動への参加を認める証明書を有しなければならない。

8. 特別の場合における労働許可書発給の申請書

a) 有効な労働許可証を有するが、他の使用者の下で労働許可証において記載される業務と同様の業務を行う外国人労働者の場合、当該労働者に対する労働許可書の発給申請書類は本条第1、5、6、7項で定められる各書類および労働許可証の原本または公証付きの写しを含む。

b) 有効な労働許可書を有するが、現使用者の下で当該労働許可証において記載される業務と異なる業務を行う外国人労働者の場合は、当該者に対する労働許可書発給の申請書類は本条1、4、5、6、7項で定められる書類および労働許可書の原本または公証付きの写しを含む。

c) 労働許可書の発給を受けたが、労働法第174条の規定により効力失われたものを有する外国人労働者が引き続き労働許可書において記載される業務を行う希望が有る場合、当該労働者に対する労働許可書の発給申請書類は本条第1、2、3、4、5、6、7項で定める各書類および失効される労働許可書が回収されたとの書面による承認書を含む。

d) ベトナムで就労する外国人労働者に関する労働法の一部の詳細を規定する2013年9月5日付政府の議定第102/2013/NĐ-CP号の規定に従って労働許可証の発給を受けた本条本項a、b、c号で定められる外国人労働者の場合、本議定第3条3項、4項または5項で規定される条件を満たした証明書が必要である。

9. 申請書類の領事認証および公証

a) 本条第2、3、4項で定められる各書類は、写し1部（参照するために原本を提出する必要がある）または公証付き写しで提出される。

上記の各種類は外国語のものである場合はベトナム語に翻訳され、領事認証・公証を受けなければならない。ただし、ベトナム社会主義共和国および関連の

ある外国の両方が加盟した国際条約または互恵原則、法律の規定により領事認証が不要とする場合は除くものとする。
b) 本条第7項で定められる書類は、写し1部（参照するために原本を提出する必要がある）または公証付き写しで提出される。上記の書類は外国語のものである場合、領事認証を受ける必要がないが、ベトナム語に翻訳され公証を受けなければならない。

12条　労働許可証の発給手順（Q6）

1．外国人労働者が使用者の下で就労を開始する予定日から少なくとも15営業日前に、使用者は労働者の就労予定地域の労働傷病兵社会局に労働許可証の発給申請書類を提出しなければならない。
2．不備のない労働許可証の発給申請書類を受領した日から7営業日以内に、労働傷病兵社会局は外国人労働者に対して、労働傷病兵社会省が規定する様式に従う労働許可証を発給する。労働許可証の発給を拒否する場合は、その理由を明確に記載した書面により回答しなければならない。
3．本議定第2条第1項a号で定められた労働者に対しては、労働者が労働許可証の発給を受けた後、労働者と使用者は、労働者が就労する予定日の前にベトナム労働法の規定に従って書面による労働契約を締結しなければならない。
　労働契約を締結した日から5営業日以内に、使用者は労働許可証を発給した労働傷病兵社会局に当該契約の写しを送付しなければならない。

◎141/2017/ND-CP

3条　地域別最低賃金（Q1）

1. 企業で就労する労働者に適用する地域別最低賃金は以下の通り規定する。
   a) 1カ月あたり3.980.000ドンとし、地域1に属する領域において活動する企業に適用する。
   b) 1カ月あたり3.530.000ドンとし、地域2に属する領域において活動する企業に適用する。
   c) 1カ月あたり3.090.000ドンとし、地域3に属する領域において活動する企業に適用する。
   d) 1カ月あたり2.760.000ドンとし、地域4に属する領域において活動する企業に適用する
2. 地域別最低賃金を適用する領域は区、県、市社、省直轄市の行政単位に従い規定される。地区1、地区2、地区3、地区4の最低賃金を適用する領域は本議定に添付して発行される付録で規定される。

日本・中国・タイ・ベトナム労働法の比較表

	日本	中国		
		北京市	上海市	広東省
労働者採用時の注意点				
労働契約書の作成	労働契約書の作成義務なし。	労働契約書の作成義務あり（労働法19条、労働契約法10条）。		
労働条件の通知	書面による労働条件通知書の交付義務あり（労働基準法15条、パートタイム労働法6条）。	労働条件等労働者が知りたいと要求する状況を事実通りに告知しなければならない（労働契約法8条）。		
その他の注意点		労働者を雇用する場合、前職における退職証明書等を検査し、雇用しようとする者が他の使用者に雇用されていないことを確認する義務がある（労働契約制度実行に関する若干問題の通知17条）。		
試用期間				
試用期間	・規定なし。 ・実務的には6か月までの範囲で設定することが多い。	・労働契約期間3か月：試用期間を設定できない（労働契約法19条）。 ・労働契約期間3か月以上1年未満：試用期間は1か月を超えてはならない（同条）。 ・労働契約期間1年以上3年未満：試用期間は2か月を超えてはならない（同条）。 ・労働契約期間3年以上：試用期間は6か月を超えてはならない（同条）。 ・無固定期間労働契約：試用期間は6か月を超えてはならない（同条）。 ・一定の業務の完了を期限とする労働契約：試用期間を設定できない（同条）。		
試用期間中の賃金	規定なし。	試用期間中の賃金は、当該使用者における同一職務の最低賃金または労働契約で約定した賃金の80％を下回ってはならない（労働契約法20条）。なお、会社所在地の最低賃金を下回ることも許されない。		
労働契約の期間				
規定の有無	規定あり（労働基準法14条）。	規定あり（労働契約法12条）。		
無期化の条件	同一使用者と2回以上締結した労働契約の通算契約期間が5年を超える労働者が、現在の労働契約期間満了前に、使用者に対して、無期労働契約の更新を申し込む場合、使用者はこれを承諾したものとみなす（労働契約法18条）。	以下のいずれか1つの事由に該当し、労働者が労働契約の更新、締結を申し出または同意したとき（労働契約法14条。詳細はQ51参照）。 ①労働者が当該使用者の下で勤続満10年以上であること ②（略） ③同一使用者と2回連続労働契約を締結したこと		

タイ	ベトナム
労働契約書の作成は法律上の義務ではない。	原則として労働契約書は文書によって作成される必要がある（労働法16条）。
10人以上労働者を雇用する会社は、タイ語で就業規則を作成し、労働者に周知させ、労働者が容易に読める場所に掲示しておかなければならない（労働者保護法108条4項）。	労働契約に先立ち、労働条件に関する情報提供をしなければならない（労働法19条）。
労働者を20人以上雇用する会社は、労働者の代表と交渉して雇用条件協約を書面で締結しなければならない（労働関係法10条1項2項）。	
タイの労働法上、試用期間について特に上限は定められていない。ただし、勤続120日以上の労働者を解雇する際には、解雇補償金を支払わなければならない（労働者保護法118条1項1号）。	・短期大学以上の専門技術を要する業務：60日以内 ・職業訓練校等の専門技術を要する業務：30日以内 ・その他：6営業日以内 （労働法27条）
試用期間であっても、法定最低賃金を下回ってはならず、雇用契約で定められた通りの賃金を支払わなければならない。	合意によるが、同種の業務に対する給与の85%程度（労働法28条）。
一般に、有期雇用契約は有効と解されている。ただし、雇用者の通常の事業または取引に該当しない特別のプロジェクトに関する雇用であって、始期及び終期が確定しているか、または季節業務であり、当該季節限定で雇用が行われる場合について特別な規定がおかれている（労働者保護法第118条4項）。	規定あり（労働法22条）。
有期雇用契約を締結していても、更新を前提とする契約は、実質的には期限の定めのない雇用契約とみなされる場合がある。	・有期労働契約につき、一度更新を行い契約期間が満了し、再度更新する場合（労働法22条）。 ・有期労働契約の期間が満了し、労働者が継続して就労する場合で30日以内に新たな労働契約を締結しない場合（同条）。

		労使間で固定期間労働契約を2回連続して締結した場合、2度目の労働契約期間満了時に会社は労働契約の終了又は更新を選択する権利を持たない。労働者が労働契約の更新を申し出る場合、会社はこれを拒否できない。また、この場合、原則として無固定期間労働契約を締結しなければならない（労働契約法14条、北京市高級人民法院及び北京市労働争議仲裁委員会の労働争議案件法律適用問題に関する研究会の会議紀要(2)34条）。	労使間で固定期間労働契約を2回連続して締結した場合でも、2度目の労働契約は期間満了によって終了する。労使間で協議のうえ3回連続して労働契約を締結することとした場合、原則として無固定期間労働契約を締結しなければならない（労働契約法14条、労働契約法の適用における若干問題に関する意見4条2号及び4号（上海市高級人民法院））。	労使間で固定期間労働契約を2回連続して締結した場合、労働者が3度目の労働契約締結を申し出る場合、会社はこれを拒否できない。また、この場合、原則として無固定期間労働契約を締結しなければならない（労働契約法14条、広東省高級人民法院及び広東省労働人事争議仲裁委員会の労働人事争議案件の若干問題に関する座談会紀要19条）。
無期化の例外	当該使用者との間で締結された複数回の有期雇用の間に原則として6か月以上の空白期間がある場合、空白期間前に満了した労働契約の契約期間は通算契約期間に参入しない。	・労働者が固定期間労働契約の締結を希望する場合。 ・同一使用者と2回連続労働契約を締結した労働者が労働契約法39条または40条1項若しくは2項に該当する場合。		
労働時間				
標準労働時間	1日8時間、1週40時間（労働基準法32条）。	1日8時間、1週40時間（従業員の労働時間に関する規定5条）。		
特殊な労働時間制度	・変形労働時間制（労働契約法32条の2、4、5）。 ・フレックスタイム制（労働基準法32条の3）。 ・事業場外労働みなし制（労働基準法38条の2）。 ・裁量労働制（労働基準法38条の3、4）。	・不定時労働時間制（労働法39条、国務院の従業員の労働時間に関する規則の徹底に関する実施規則5条。詳細はQ23参照）。 ・労働時間総合計算労働制（同条）。		
休憩時間	以下の休憩時間を労働時間の途中に与えなければならない（労働基準法34条1項）。 ・労働時間が6時間を超える場合は少なくとも45分。 ・労働時間が8時間を超える場合は少なくとも1時間。	規定なし。		

1日8時間、1週48時間まで（労働者保護法23条1項）。	1日8時間、1週48時間（労働法104条）。
危険業務については1日7時間、1週42時間まで（労働者保護法23条1項）。	有害業務（労働法104条）。
1日1時間以上、連続して5時間以上労働させる前に必ず休憩時間を入れなければならない（労働者保護法27条1項）。	

時間外・休日労働		
労働者の時間外・休日労働義務	使用者が三六協定を締結し、これを労基署長に届け出た場合、就業規則に「三六協定の範囲内で一定の業務上の事由があれば時間外労働をさせることができる」旨規定されているとき、当該就業規則の内容が合理的である限り、労働者は時間外労働義務を負う（労基法36条、最判平3.11.28民集45巻8号1270頁）。	生産経営の必要により、工会及び労働者との協議を経た後、労働時間を延長することができる（労働法41条）。
時間外労働・休日労働時間の上限	三六協定に定める時間外限度基準が定められている（労働基準法36条2項）。ただし、特別事情がある場合の特別条項が許容されており、その場合には限度時間を超えることも認められている。	・時間外労働は通常、1日につき1時間。ただし、例外として1日につき3時間まで可（特別な事由により労働時間を延長する必要がある場合で、労働者の身体の健康を保障することを条件とする。労働法41条）。 ・1か月につき36時間が上限となる（同41条）。
労働者に時間外労働・休日労働を命じることができる法定事由	災害その他避けることのできない臨時の必要がある場合、行政官庁の許可を受けて、その必要な限度において時間外労働・休日労働を命じることができる（労働基準法33条）。	次のいずれかに該当する場合、労働法41条の制限を受けない（労働法42条）。 ①自然災害、事故又はその他の事由が発生し、労働者の生命、健康及び財産の安全が脅かされ、緊急に処理する必要がある場合 ②生産設備、交通運送路線又は公共施設に故障が発生し、生産及び公衆の利益に影響を及ぼし、速やかに応急処置をしなければならない場合 ③法律、行政法規が規定するその他の事由がある場合
法定休日（祝日）		
規定内容	・「国民の祝日」が国民の祝日に関する法律により定められている。しかし、労基法上の「休日」とは異なる。 ・労基法上の休日を与えている限り、国民の祝日を休日としなくても労基法違反とはならない。	主に旧暦に基づいて規定されており、毎年の法定祝日は前年の年末に発表される（全国祝祭日及び記念日休日弁法2条）。
年次有給休暇		
取得要件	雇入れの日から起算して6か月間継続勤務し全労働日の8割以上出勤した場合（労働基準法39条）。	連続1年間勤務した場合（前の使用者でも可。従業員年次有給休暇条例2条。詳細はQ28参照）。
有給日数	継続勤務期間：6カ月／6年1カ月／6年2カ月／6年3カ月／6年4カ月／6年5カ月／6年6カ月以上 付与日数：10／11／12／14／16／18／20	累計勤務年数：1年以上／10年以上／20年以上 付与日数：5日／10日／15日
未取得の場合等におけるペナルティ	規定なし。	・労働者の個別同意があれば翌年度に繰り越すことができる（従業員年次有給休暇条例5条）。 ・未消化日数1日につき、1日あたり賃金×300％を支払う。ただし、この中には正常勤務期間の賃金が含まれる（企業従業員年次有給休暇実施弁法10条）。

時間外労働を命じる場合には、その都度、各労働者の事前の合意を得る必要がある（労働者保護法24条1項）。	次の要件を満たす場合、時間外労働をさせることができる（労働法106条） ①労働者の同意を得ること。 ②労働時間の制限を超えないこと。 ③1か月の間に残業を行う日が多く続いた場合、使用者は労働者が休暇をとることができなかった期間の代休を取得できるよう人員を配置すること。
時間外労働時間と休日労働時間を合わせて1週間に36時間以下（労働者保護法26条、1998年労働者保護法に基づく労働・社会福祉省令3号）。	・1日の労働時間を定めている場合：1日の通常勤務時間の50％。 ・1週当たりの労働時間を定めている場合：1日の総労働時間が12時間以内。 ・1か月で30時間、1年で200時間以内（労働法106条）。
連続した作業を要する業務で、停止すると業務に損害が生じる場合や緊急の場合については、労働者の事前の合意なく時間外労働を行わせることができる（労働者保護法24条2項）。	自然災害の際に人命を救助するため等（労働法107条）。
雇用者は、メーデーを含め年間13日以上の休日を毎年定め、労働者に通知しなければならない（労働者保護法29条）。	主に太陰暦にそって法定休日が設けられている（労働法115条）。
勤続1年以上の労働者は、年間6労働日以上の有給休暇を取得する権利を有する（労働者保護法30条1項）。勤続1年未満の労働者については、雇用者が比率計算により年次有給休暇を定めることができる（同法4条）。	12か月以上勤務した労働者（労働法111条）。
勤続2年以降は、雇用者は6労働日を超える日数の有給休暇を規定することができる（労働者保護法30条1項2号）。	12日を原則とし、5年ごとに1日増える（労働法111条、112条）。
未消化の年次有給休暇は、労働者と雇用者の事前の合意により翌年以降に繰り越すことができる（労働者保護法30条3項）。就業規則で、未消化有給休暇を年度末に買い取る旨定めることも可能。繰り越しを認めた場合、解雇の際には、未消化の有給休暇を買い取る義務が生じる（労働者保護法67条2項）。	未取得の場合、使用者に清算義務あり（労働法114条）。

産前産後休暇		
日数	・使用者は6週間以内に出産予定の女性労働者が休業を請求した場合、その者を就業させてはならない（労基法65条1項）。 ・使用者は、産後8週間を経過しない女性を就業させてはならない。ただし、産後6週間を経過した女性が請求した場合、医師が支障なしと認めた業務に就かせることはできる（労基法65条2項）。	・出産休暇98日。うち15日を産前休暇として取得可（女性従業員労働保護特別規定7条。詳細はQ33参照。難産や多胎児出産の場合、休暇延長あり）。 ・地方によって出産奨励休暇の加算あり。 ・会社が生育保険に加入している場合、生育手当あり。 ・本人の給与額が生育手当額以上の場合、差額を給与として会社が支給する。

病気休暇		
取得要件	・明文規定はない。 ・実務上、業務外の傷病による長期欠勤が一定期間に及んだ場合に実施されることが多い。	病気休暇の詳細はQ32参照。
日数		入社1年目に3か月の医療期間が付与され、その後勤続満1年ごとに1か月を加算する。ただし、最大で12か月とする。 	累計勤務年数	当該使用者の下での勤務年数	病気休暇期間
10年以下	5年以下	3か月
	5年以上	6か月
	5年以下	6か月
	5年以上10年以下	9か月
10年超	10年以上15年以下	12か月
	15年以上20年以下	18か月
	20年以上	24か月		現地の最低賃金基準の80％を下回ってはならない。 | 累計勤務年数	当該使用者の下での勤務年数	病気休暇期間
10年以下	5年以下	3か月
	5年以上	6か月
	5年以下	6か月
	5年以上10年以下	9か月
10年超	10年以上15年以下	12か月
	15年以上20年以下	18か月
	20年以上	24か月	
休暇中の賃金	・原則として、使用者に賃金支払義務はない。 ・健康保険から、1日につき標準報酬日額の2／3の傷病手当金が支払われる（健康保険法99条）。	北京市の最低賃金基準の80％を下回ってはならない。 	休暇日数	勤務年数	待遇
6か月以内	2年未満	約定給与×60％
	2年以上4年未満	約定給与×70％
	4年以上6年未満	約定給与×80％
	6年以上8年未満	約定給与×90％
	8年以上	約定給与×100％
6か月超	1年未満	約定給与×40％
	1年以上3年未満	約定給与×50％
	3年以上	約定給与×60％		現地の最低賃金基準の80％を下回ってはならない。

介護休業		
取得要件	要介護状態にある対象家族（配偶者、父母、子、配偶者の父母）を介護する必要がある労働者であること（ただし、有期契約労働者の場合、申出時点で①雇用期間が1年以上、かつ、②介護休業予定日から93日を経過する日から6か月を経過する日まで雇用継続可能性があるという要件を満たす必要がある。育児介護休業法11条）。	・規定なし。 ・労働者に介護休業を付与する法的義務なし（ただし、地方によっては規定がある）。
日数	要介護者1人につき、要介護状態に至るごとに1回、通算93日まで、3回を上限として、介護休業を取得できる（育児介護休業法11条、15条）。	
休暇中の賃金	・介護休業中の賃金保障は法定されていない。 ・雇用保険から介護休業給付金が支給される。	

一回の妊娠につき、産前産後合わせて90日以下の出産休暇が取得可能（労働者保護法41条）。有給はそのうち45日（労働者保護法59条）。	・産前産後で6か月の休暇を取得可能（労働法157条）。 ・また、労使の合意によって延長可（同条）。
3労働日以上連続しての傷病休暇取得については、医師または公立医療機関の診断書が必要（労働者保護法32条1項）。	疾病があることおよび医療機関から証明書が交付されていること（社会保険法25条）。
	疾病の内容および保険料の納付期間に応じて30日～180日の範囲（Q35参照）。
年間30日まで有給（労働者保護法57条1項）。	疾病給付金の支給あり。
規定なし。	規定なし。

賃金			
最低賃金	・使用者は最低賃金額以上の賃金支払義務がある（最賃法4条1項） ・最低賃金は時間額のみ定める（最賃法3条） ・次の賃金は最低賃金額の計算に含めない（最賃法4条3項、最賃則2条） ①臨時に支払われる賃金及び一月を超える期間ごとに支払われる賃金 ②所定労働時間を超える労働に対して支払われる賃金 ③所定労働日以外の労働に対して支払われる賃金 ④深夜労働における割増賃金	・使用者は最低賃金額以上の賃金支払い義務がある（労働法48条、最低賃金規定3条）。 ・最低賃金は原則として月額を定め、省・自治区・直轄都市の人民政府が定める（労働法48条、最低賃金規定5条）。 ・次の賃金は最低賃金額の計算に含めない（労働法49条、最低賃金規定12条） ①割増賃金 ②昼夜勤、深夜勤、高温・低温、坑内、有毒・有害等の特殊な労働環境や労働条件下に対する手当 ③法律法規及び国が規定する福利待遇等 ※地方によっては、社会保険料や住宅積立金の個人負担分を計算に含めない地域もある。	
割増賃金	・1か月累計60時間までの時間外労働及び深夜労働に対しては125％以上の割増賃金 ・1か月累計60時間を超える時間外労働に対しては150％以上の割増賃金 ・休日労働に対しては135％以上の割増賃金 ・次の賃金は割増賃金の算定に含めない（労基法37条5項、労基則21条）。 ①家族手当、通勤手当、別居手当、子女教育手当、住宅手当（名称にかかわらず実質的に判断される）。 ②臨時に支払われた賃金 ③1か月を超える期間ごとに支払われる賃金	・時間外労働に対しては150％の割増賃金を支払う（労働法44条）。 ・休日労働に対しては200％の割増賃金を支払う（同条）。 ・法定祝日労働に対しては300％の割増賃金を支払う（同条）。		
		法定労働時間内に労働者が提供する正常労働の対価となる報酬を基数とする。	労働契約で約定した月額賃金のうち従業員の職位に相応する正常出勤月額報酬を基数とする。ただし、賞与、交通補助、食事補助、住宅補助、夜勤手当、高温手当等の特殊な状況下で支払われる賃金は含まれない。	労働者の正常労働時間賃金を基数とする。ただし、労使間で具体的な金額を約定することもできる。
解雇			
解雇の手続規制	30日前予告または30日分以上の平均賃金の支払い（ただし、天災事変その他やむを得ない事由のために事業の継続が不可能となった場合又は労働者の責めに帰すべき事由に基づいて解雇する場合で、行政官庁の除外認定を受けたときを除く。労働基準法20条）。	・1か月前予告又は1か月分の賃金の支払い（労働契約法40条に基づく解雇の場合。同法39条に基づく場合は不要。詳細はQ39参照）。 ・解雇通知前の工会への通知（労働契約法43条）。 ・整理解雇の場合、更に細かい手続きあり（労働契約法41条）。	

最低賃金は各県別に定められており、2018年4月1日現在、もっとも安い地域で1日308バーツ、もっとも高い地域で330バーツと定められている。	地域ごとに規定されるとされ（労働法91条）、毎年政府の議定によって詳細が規定されている（Q1参照）。
割増賃金算定の基礎となる「賃金」とは、雇用契約に基づく通常労働時間における労働の対価として支払われる金銭（労働者保護法5条10項）。	賃金に対して割増率（平日：150％、週休日：200％、祝日および有給休暇：300％）を乗じる（労働法97条）。
・原則として解雇補償金の支払い義務（労働者保護法118条）。 ・書面による事前解雇通知または契約終了時に支払うべき賃金の支払い（労働者保護法17条2項）。 ・有給休暇の買取り（労働者保護法67条）。 ※一定の場合（懲戒解雇）には、解雇補償金支払、事前通知、有給休暇買取、予告手当支払不要。	労働処分規律会議による手続が必要（労働法123条、Q43参照）。

解雇の実体規制	解雇は、客観的に合理的な理由を欠き、社会通念上相当であると認められない場合、その権利を濫用したものとして無効とする（労働契約法16条）。	・労働者が以下の事由のいずれか1つに該当する場合、予告通知または通知手当金を支払うことなく解雇できる（労働契約法39条）。 ①試用期間中に採用条件を満たしていないことが証明された場合 ②使用者の規則制度に著しく違反した場合 ③著しい職務怠慢、不正行為により使用者に重大な損害を与えた場合 ④労働者が同時に他の使用者と労働関係を確立し、本使用者の業務の完成に甚だしい影響を与えたか、または使用者が指摘しても是正を拒否した場合 ⑤詐欺又は脅迫の手段または使用者の危機に乗じ、真意に背く状況下において、使用者に労働契約を締結または変更させたことにより労働契約が無効とされた場合 ⑥法により刑事責任を追及された場合 ・以下の事由のいずれか1つに該当する場合、予告通知または予告手当金を支払い解雇できる（労働契約法40条）。 ①労働者が私傷病により、医療期間満了後に元の業務に従事することができず、使用者が別途手配した他の業務にも従事できない場合 ②労働者が業務に堪えることができず、研修又は職務調整を経てもなお業務に堪えることができない場合 ③労働契約締結時に依拠した客観的な状況に重大な変化が生じたことによって、元の労働契約を履行できなくなり、当事者の協議を経ても労働契約の変更について合意に至らなかった場合	
整理解雇に関する規制	・明文の規定なし。 ・裁判実務上は、人員削減の必要性、人員削減手段として整理解雇の必要性（解雇回避努力）、被解雇者選定の妥当性、手続きの妥当性といった要素を考慮して、解雇権濫用の有無を判断する傾向にある（ナショナルウェストミンスター銀行［第3次仮処分］事件東京地決平12・1・21労判782号23頁）。	整理解雇の要件及び手続きが詳細に規定されている（労働契約法41条）。	

・解雇には正当性が必要であり、当該解雇が不当であると裁判所が判断した場合、裁判所は、当該労働者を同一の賃金で継続雇用するよう命令を下すことができる（労働裁判所法49条）。 ・解雇補償金を支払わずに解雇できる場合（懲戒解雇）は、下記の通り（労働者保護法119条）。 ①職務上の不正を行い、または使用者に対して故意に刑事犯罪を行った ②使用者に対して故意に損害を与えた ③使用者に対して過失による重大な損害を与えた ④使用者が書面で警告を行ったにもかかわらず、就業規則や規律、使用者の適法・正当な命令に違反した（ただし、違反が重大な場合は、事前の書面警告不要。また、警告書は違法行為発生から1年間有効である） ⑤合理的な理由なく、3労働日連続（間に休日があるか否かに関わらない）で職務を放棄した ⑥禁錮刑以上の確定判決を受けた。ただし、過失による場合や軽犯罪の場合、使用者に損害を与えた場合に限る	窃盗等の一定の犯罪、懲戒処分として昇給停止・降格処分が行われた場合に再度違反をした場合、正当な理由なく月5日、年間20日欠勤した場合（労働法126条）。
明文規定なし。ただし、新技術導入／事業所移転の場合の解雇手続について規定あり。	解雇については規定がなく、労働契約の解除について規定あり（労働法44条、45条）。

解雇制限	・労働者が業務災害による療養休業期間中及びその後30日にある場合（労働基準法19条）。 ・労働者が産前産後休業期間中及びその後30日にある場合（労働基準法19条）。	労働者が以下の事由のいずれか1つに該当する場合、労働契約法40条又は41条に基づいて解雇できない（労働契約法42条）。 ①職業病の危険を伴う作業に従事・接触した労働者であり、職場を離れる前に職業健康診断を行っていないか、または職業病の疑いのある病人であり、診断中または医学的観察期間にある場合 ②職業病にり患したか、業務上の負傷により労働能力を喪失または一部喪失したことが確認された場合 ③疾病または業務外の負傷により規定の医療期間内にある場合 ④女性労働者であり、妊娠期・出産期・授乳期にある場合 ⑤当該使用者に連続勤務満15年以上かつ法定の定年退職年齢まで5年未満の場合 ⑥法律、行政法規が規定するその他の場合
労働契約終了時の補償		
支給義務の有無	・法律上、退職金の支払いは義務付けられていない。 ・実務上は、退職金制度を設けている企業が多い。	・日本の退職金制度とは異なるが、一定の労働契約終了原因に該当する場合、使用者に経済補償金の支払義務が生じる（労働契約法46条、労働契約の違反及び解除における経済補償弁法。詳細はQ48参照）。 ・経済補償金とは別に任意で退職金制度を設けることは可能である。
金額	退職金制度を設けている企業は、算定基礎賃金に基づき勤続年数に応じて支給されることが多い。	・勤続年数1年につき1か月分の賃金相当額を支給する（詳細な法律の規定あり）。 ・2008年1月1日の前後で計算方法等が異なるため注意が必要である（2008年1月1日以前は「労働契約の違反及び解除における経済補償弁法」が適用され、同日以後は「労働契約法」が適用される）。
定年		
定年年齢	法律上の定年年齢は定められていない。	男性60歳、女性管理職55歳、女性一般職50歳。
定年年齢変更合意の可否	使用者が定年年齢を定める場合、60歳を下回ることはできない（高年法8条）。	労使間の合意で定年退職年齢を変更することはできない。

・妊娠を理由とした解雇禁止（労働者保護法43条）。 ・従業員委員会の委員の解雇（裁判所の許可が必要）／労働組合員であることを理由とする解雇／集会の開催要求、要求書提出、訴訟提起やそれらの準備を行っていることを理由とした解雇、要求書を提出した労働者を仲裁判断や労働協約の有効期間中にする解雇（ただし例外あり）。	・規定なし。 ・解雇事由が限定されている（Q44参照）。
退職金とは異なるが、解雇補償金の規定あり（労働者保護法118条）。	一定の退職事由の場合、退職手当の給付が必要（労働法48条）。
退職金とは異なるが、勤続年数に応じた解雇補償金が規定されている（労働者保護法118条）。	勤続1年につき半月分相当の賃金（労働法48条）。
労働者との個別合意や社内規定等がない場合、60歳。	男性60歳、女性55歳（労働法187条参照）。
60歳を超える年齢での定年退職を合意していたり規定していたりする場合でも、60歳以上の労働者が定年退職を申し出たときは、使用者はその申し出を受け入れて定年退職を認めなければならない。	

著者略歴

五十嵐　充（いがらし・みつる）　第1章・執筆
弁護士。高井・岡芹法律事務所所属。2010年3月慶應義塾大学法科大学院修了。2011年12月司法修習修了（新第64期）、第一東京弁護士会登録、高井・岡芹法律事務所入所。2015年4月北京代表処首席代表。2017年3月上海代表処首席代表。主な著書に『中国労働法事件ファイル』（日本法令）等がある。

田畑　智砂（たばた・ちさ）　第2章・執筆
弁護士。マザーバード法律事務所代表。2010年3月慶應義塾大学大学院法務研究科修了。2012年1月〜2017年12月弁護士法人パートナーズ法律事務所勤務。2014年4月〜2016年3月サイアムシティ法律事務所勤務（タイ王国、バンコク）。2018年1月マザーバード法律事務所設立。日本弁護士連合会海外展開支援事業担当弁護士、外国人労働者弁護団、外国人研修生問題弁護士連絡会、東京中小企業家同友会国際ビジネス支援部等所属。

藤井　嘉子（ふじい・よしこ）　第2章・執筆
日本国弁護士。カセーム＆アソシエイツ法律知財事務所（タイ王国、バンコク）所属。2010年3月神戸大学大学院法務研究科修了、2011年12月司法修習修了（新第64期）。2011年12月〜2016年3月弁護士法人岡山パブリック法律事務所にて、一般民事・刑事、成年後見等を担当。2016年4月渡タイ、2017年12月より、現所属事務所にて、主に日系企業に対するコンサルティングを担当（所属会：岡山弁護士会）。

杉田　昌平（すぎた・しょうへい）　第3章・執筆
弁護士。センチュリー法律事務所所属。2010年3月慶應義塾大学大学院法務研究科修了。2011年12月センチュリー法律事務所入所。2013年4月慶應義塾大学大学院法務研究科助教就任。2015年1月アンダーソン・毛利・友常法律事務所入所。2015年6月名古屋大学大学院法学研究科特任講師就任（ハノイ法科大学内日本法教育研究センター）。2017年9月センチュリー法律事務所入所、名古屋大学大学院法学研究科学術研究員就任。2017年10月名古屋大学大学院法学研究科研究員就任、慶應義塾大学大学院法務研究科・グローバル法研究所（KEIGLAD）研究員就任、ハノイ法科大学客員研究員就任。日本弁護士連合会中小企業海外展開支援事業担当弁護士。

中国・タイ・ベトナム労働法の実務Q&A

平成30年8月31日　初版発行

著　者　五十嵐充、田畑智砂、藤井嘉子、杉田昌平
発行人　藤澤　直明
発行所　労働調査会
　　　　〒170-0004　東京都豊島区北大塚2-4-5
　　　　TEL　03-3915-6401（代表）
　　　　FAX　03-3918-8618
　　　　http://www.chosakai.co.jp/
　　　　ⒸMitsuru Igarashi, Chisa Tabata, Yoshiko Fujii, Shohei Sugita
　　　　ISBN978-4-86319-639-1 C2032

落丁・乱丁はお取り替え致します。
本書の一部あるいは全部を無断で複写複製（コピー）することは、著作権法上
での例外を除き、禁じられています。

2018 労働調査会 おススメ書籍のご案内

よくわかる 未払い残業代請求のキホン

労働問題に詳しい弁護士が「残業代」の請求についてやさしく解説!

長時間化する時間外労働(残業)は社会問題となっており、いわゆるブラック企業では残業に対する賃金が支払われないというケースは少なくありません。
本書では未払いの残業代を請求するために必要な法律の基礎知識をはじめ、残業時間の計算方法、残業の証拠の収集方法から解決までの流れなど、残業代を取り返すためのノウハウについて、労働問題に詳しい弁護士がわかりやすく解説します。

友弘克幸 著
体裁:四六判/本文200頁
定価:本体1,500円+税
ISBN 978-4-86319-609-4
発行日:2018年3月30日

目次

第1章 「残業代」って何ですか?
1-0 プロローグ
1-1 「残業代」には4種類ある!
1-2 深夜に働くと発生する「割増賃金」って何ですか?
1-3 休みの日に働いたらお給料はどうなるの?~法定休日労働~
1-4 時間外労働~「1日8時間」&「週40時間」を超えて働いた場合~
1-5 深夜労働、法定休日労働、時間外労働の関係
1-6 「法内残業」と残業代
コラム 「司法修習生」

第2章 「時間単価」について知ろう!
2-1 月給制の残業代の計算方法~自分の"時間単価"を知ろう~
2-2 「除外賃金」とは?
2-3 歩合給がある場合の割増賃金の計算方法
コラム 求人詐欺

第3章 残業代についてのよくある誤解
3-1 「残業代が出ない」という労働契約??
3-2 「○○手当」は残業代?
3-3 管理職には残業代が出ない?
3-4 年俸制だから残業代は出ない?
3-5 みなし労働時間制①(事業場外みなし労働時間制)
3-6 みなし労働時間制②(裁量労働制)
コラム 「サービス残業」

第4章 残業代の請求方法について知ろう!
4-1 「残業代」はいつまで請求できるの?~残業代請求の時効~
4-2 「証拠」を集めよう!
4-3 「裁判」と「労働審判」はどっちがおトク?
4-4 労基署ってどうなの?
コラム 残業代請求の時効が5年になる???

第5章 これは労働時間になりますか?
5-1 これは「労働時間」にあたる? あたらない?
5-2 手待ち時間
5-3 仮眠時間
コラム 「働き方改革」と「残業代ゼロ」
さいごに

★お近くの書店、または下記フリーFAX、労働調査会ホームページよりお申し込みください

ご注文専用 0120-351-610 (FreeDial)　Webからのお申し込みはこちら http://www.choskai.co.jp

2018 労働調査会 おススメ書籍のご案内

多様な派遣形態とみなし雇用の法律実務

労働者派遣の本質とその問題をとらえ、
具体的な実務対応策を押さえる。他に類書はありません！

実態は労働者派遣でありながら、請負等の名目で派遣を受け入れる違法な「偽装請負」とならないよう、派遣と請負等との適正区分の解釈・運用、実務対応について詳解。平成27年に施行された「労働契約申込みみなし制度」に関して今後起こり得る問題、裁判実務にも詳細に触れ、派遣契約書等のモデルと解説も盛り込んでいる。

弁護士 安西 愈 著　A5判／544頁、本文2色刷り／定価：本体5,000円＋税／ISBN978-4-86319-614-8

目 次

第1部　労働者派遣と多様な利用形態をめぐって
　第1章　労働者派遣法の意義と展開
　第2章　多様な労働者派遣の形態と労働者派遣法の適用上の問題

第2部　労働者派遣と請負・業務委託、労働者供給をめぐって
　第1章　労働者派遣と請負・業務委託等をめぐる問題
　第2章　「労働者派遣事業と請負事業との区分告示」をめぐる問題
　第3章　業務請負・業務委託契約書例と解説
　第4章　労働者派遣と出向との区別をめぐる問題
　第5章　いわゆる二重派遣的形態をめぐる問題

第3部　派遣先、発注者への「労働契約申込みみなし」の適用をめぐって
　第1章　派遣先等への「労働契約申込みみなし」制度とは
　第2章　「労働契約申込みみなし」の対象行為をめぐって
　第3章　脱法目的の偽装請負契約による派遣受入れをめぐって
　第4章　「労働契約申込みみなし」への労働者の承諾をめぐって
　第5章　承諾により成立する直接雇用の契約内容
　第6章　派遣元との労働契約が無期雇用の場合の「労働契約申込みみなし」の適用をめぐる問題
　第7章　派遣先の派遣法違反についての善意無過失の立証をめぐる問題
　第8章　都道府県労働局長による「労働契約申込みみなし」に関する行政指導をめぐって

第4部　最新労働者派遣法対応の派遣に関するモデル契約書例と解説

★お近くの書店、または下記フリーFAX、労働調査会ホームページよりお申し込みください

ご注文専用 0120-351-610　FreeDial　Webからのお申し込みはこちら http://www.choskai.co.jp